Hans-Ulrich Klose (Hrsg.)

Altern hat Zukunft

Hans-Ulrich Klose (Hrsg.)

Altern hat Zukunft

Bevölkerungsentwicklung und dynamische Wirtschaft

Westdeutscher Verlag

Die Deutsche Bibliothek – CIP-Einheitsaufnahme

Altern hat Zukunft: Bevölkerungsentwicklung und dynamische Wirtschaft / Hans-Ulrich Klose (Hrsg.). – Opladen: Westdt. Verl., 1993
ISBN 3-531-12542-7

N E: Klose, Hans-Ulrich [Hrsg.]

Der Westdeutsche Verlag ist ein Unternehmen der Verlagsgruppe Bertelsmann International.

Umschlaggestaltung: Horst Dieter Bürkle, Darmstadt
Umschlagbild: Eva Keller, Wiesbaden
Druck und buchbinderische Verarbeitung: Lengericher Handelsdruckerei, Lengerich
Gedruckt auf säurefreiem Papier
Printed in Germany

ISBN 3-531-12542-7

Inhalt

Vorwort

Alle ernstzunehmenden Szenarien zur Bevölkerungsentwicklung illustrieren unmißverständlich eine lautlose Revolution: unsere einheimische Bevölkerung nimmt ab – und vor allem – sie wird älter. Auch bei vorsichtiger Fortschreibung der Trends wird sich der Anteil der über 60jährigen bis zur Jahrtausendwende auf ein Viertel, bis zum Jahre 2030 auf mehr als ein Drittel der Gesamtbevölkerung erhöhen und damit ein historisch beispielloses Niveau erreichen. Der Anteil der unter 20jährigen wird parallel auf deutlich unter 20 % sinken. Das deutsche Institut für Wirtschaftsforschung hat im Juli 1993 noch einmal darauf hingewiesen, daß selbst erhebliche Zuwanderungen die Verschiebungen in der Altersstruktur lediglich abschwächen.

Erst in diesem Jahrhundert hat die menschliche Zivilisation es in den Industrienationen zustande gebracht, daß die meisten Menschen älter als 70 Jahre alt werden. Gegenwärtig sind wir, historisch gesehen, die ersten und als Angehörige der Industriestaaten die einzigen, die die uns biologisch zur Verfügung stehende Zeit bereits leben können. Unsere Gesellschaft steht erst am Anfang eines Lernprozesses: es gibt keine Beispiele – weder in der Geschichte noch auf anderen Kontinenten – wo wir nachsehen könnten, wie die neuen Aufgaben am besten zu lösen wären. Mit dem Alterungsprozeß sind tiefgreifende Veränderungen verbunden, für die wir in Politik und Wirtschaft Weichenstellungen vornehmen müssen – bereits heute, spätestens aber in naher Zukunft. Immerhin sieht sich die Bundesrepublik dem nicht alleine ausgesetzt. Vor der gleichen Situation stehen alle Industriestaaten, die USA ebenso wie beispielsweise Frankreich, Großbritannien oder Japan – aber auch manche Länder des Südens.

Mit der Bevölkerungsentwicklung habe ich mich erstmals zu meiner Zeit als Hamburger Bürgermeister auseinandergesetzt. Seit damals weiß ich, daß es kaum ein anderes Gebiet gibt, das von so vielen Seiten zugänglich ist und so viele Facetten unseres Lebens berührt. Es versteht sich von selbst, daß wir auf Erkenntnisse und Vorschläge von Demographen und Ökonomen, von Gerontologen und Sozialwissenschaftlern angewiesen sind. Es ist ihre Aufgabe, über gegenwärtige Verhältnisse und absehbare Entwicklungen zu informieren. Es ist Aufgabe der Verantwortlichen in Politik und Wirtschaft, den Experten zuzuhören, ihnen die richtigen Fragen zu stellen und anschließend zu handeln.

Zu dem vorliegenden Buch haben Frauen und Männer aus verschiedenen gesellschaftlichen Feldern mit unterschiedlichen Erfahrungen und Sichtweisen beigetragen. Über die hohe Bereitschaft zur Mitarbeit habe ich mich gefreut. Wir brauchen in Deutschland eine Diskussion und einen anschließenden Konsens über Schwerpunkte gesellschaftlicher Entwicklung unter veränderten demographischen Bedingungen, die gleichermaßen Risiken und Chancen berücksichtigen. In den Beiträgen wird nicht suggeriert, daß es den einen „großen Wurf" geben könnte, wie dem demographischen Wandel zu begegnen sei. Statt dessen wird ein Ensemble interessanter Bewältigungsschritte vorgestellt. Im Grunde ist es die von Karl Popper als „Stückwerktechnik" bezeichnete Vorgehensweise.

In den Beiträgen des Buches geht es vor allem darum:
- wie Innovationschancen und Beharrungstendenzen in Wirtschaft, Politik und Gesellschaft bewertet werden;
- wie Arbeitsmärkte und Arbeitsplätze, Produkte und Dienstleistungen nach der Jahrtausendwende aussehen sollen;
- wie die vorhandenen arbeitsmarkt-, beschäftigungs-, tarif- und betriebspolitischen Instrumente bewertet werden;

- wie insbesondere über Frauenerwerbsquote und gesteuerte Zuwanderung die Bevölkerungsentwicklung ausbalanciert werden kann;
- wie die wachsende Gruppe der Älteren integriert, sozial abgesichert, aber auch wie ihre Produktivität gefördert werden kann.

Dieses Buch ist auf einem Wirtschaftssymposium der SPD im Februar 1993 angeregt worden, es ist Bestandteil eines größeren Projektes. Aus dem wachsenden Kreis derer, die engagiert mitdiskutieren, ist auch die Initiative für die Enquête-Kommission des Deutschen Bundestages „Zukunftssicherung unserer älter werdenden Gesellschaft" entstanden. Verantwortliche Politik muß Handlungsoptionen prüfen und Entscheidungen treffen. Längerfristig geht es um die Wettbewerbsfähigkeit und Lebensqualität unseres Wirtschaftsstandortes. Sicherheit durch Modernisierung - das ist die Idee.

Hans-Ulrich Klose

I. Die Revolution auf leisen Sohlen

Zukunft ist, was wir daraus machen

Innovative Optionen für unsere alternde Gesellschaft

Hans-Ulrich Klose

1. Die Wettbewerbsfähigkeit unseres Standortes wird von Bedingungen geprägt, die vielschichtiger sind als die der Konkurrenz. Aufbauerfordernisse in den ostdeutschen Ländern, Konjunktureinbruch, Strukturdefizite, aber auch eine gewisse Lustlosigkeit der Akteure erschweren das Vermögen, den dynamischen Newcomern auf den Weltmärkten adäquat zu begegnen. Die Leistungsfähigkeit unserer Volkswirtschaft generell, aber auch einzelner Branchen und Unternehmen steht auf dem Prüfstand. Die Tatsache, daß Deutschland immer noch ein überaus erfolgreicher Produzent und Exporteur von technisch hochwertigen Erzeugnissen ist, verstellt den Blick dafür, daß sich dies entscheidend ändern wird, wenn in der Mitte der 90er Jahre nicht gründlich neu gedacht wird und Weichen neu gestellt werden.

Niemand vermag heute mit Sicherheit zu sagen, wie der Standort Deutschland in 15, 20 oder 30 Jahren aussehen wird. Für diese Zeitspanne rechnen die meisten Ökonomen mit einem mäßigen längerfristigen Wachstum der Produktivität und des realen Bruttosozialprodukts pro Kopf. Es wird zu einem verschärften Wettbewerb und zu einer Beschleunigung des Strukturwandels kommen, der mit einem Schrumpfen einzelner Branchen verbunden ist. Hightech-Industrien und der Dienstleistungssektor werden weiter wachsen. Der Arbeitskräftebedarf wachsender Branchen wird nicht so schnell zunehmen, daß freigesetzte Arbeitskräfte dort neue Arbeitsplätze finden. Der Strukturwandel wird einhergehen mit Anforderungen an anspruchsvollere Qualifikationen der Arbeitnehmer. Die EG-Länder werden sich in einer Umwelt ungleich ärmerer und noch wachsender Gesellschaften nicht als Inseln mit hohem Lebensstandard abschotten können, wenn ihre Bevölkerung zugleich altert und schrumpft.

Aus Projektionen über den sich abzeichnenden sozialen Wandel lassen sich zentrale Annahmen über die künftige Entwicklung gewinnen. Es handelt sich um Hypothesen, die deshalb permanent auf Veränderungen, Brüche oder auch Innovationen hin überprüft und gegebenenfalls korrigiert werden sollten. Meiner Sicht der Zukunft Deutschlands liegt die Überzeugung zugrunde, daß die sozioökonomische Entwicklung von vier „Großtrends" geprägt werden wird:

- der weiteren Internationalisierung der Wirtschaftsaktivitäten und Konkurrenzen;
- den Auswirkungen der wichtigsten Schlüsseltechnologien und des damit verbundenen Wandels der Arbeitswelt;
- den Umbrüchen insbesondere in Osteuropa mit neuen Grenzen und Unkalkulierbarkeiten sowie
- einer Bevölkerungsentwicklung mit abnehmenden Nachwuchsjahrgängen, einer zunehmenden Anzahl von Älteren sowie einem deutlichen Anstieg des Durchschnittsalters der Gesamtbevölkerung.

Der Anteil alter und sehr alter Menschen nimmt in allen Industrieländern und in den meisten Entwicklungsländern immer mehr zu. Zugespitzt: Die Europäische Gemeinschaft ist eine „Vereinigung alternder Gesellschaften". Es gibt mehr als 60 Millionen älterer Menschen (60 Jahre und älter) in der EG, knapp ein Fünftel der Bevölkerung. Fast ein Drittel der Bevölkerung und ein Fünftel der Arbeitskräfte sind älter als 50 Jahre. Bis zum Jahre 2000 werden ältere Menschen mehr als ein Fünftel der Bevölkerung darstellen, und bis 2020 werden sie mehr als ein Viertel verkörpern.

Die Lebenserwartung der Deutschen nimmt im internationalen Vergleich eine Spitzenstellung ein. Längerfristige Bevölkerungsvorausschätzungen für das Jahr 2020 sagen eine Zunahme der über 60jährigen an der Gesamtbevölkerung Deutschlands von 20,8 % 1990 auf etwa 29,7 % 2020, d.h. eine Steigerung um über 40 % voraus. Bis zum Jahr 2030 wird der Anteil der älteren Bevölkerung sogar noch weiter steigen. Der Anteil der Hochbetagten (über 85 Jahre) wird sich fast

Schaubild 1: Anteil der 60+ jährigen in den EG-Ländern

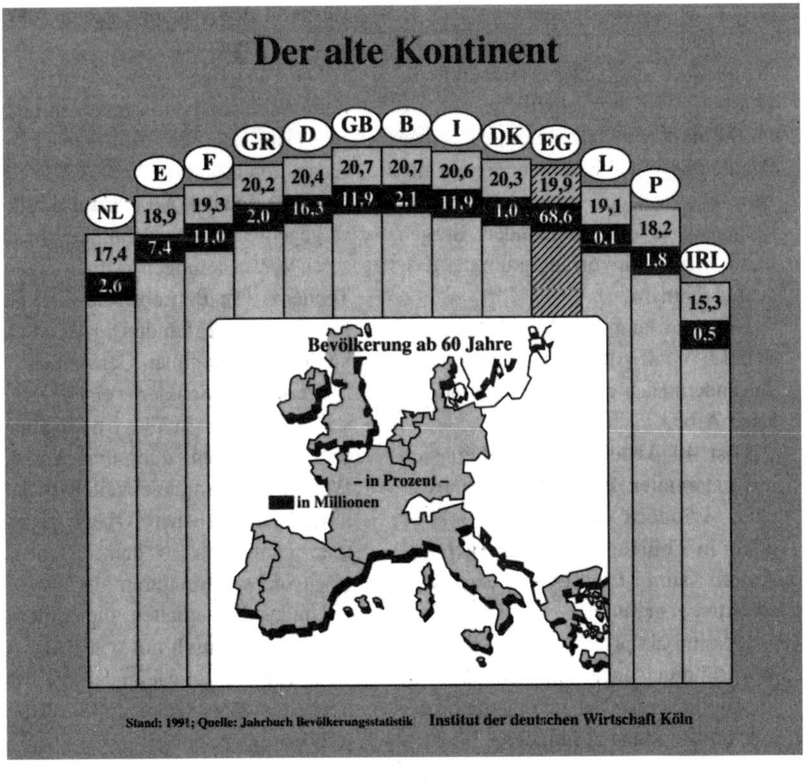

Schaubild 2: Anteile der Altersgruppen in Deutschland

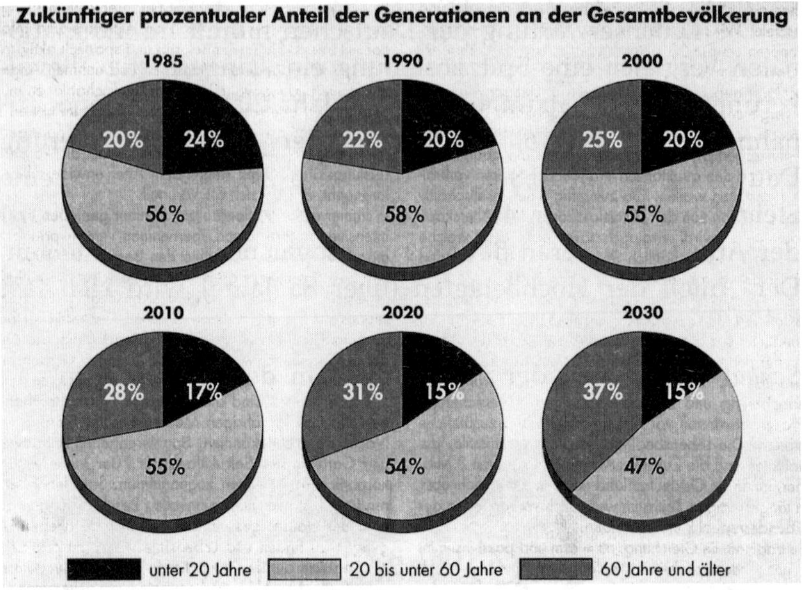

verdoppeln, umgekehrt wird sich der Anteil der Kinder und Jugendlichen etwa halbieren. Auch die Gruppe der über 75jährigen wird in den nächsten Jahren relativ und absolut beträchtlich anwachsen. Es läßt sich dann von einer neuen Gruppe von sehr alten Menschen sprechen, für die zwei Charakteristika gelten: ein im Vergleich zu jüngeren Gruppen häufig verändertes Lebensstandard-, Aktivitäts- und Integrationsniveau sowie ein überdurchschnittlich hoher Anteil an Frauen. Sehr ähnlich ist die Entwicklung in den deutschsprachigen Nachbarländern, in Ungarn und in Tschechien.

Während auf dem Arbeitsmarkt die Altersgrenzen sukzessive nach unten verschoben werden, das durchschnittliche Pensions- bzw. Rentenanfallsalter sich bereits deutlich unterhalb der gesetzlichen Altersgrenzen bewegt, verlängert sich die Altersphase. In der Gerontologie wird diese Entwicklung, die auch einhergeht mit einer veränderten Selbsteinschätzung der Älteren, als „Verjüngung des Alters“ bezeichnet. Hinzu kommt: es altert die Bevölkerung insgesamt. Das heißt nicht nur, daß die Lebenserwartung generell gestiegen ist, es bedeutet auch, daß sich das Verhältnis zwischen den Jüngeren und den Älteren verschiebt. Es sind die phasenweise massiven Geburtenrückgänge im Verlauf unseres Jahrhunderts dafür verantwortlich, daß die Älteren, Alten und sehr Alten an Zahl zunehmen.

2. Demographische Prozesse verlaufen stumm und allmählich, sie sind von langer Dauer. Wir wissen, daß eine „Revolution auf leisen Sohlen“ stattfindet: die einheimische Bevölkerung der Bundesrepublik nimmt ab und wird älter – früher und deutlicher als bei den meisten europäischen Nachbarn. Selbst die starken Verbesserungen des Familienlastenausgleiches in den Jahren 1975-1982 haben in den demographischen Trends keine Spuren hinterlassen. Ein leichter Anstieg der Geburtenrate war nur dann erkennbar, wenn zur Familienpolitik des Bundes gleichzeitig bedeutende zusätzliche Maßnahmen eines Bundeslandes traten. Die Trends bei der Frauenerwerbstätigkeit, bei den Heirats- und Partnerschaftsverhältnissen sprechen deutlich gegen eine Rückkehr zum sog. Generationenersatz – wie die Demographen das nennen –, der 230 Kinder auf 100 Elternpaare erfordert. Es spricht freilich nichts gegen Versuche, Barrieren zu beseitigen, die Familien- und Kinderwünsche behindern. Eine zahlenmäßig erhebliche Geburtenförderung freilich setzt einen Vorlauf von mindestens 20 Jahren und einen nationalen Konsens über staatliche Interventionen voraus.

In den 90er Jahren durchlaufen geburtenstarke Jahrgänge die Schulen und Hochschulen, die einheimische Bevölkerung wächst noch einmal leicht und der zunehmenden Erwerbsbevölkerung steht eine schrumpfende Zahl von Kindern gegenüber. Die Zahl der Rentner nimmt noch nicht nennenswert zu, die Zahl der von der Erwerbsbevölkerung zu Ernährenden ist eher rückläufig; ein steigender „intergenerativer Umverteilungsbedarf" ist noch nicht vorhanden. Die Lebenserwartungen werden weiter anwachsen und nach der Jahrtausendwende werden es geburtenstarke Jahrgänge sein, die „ergrauen". Die mittelfristigen und erst recht die langfristigen Effekte der Bevölkerungsentwicklung werden dieses Land und die Menschen nachhaltiger und einschneidender verändern als viele andere Prozesse, einschneidender selbst als die deutsche Einheit.

Die Veränderungen sind in vollem Gang, wir können den Folgen nicht mehr ausweichen. Sie werden die Gesellschaft als ganze prägen: den öffentlichen Sektor der Infrastruktur, die sozialen Sicherungssysteme, den Konsum und die Kultur, die Wohnungsmärkte wie die Arbeitsmärkte, die politischen Machtverhältnisse wie die Innovationsfähigkeit der Wirtschaft, die Mentalitäten wie die Art unseres Zusammenlebens. Seit Mitte der 70er Jahre wird Alterung als Thema in der Fachwelt systematisch diskutiert, ohne von Politik und Wirtschaft hinreichend zur Kenntnis genommen zu werden. Folglich gibt es jetzt nur Anpassungsleistungen in einzelnen Fachplanungen. Die Institutionen unserer Gesellschaft aber passen nicht auf eine Gesellschaft mit einem weitaus höheren Anteil älterer Menschen.

Weil im Augenblick noch nicht mit Händen zu greifen ist, welche Veränderungen in der Bevölkerungsentwicklung vor sich gehen, könnte es leicht geschehen, daß unangenehme Entscheidungen vermieden werden. Dies hätte zur Folge, daß die Gestaltungszwänge nur aufgestaut würden. Unser Ziel sollte es dagegen sein, die Kosten möglichst gering zu halten. Der jahrzehntelange Prozeß verläuft in zwei überaus unterschiedlichen Phasen. In der laufenden ersten Phase, bis ca.

2010, verschieben sich die Relationen in der Bevölkerung erst wenig. Das ist die Zeit, in der wir modernisierende Reformen für die anschließende Phase auf den Weg bringen müssen. Die Anpassungsaufgaben in der Wirtschaft wie im öffentlichen Sektor können entscheidend erleichtert werden, wenn sie bereits jetzt eingeleitet und eingeübt werden. Im Staatssektor müssen Strukturveränderungen und Personalumschichtungen vorgenommen werden, weil sich die Anforderungsprofile verschieben.

Eine nüchterne Betrachtung ergibt, daß die Aufgaben zwar keineswegs als gering erachtet werden dürfen, gleichwohl aber die Selbststeuerungs- und Adaptionskapazität der Bundesrepublik nicht überfordern. Der Staat kann den Unternehmen durch Grundlagenforschung das notwendige Wissen zugänglich machen, er kann die Bürger besser qualifizieren, er kann die Verwaltungskosten senken und die Wirkungen von Strukturwandel abfedern. Allerdings bedeutet jeder Zeitverlust eine vielleicht gravierende Einschränkung unserer Chancen - auch im Verhältnis zur Konkurrenz. Das japanische Handels- und Industrieministerium (Miti) stellte schon im Juni 1990 die Bewältigung der Alterung der japanischen Gesellschaft in den Mittelpunkt eines grundsätzlichen Strategiepapiers für die 90er Jahre. Im Jahre 2020 werden in Japan voraussichtlich mehr alte Menschen leben als in jedem anderen industrialisierten Land. Das Miti hat inzwischen das Projekt „Mellow Society" („sanfte Gesellschaft") eingerichtet, in dem Vertreter des Regierungs- und des Privatsektors zusammenarbeiten. Gefördert werden u.a. Forschungsprojekte für Alltagstechnologien, sanftes Wohnen und Arbeitsplatzgestaltung.

Auch wir werden uns in einer konzertierten Aktion, die tatsächlich diesen Namen verdient, über einige Grundlinien verständigen müssen: Wie sollen gesellschaftlicher Strukturwandel, wie ökonomische Innovationen, wie Neugründungen und Umorientierungen von Unternehmen und Branchen, nicht zuletzt neue Akzente im Dienstleistungssektor, in einer älter werdenden Gesellschaft aussehen? Eine vorausschauende Politik kann den demographischen Wandel als Chance nutzen, notwendige gesellschaftliche Modernisierungsmaßnahmen voranzutreiben.

Als Gesellschaft stehen wir erst am Anfang eines Lernprozesses, eine differenzierte Kultur des Alterns gilt es noch zu entwickeln. Es bedarf einer besonderen, diverse wissenschaftliche Disziplinen, gesellschaftliche Sektoren und Akteure übergreifenden Anstrengung. Es gibt nicht den einen entscheidenden Hebel zur Bewältigung des demographischen Wandels. Erforderlich erscheint mir vielmehr das Zusammenführen von verschiedenen zentralen Optionen, ein neuer „Wohlfahrtsmix".

3. Empirische Analysen ergeben keine Hinweise darauf, daß die Alterung der Bevölkerung in den letzten 20 Jahren das Wirtschaftswachstum wesentlich beeinträchtigt haben könnte. Insofern dürfte ein allgemeiner, demographisch begründeter Wachstumspessimismus kaum gerechtfertigt sein. Allerdings hat die Veränderung der Altersstruktur erhebliche volkswirtschaftliche Folgewirkungen, die das Schlagwort von der „grauen Revolution" treffend umschreibt. Aus marktbezogener Perspektive können wir von einer „Karriere" der Älteren sprechen. Die Wirtschaft besinnt sich auf die Bedürfnisse der älteren Menschen, die zu einer immer wichtigeren Zielgruppe werden. Es ist der einzige Wachstumsmarkt, den wir auf absehbare Zeit haben, was die Zahl der Konsumenten anbelangt. Ein Blick auf die USA zeigt, daß dem Markt der „reiferen Jugend" – wie man dort sagt – mittlerweile ganze Wirtschaftszweige gewidmet sind. Ein Dienstleistungsangebot wurde aufgebaut, das „normale" Konsumbedürfnisse im Alter anspricht und nicht erst auf pathologische Zustände reagiert.

Vorsichtiger, aber mit zunehmender Intensität weisen in der Bundesrepublik Marktforscher und Unternehmensberater seit Ende der 80er Jahre auf das „goldene Marktsegment" hin. Auf Unternehmen und Werbung kommen aufgrund der älter werdenden Bevölkerung verschiedene strategische Anpassungserfordernisse und Veränderungen des Marketingmix zu. Die Ermittlung spezifischen Bedarfs, die Berücksichtigung als Konsumenten und eine differenzierte Behandlung in der Werbung - das kann gesellschaftlich integrativ wirken. Die „neuen Alten" in Westdeutschland verbindet heute freie Zeit, Vitalität und ansehnliche Kaufkraft. Als bislang noch eher vernachlässigte Zukunftsmärkte gelten (neben dem Gesundheitsbereich) Fitneß, Sport, Reisen sowie sonstige Erholungs- und Unterhaltungsangebote. Allein die Beobachtungen an unseren heutigen „jungen Älteren" reichen aus, um Einkommen als wichtigeren Parameter für den Konsum zu identifizieren als Alter. Der rein altersspezifische Einfluß auf Konsum und Konsumstruktur ist relativ gering. Erst die Verbindung von unterschiedlichem Alter und unterschiedlichem Einkommen ermöglicht einen Nachweis von Veränderungen in der Konsumstruktur.

Nicht alle älteren Menschen haben an der Wohlstandsentwicklung in Deutschland teil. Es gibt nach wie vor Armut, und sie ist insbesondere weiblich ausgeprägt. Die deutsche Vereinigung hat darüber hinaus für längere Zeit zwei Gruppen von älteren Deutschen geschaffen. Dabei sollte nicht übersehen werden, daß die ostdeutschen Älteren ebensowenig eine homogene Gruppe sind wie die westdeutschen. Die traditionelle Gleichung alt = vermögenslos und arm, stimmt jedenfalls heute nicht mehr. Die Entwicklung der Sozialhilfeempfänger ist ein weiteres Indiz dafür, daß Einkommens- und Vermögenslosigkeit abnehmende Altersphänomene sind. Nach einer 40jährigen Phase fast ununterbrochenen Wirtschaftswachstums und privater Vermögensbildung sind heute immer mehr alte Menschen in der Lage, mit privatem Vermögen ihr Einkommen aus den gesetzlichen Versicherungssystemen aufzustocken und dadurch ihren Lebensstandard substantiell zu verbessern. Zum ersten Mal in der Geschichte bedeutet Alter heute nicht mehr Armut, sondern auskömmliche, teilweise auch wohlhabende Lebensverhältnisse. Für die Sozialtransfers erfordert dies in der Konsequenz eine degressive Gestaltung, die die Schwachen nach wie vor und besser schützt und die Starken einkommensbezogen neu gewichtet.

Die disponiblen Einkommen der Älteren sind - allerdings bei großen Disparitäten in der Verteilung - vergleichsweise hoch. Die Rente hat bei einem wachsenden Teil von ihnen nur den Status eines Teileinkommens; hinzu treten Lebensversicherungen, Zinsen und Mieten. Da die Älteren über einen hohen Prozentsatz des Geldvermögens (und des Wohneigentums) verfügen, hat dies auch gewichtige Nebenwirkungen für die Kapitalbildung und die gesamtwirtschaftliche Produktivität. Im früheren Bundesgebiet verfügen Rentner- und Pensionärshaushalte über ein Drittel des gesamten Geldvermögens. Immer mehr ältere Menschen hinterlassen nicht unbeträchtliches Vermögen an immer weniger Nachkommen. In der DDR konnte allerdings kein vergleichbares Vermögen gebildet werden.

In Prognosen der Kreditinstitute wird davon ausgegangen, daß das Geldvermögen der Älteren überproportional ansteigen wird. Die über 65jährigen westdeutschen Haushalte verfügten schon Mitte der 80er Jahre über das zweithöchste Nettogeldvermögen. Übertroffen wurden sie nur von der Gruppe der 55-65jährigen. Verstärkt können ältere Menschen Haus-, Grundvermögen und Sparguthaben an ihre Kinder vererben. In ihrer Konsum- und Finanzmentalität unterscheiden sich heute schon die Senioren von den früheren Generationen älterer Menschen spürbar. In den nächsten Jahren wird über die Generation der jetzt 50jährigen eine „Erbschaftswelle" in Form ererbten Vermögens aus den akkumulierten Ersparnissen der Aufbaugeneration oder aus fällig werdenden Lebensversicherungen kommen. In den 90er Jahren ist mit einem Gesamtvolumen von 800 Milliarden DM an Geldvermögen, 700 Milliarden DM an Immobilienwerten und über 360 Milliarden DM aus fälligen Lebensversicherungen, d.h. insgesamt ca. 2 Billionen DM zu rechnen.

Die zentrale Wertschöpfung wird in Deutschland auch zukünftig im industriellen Sektor geschaffen. In mittelfristiger Perspektive werden wir aber ein Industrieland mit einer starken Tertiärisierung sein. Es nehmen vor allem qualifizierte Fachaufgaben zu wie Betreuen, Beraten, Lehren, Publizieren, Organisieren, Forschen, Entwickeln. Es schrumpfen vor allem Hilfsfunktionen, die der Produktion vor- und nachgelagert sind. Aufgrund der demographischen Entwicklung steigt die Nachfrage für Dienstleistungen in der Freizeitgesellschaft. Es sind andere Dienstleistungen erforderlich, auch altersunspezifische. Es entstehen neue Nachfrageklientel, die in ihrer großen Mehrheit deutlich vermögender sind als ihre Vorgänger und ihre frei verfügbaren Mittel zunehmend für eine aktive Lebensgestaltung ausgeben.

Bei der mittlerweile erreichten Lebensdauer leben zum erstenmal in der Geschichte vier Generationen nebeneinander. Dies wird nicht ohne bessere Ausstattung der im herkömmlichen Generationenvertrag tragenden Gruppe möglich sein, vor allem der jungen Familien und ihrer Kinder. Ein Sozialstaat, der meint, dem älteren Bevölkerungsteil zu stark entgegenkommen zu müssen – etwa aus wahltaktischen Erwägungen der Regierenden – könnte Generationenkonflikte eines neuen Typs auslösen, die sich nicht mehr innerhalb der Familien abspielen, sondern sich zum gesellschaftsweiten Sozialkonflikt ausweiten können. Im steigenden Wohlstand der Älteren liegt auch die Chance, Solidarität zwischen den Generationen neu zu gründen. Die Älteren werden nicht nur über einen größeren Anteil des Volkseinkommens verfügen, sie werden mit diesem Anteil über ihre Nachfrage auch für die Jüngeren zusätzliche Arbeitsplätze schaffen und sichern.

Die Bevölkerungsdynamik eröffnet auch interessante Perspektiven im Konsumgüterbereich. Die gesamtwirtschaftliche Sparquote wird sich in der oben genannten ersten Phase der Bevölkerungsentwicklung wahrscheinlich nur wenig verändern werden. In der zweiten Phase wird damit gerechnet, daß die Sparquote stark absinkt und eventuell sogar negativ wird. Aufgrund der demographischen Entwicklung gibt es zwei wesentliche Einflußfaktoren, die das Sparverhalten verändern können. Es handelt sich dabei zum einen um die Vererbung von Grund-/Wohneigentum oder Kapital, die bei jungen Menschen die Sparneigung senkt. Zum anderen könnte aufgrund des für die Rentenversicherung ungünstiger werdenden Verhältnisses von sog. aktiver zu passiver Bevölkerung eine Verunsicherung der Betroffenen entstehen, die zu einer stärker betriebenen privaten Altersvorsorge führt und insgesamt die Sparneigung hebt.

4. Es ist die Produktionsseite, nicht die Konsumseite, die Kopfzerbrechen bereitet. Es gibt keine ökonomische Theorie, die einen strengen Zusammenhang zwischen dem Durchschnittsalter der Erwerbstätigen einerseits und der Wettbewerbsfähigkeit einer Volkswirtschaft andererseits herstellt. Überzeugend belegt ist der Zusammenhang zwischen Ausbildungsstand und wirtschaftlicher Leistungsfähigkeit. Unser Ziel sollte es sein, mit intelligenten Produkten weiter auf dem Weltmarkt erfolgreich zu sein. Eine zentrale Voraussetzung dafür ist, daß sich das sogenannte Humankapital nicht verschlechtert. Nach einer Studie der American Society of Training and Development ist eine hohe berufliche Qualifikation der Erwerbsbevölkerung sogar der wichtigste Einzelfaktor für die dauerhafte internationale Wettbewerbsfähigkeit einer Volkswirtschaft.

Die wohl wichtigste Determinante der Produktivitätsentwicklung ist die technische und organisatorische Modernisierung. Wie wird sich der steigende Anteil alter Menschen auf die Innovationsrate auswirken? Es wird angenommen, daß Jüngere eher bereit sind, Neues zu wagen und dafür zu investieren. Überdies wird unterstellt, daß die Produktivität Jüngerer dank höherer Qualifikation und Mobilität größer ist. Schließlich wird mit einigem Grund angenommen, daß die Jüngeren in ihrer beruflichen Orientierung durch eine Überzahl von Älteren entmutigt werden.

Erst jenseits des Jahres 2000 ist in Deutschland mit einer deutlichen Alterung des Erwerbspersonenpotentials zu rechnen. Das höchste Ausmaß der Alterung wird um das Jahr 2020 erfolgen, der daraus entstehende Rentneranstieg wird im Jahr 2030 seinen Höhepunkt erreichen. Schon in etwa sieben Jahren wird das Potential an Erwerbspersonen über 50 Jahre das der Jüngeren bis 30 Jahre überrunden. Dieser demographische Effekt, die sogenannte „Altersschere", ist ein historisch international bislang unbekannter Sachverhalt. In fast allen EG-Ländern wird das Angebot an jungen Arbeitskräften ebenfalls sinken. Der Rückgang des Arbeitsangebotes wird im übrigen voraussichtlich nicht hinreichen, die Arbeitslosigkeit nennenswert abzuschwächen. Erst in der zweiten Phase ist eine zunehmende Verknappung des einheimischen Arbeitsangebotes zu erwarten.

Mit der Förderung der Frauenerwerbstätigkeit würde dann für einige Jahre (bis ca. 2010) ein Instrument zur Verfügung stehen, das breit akzeptiert und letztlich volkswirtschaftlich ertragreicher sein würde als andere. Erwerbstätigkeit entspricht gleichermaßen den emanzipatorischen Präferenzen wie den legitimen Wünschen nach materieller Absicherung der jungen Frauen. Frauenerwerbstätigkeit kann von den Betrieben direkt beeinflußt werden und ist eine marktwirtschaftliche Antwort auf die Bevölkerungsentwicklung. Die Erhöhung weiblicher

Schaubild 3: Erwerbspersonenpotentiale in der Zeitreihe (Deutschland) ohne Zuwanderung

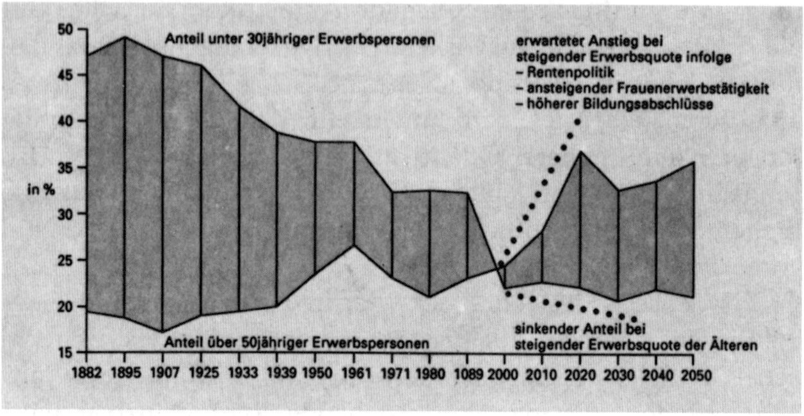

Quelle: IAB (1992)

Erwerbstätigkeit ist allerdings auch begrenzt und setzt eine wesentlich bessere Vereinbarkeit von Beruf und Familie voraus.

In den Unternehmen verzeichnen wir schon heute ein gestiegenes Durchschnittsalter (derzeit bei 40 Jahren); Untersuchungen sprechen von geringerer Mobilität. Ältere Arbeitnehmer gelten in Betrieben und auf dem Arbeitsmarkt generell als Dispositionsgruppe, für die je nach Situation Beschäftigungsanreize geboten oder geregelte Verfahren der Entlassung ergriffen werden. Der sozial abgefederte Vorruhestand ist das eingeübte und vertraute Instrument, Verfahren der Veränderung der Leistungsfähigkeit sind demgegenüber kaum eingeführt. Wir sind noch nicht genügend gerüstet für das Zusammentreffen von Bevölkerungsentwicklung, Arbeitsmarktaufgaben, technischen Wandel in Industrie, Handel und Gewerbe. Und selbst dort, wo entsprechendes Wissen vorhanden ist, darf angezweifelt werden, daß es schnell und umstandslos Eingang findet in das Innovationsmanagement von Unternehmen und Verwaltungen.

Im Kooperationsdreieck von Staat, Unternehmen und Gewerkschaften wird die Aushandlung und Umsetzung von demographischen Investitionen einen ganz hohen Stellenwert bekommen (müssen). Alle Kompensationen eines alternden Erwerbspotentials stoßen – insbesondere bei isoliertem Einsatz – früher oder später an ihre Grenzen. Realistisch ist die abfedernde Bewältigung, nicht die Korrektur der Bevölkerungsentwicklung, also Produktivitätssteigerung, lebenslanges Lernen, Mobilisierung der Frauenreserven und Einwanderung.

Staat, Tarifpartner und Bildungsträger sind gemeinsam für die rechtzeitige Entwicklung dynamischer Qualifikationsstrukturen verantwortlich. Auch die immer kürzer werdende Halbwertzeit des Wissens steigert den Bedarf an Weiterbildungsmöglichkeiten. Die generationsbezogene Arbeitsteilung wird sich ändern, die Lebensarbeitszeit, ihre Phasen und ihre Dauer werden neu arrangiert und human flexibilisiert werden müssen. Ziel einer Neugestaltung von Arbeitsprozessen und Arbeitsplätzen ist die intelligente Kombination von Erfahrungswissen und innovativen Impulsen. Der Automobilkonzern Toyota – Branchenführer in Japan – hat im Frühjahr 1993 in Kyushu und Hokkaido neue Fabriken eröffnet: Die Produktion dort wurde auf Arbeitsabläufe älterer Mitarbeiter eingestellt.

Eine Vielzahl neuerer wissenschaftlicher Arbeiten münden in der Erkenntnis, daß viele ältere Menschen über ein spezifisches Experten- oder Erfahrungswissen verfügen, das sie zu einer besonderen kognitiven Leistungsfähigkeit befähigt. Großreserven an kognitiver Kapazität können durch systematisches Training aktiviert und ausgebaut werden. Aus der Psychologie erfahren wir, daß sich im Alter häufig die „fluide" Intelligenz verringert, die die Voraussetzung für abstrakte Schlußfolgerungen bildet. „Kristalline" Intelligenz, die zum Lösen wissensabhängiger Aufgaben benötigt wird, hat in den meisten Fällen Bestand. Senioren bleiben daher häufig in den Bereichen geistig leistungsfähig, in denen sie Wissen angesammelt hatten. In der Konsequenz liegt es nahe, sich ergänzende Wege einzuschlagen: mit zusätzlichen Fortbildungsinitiativen der Unternehmer und der Beschäftigten in der Mitte ihrer Berufsbiographie sowie einer Änderung der Aufgabenzuweisung innerhalb der Unternehmen: für die älteren Mitarbeiter beratende und beaufsichtigende Aufgaben statt „Linienfunktionen".

Im Unternehmen der Zukunft wird es keine jugendzentrierten Innovationskonzepte mehr geben können. Innovationen sollten zukünftig auf neuen Formen altersübergreifender Kooperationen basieren, in denen Stärken und Schwächen aller Altersgruppen gleichermaßen berücksichtigt werden. Erforderlich erscheinen mir alternative betriebliche Arbeits- und Bildungskulturen, zu denen erhebliche Eigeninitiativen aber auch stützende Maßnahmen des Staates erforderlich sind. Die Einführung neuer Arbeitsmethoden vor allem in mittelständischen Betrieben kann durch einen institutionalisierten Dialog begleitet und durch das Angebot von Innovationsdienstleistungen erleichtert werden.

So wie das Humankapital die Basis für eine Innovations- und Exportwirtschaft bedeutet, sind die aktiven Jahrgänge und deren Nachwuchs die Basis des Generationenvertrages. Die für die Gesellschaftspolitik bestimmende Formel lautete bislang: Der Sozialaufwand eines Zeitabschnitts muß in eben diesem Abschnitt erwirtschaftet werden.

Die demographische Lücke in der Wirtschafts- und Sozialpolitik (Arbeitsmarkt und soziale Sicherungssysteme) wird durch bevölkerungspolitische Binnenlösungen auch nicht annähernd ausgefüllt, geschweige denn behoben werden können. Modellrechnungen.zeigen, daß Zuwanderungen vom Umfang her zwar auch nicht trend-umkehrende, wohl aber stark trendmodifizierende Wirkungen auf die Bevölkerungsentwicklungen haben. Eine zielgerichtete kompensatorische Einwanderungspolitik ist in unserer entwickelten Industriegesellschaft die sicherlich wirkungsvollste Form der Bevölkerungspolitik. Integration ist gewiß nicht zum Nulltarif zu haben, Konflikte sind vorprogrammiert. Politik und Wirtschaft müssen Einfluß auf die öffentliche Meinung nehmen, um Akzeptanz werben und gezielt Mittel einsetzen.

Ich bin überzeugt, daß nur beides zusammen Sinn macht: Eine gesteuerte Einwanderungspolitik müßte durch eine gezielte und integrationsfördernde Eingliederungspolitik unterstützt werden. Dies gilt umso mehr, als sich die anderen westeuropäischen Länder ähnlichen demographischen Aufgaben gegenübersehen, so daß ein verstärkter Zustrom von Arbeitskräften aus diesen Ländern nur für die Anfangsphase des Europäischen Binnenmarktes und für bestimmte hochqualifizierte Arbeitnehmergruppen zu erwarten ist. Demgegenüber wird die Bundesrepublik im Rahmen gesamteuropäischer Migrationsprozesse auch künftig im Mittelpunkt von Süd-Nord- und Ost-West-Wanderungen stehen. In einem Einwanderungsgesetz - ein zeitlicher Vorlauf von 10-15 Jahren muß angesetzt werden - werden wir den Mut finden müssen, uns einerseits zur „Nachfrage" nach Menschen von außen zu bekennen, andererseits aber auch zur Setzung von Interessen aus nationaler Sicht.

Schaubild 4: Ältere Menschen 1990 und 2020 im Prozentsatz zur gesamten EG-Bevölkerung

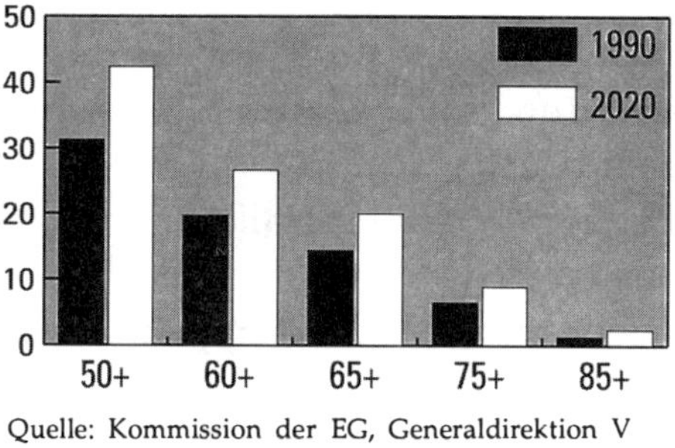

Quelle: Kommission der EG, Generaldirektion V

Der ökonomische Nutzen und die fiskalischen Leistungen von Zuwanderern sind aus der Sicht des Aufnahmelandes in der Regel erheblich größer als die Belastung der öffentlichen Haushalte. Mindestens ebenso bedeutsam sind die Impulse für wirtschaftliche Dynamik durch Flexibilität, Mobilität und hohe Leistungsmotivation. Übereinstimmend kommen Studien von DIW, IfO, RWI und IW zu dem Fazit, daß die Migranten in Deutschland zu Wohlstandsträgern geworden sind: Sie sorgen für mehr Wachstum (BSP) und zusätzlichen Konsum, für ein Mehr an Arbeitsplätzen und Dienstleistungen, sie bringen an Steuern, Renten- und Sozialversicherungsbeiträgen per saldo mehr ein, als sie an Leistungen abrufen. Ohne Zuwanderer wären in unserer Volkswirtschaft alle ärmer.

5. Die Verschiebungen im Altersaufbau werden die öffentlichen Haushalte insgesamt mehr belasten als entlasten. Die Mehrausgaben für Pensionen und für Renten, Pflege und Betreuung werden von den Entlastungen durch die schrumpfende junge Bevölkerung nicht ausgeglichen. Aus Analysen über die europäischen Wohlfahrtstaaten ist zu entnehmen, daß Pensionen und Renten den stärksten Effekt auf die Entwicklung der öffentlichen Ausgaben haben werden.

Auf lange Sicht ist wohl das zunehmende Altersrisiko (Unterhalt, Pflegebedürftigkeit) das herausragende sozialpolitische Problem. Finanzieller Spielraum für eine Weiterentwicklung unseres Sozialstaates besteht aber nur in dem Ausmaß, indem es gelingt,

- Arbeitslosigkeit durch die Schaffung neuer produktiver Arbeitsplätze abzubauen,
- Umschichtungen bei den Sozialleistungen vorzunehmen und
- Umschichtungen auf der Einnahmeseite vorzunehmen.

Um Verteilungskonflikte wird keine Regierung herumkommen; die Frage ist nur, ob eine auf lange Sicht angelegte und von klaren Prioritäten geleitete Sozialpolitik erkennbar ist, oder ob weiter von der Finanznot diktierte ad hoc-Entscheidungen getroffen werden.

Langfristig sollten wir versuchen, die Lücken im sozialen Sicherungssystem zu schließen, die heute zu Einkommensarmut im Alter führen. Letztlich ist unser Alterssicherungssystem, basierend auf überkommenen Leitbildern der männlichen Berufsbiographie, insofern unzureichend.

Wo immer es geht, sollte durch Hilfe zur Erwerbsarbeit ein auskömmliches Einkommen und damit auch eine auskömmliche Alterssicherung ermöglicht werden. Zweifellos kann alten Menschen, die jetzt vom Armutsrisiko betroffen sind, kurzfristig nur durch eine bedarfsgerechte Mindestsicherung geholfen werden. Neben einer großen Zahl von Frauen unter den Betroffenen ist sie übrigens auch für Migranten der 1. Generation erforderlich, die sich nicht aus eigenen Rentenanwartschaften versorgen können.

Die Veränderung der Rentensysteme reicht zur Bewältigung des demographischen Wandels nicht aus. Wenn es um die Stabilisierung des Verhältnisses von Beitragszahlern und Rentnern geht, sind beschäftigungspolitische Aktivitäten gefordert. Eine strategische Übereinkunft könnte z.B. darin bestehen, die soziale Absicherung der neuen Risiken, die durch die zunehmende Flexibilität der Arbeit entstehen, neu auszuhandeln: d.h. flexiblere Renten, die mehr Wahlmöglichkeiten zulassen; Gelegenheiten, sich im Laufe des Lebenszyklus von der Arbeit freistellen zu lassen: ständige Fortbildung, die die berufliche Mobilität begleitet etc. Die Unternehmen könnten dabei die gewünschte Flexibilität finden, die Arbeitnehmer können neue Sicherheit erlangen und der Sozialstaat könnte Funktionen klären und Ausgaben senken.

Vieles wird in der öffentlichen Diskussion der Sozialpolitik auf lange Sicht gesehen überzeichnet. Zwar gibt es durchaus Reform- und Handlungsbedarf – insbesondere in den Bereichen Altersvorsorge und Pflegeabsicherung. Die Prognosen über unbezahlbare Risiken bei der Finanzierung der Alterssicherung erscheinen mir nicht gerechtfertigt.

Die hohen Ausgaben im Gesundheitsbereich sind insbesondere durch die moderne Medizintechnologie bestimmt. Ein extremes Anwachsen der Ausgaben aufgrund der zahlenmäßigen Zunahme der Älteren ist eine nur mit äußerster Vorsicht zu diskutierende Vermutung. Es sollte allerdings davon ausgegangen werden, daß die erhöhte Zahl der Alten, zusammen mit einer sich verändernden Familienstruktur, in verstärktem Maße sozial organisierte Unterstützung und Einbindung in die Umwelt erfordern wird.

Zusätzliche Maßnahmen könnten produktivitätssteigernd sowie verbrauchernahe organisiert werden; der Staat könnte längerfristig finanziell entlastet werden, wenn er durch Vorleistungen dezentral agierende Initiativen fördert – finanziell, aber auch durch den Abbau bürokratischer und hierarchischer Strukturen. Wer absehbare gesellschaftspolitische „Unbestimmtheitslücken" rechtzeitig, effizient und gemeinwesenorientiert schließt, trägt bei zur Risikominimierung für unsere Gesellschaft und setzt Impulse für Wirtschaftswachstum. Eine künftige Sozialpolitik wird kein grundsätzlich neues System an die Stelle des bisherigen setzen, sondern in Teilbereichen die herkömmlichen Ansätze modifizieren.

6. Es ist notwendig, die wachsende Gruppe der Älteren zu integrieren und ihren schwächeren Teil sozial abzusichern. Materielle Armut im Alter ist – mit Ausnahme der Übergangssituation in den neuen Bundesländern – nicht mehr das zentrale Problem des Alterns in der Bundesrepublik. In den Vordergrund drängt sich das Defizit an politischer Repräsen-

tation, Artikulation und Aggregation der Interessen älterer Menschen.

Es stellt sich damit auch die Frage, wie sehr und auf welche Weise das Gewicht der Älteren eine angemessene politische Bedeutung erhält. Derzeit sind es noch überwiegend die Kernschichten der aktiven Erwerbsbevölkerung, auf die die Aufmerksamkeit der politischen Parteien und Interessenvertretungen gerichtet ist. Ein übermäßiger Pendelausschlag in die andere Richtung erscheint mir nicht sinnvoll, gegenwärtig allerdings auch noch unwahrscheinlich.

In vielen Kommentaren und Meinungsäußerungen wird vielmehr suggeriert, daß unsere alternde Gesellschaft mit der Zeit quasi zwangsläufig innovationsfeindlicher, unflexibler und insgesamt ärmer wird. Die Regel sind immer noch jugendzentrierte Leitbilder in Unternehmenskultur, Werbung oder Personalplanung. Wer aber den demographischen Wandel als Problemdiskurs („Vergreisung") führt, wird absehbar scheitern. Wir müssen nicht nur auf problematische Metaphern und Deutungen verzichten, sondern über eine offensive Auseinandersetzung eine Kurskorrektur versuchen.

Ein gutes Beispiel für die hierzulande immer noch unterschätzte „Produktivität" des Alters ist das unzureichende Angebot teils bezahlter, teils unbezahlter Tätigkeiten für ältere Menschen jenseits der Ruhestandsgrenze, das auch den spezifischen Wünschen und Fähigkeiten der älteren Menschen gerecht wird. In den USA gibt es schon einen großen Markt für ehrenamtliche Tätigkeiten, in denen ältere Menschen ihre beruflichen Kompetenzen weiterverwenden können, und einen Markt für Altersvolontäre, der nicht notwendigerweise etwas mit der früheren Berufstätigkeit zu tun hat. Die Zahl der Senior-Experten-Initiativen wächst auch in Deutschland. Wir sollten diese Projekte gleichermaßen fördern und fordern.

Neue interdisziplinäre Studien belegen, daß das Alter viele positive Reserven enthält, daß es Begründungen für eine, wenn auch vorsichtige, Aufbruchsstimmung gibt. Vertraute Denkschablonen müssen differenziert oder abgelegt werden. Noch im hohen Alter sind beträchtliche Leistungssteigerungen im geistigen Bereich möglich. Auch die Vermutung, daß die körperliche Leistungsfähigkeit im steigenden Alter unwiderruflich verlorengeht, erweist sich als Vorurteil.

Die älteren Bürger als Quelle von individuellem und gesellschaftlichem Reichtum, diese Perspektive ist in der Diskussion immer noch unterbelichtet. Sie gewinnt Relevanz, je weiter der Zeithorizont geöffnet wird. Die Zunahme älterer Bürger in einer reichen Gesellschaft bietet auch Chancen - nicht nur für die Älteren selbst, sondern auch für Wirtschaft und Gesellschaft insgesamt. Meine Zielvorstellung ist eine erfahrene Gesellschaft, in der das Alter ihrer Mitglieder keine oder nur eine sekundäre Rolle spielt (ageirrelevant society).

Längerfristig geht es um Lebensqualität für unsere Bevölkerung und um die Wettbewerbsfähigkeit unseres Standortes. Auch im Jahr 2030 können und wollen wir innerhalb eines zusammengewachsenen Europas ein hochproduktives und innovationsintensives Wirtschaftszentrum sein. Gemeinsam sollten wir Handlungsoptionen prüfen und Entscheidungen treffen. Sicherheit durch Modernisierung - das ist die Idee, die die Autoren und Autorinnen dieses Buches diskutieren.

Ausgewählte Literatur

Alternde Gesellschaft - Dynamische Wirtschaft?, Schriftenreihe „forum demographie und politik", Heft 2/November 1992 (Bonn, SPD-Parteivorstand).

Margret M. Baltes u.a.: Erfolgreiches Altern - Bedingungen und Variationen, Bern 1989 (Nachdruck 1992).

Paul B. Baltes/Jürgen Mittelstraß (Hg.): Zukunft des Alterns und gesellschaftliche Entwicklung, Berlin 1992.

Bundesverband der Deutschen Industrie (Hg.): Unsere Gesellschaft ergraut: Wie bleibt die Wirtschaft jung? Bonn 1989.

Günter Buttler: Der gefährdete Wohlstand. Deutschlands Wirtschaft braucht die Ausländer, Frankfurt 1992.

Die neuen Alten - Schlagwort der Medien oder marketingrelevante Zielgruppe? Bericht der GfK-Tagung vom 10.07.1992, Nürnberg 1992.

Bernhard Felderer (Hg.): Bevölkerung und Wirtschaft, Berlin 1990.

Der Alte Kontinent, Schriftenreihe „forum demographie und politik" Heft 4/Oktober 1993 (Bonn, SPD-Parteivorstand).

Stephan Fickl (Hg.): Bevölkerungsentwicklung und öffentliche Haushalte, Frankfurt 1991.

Arthur E. Imhof (Hg.): Leben wir zu lange? Die Zunahme unserer Lebensspanne seit 300 Jahren und die Folgen, Köln 1992.

Gerhard Naegele/Hans-Peter Tews (Hg.): Lebenslagen im Strukturwandel des Alters, Opladen 1993.

Edzard Reuter: Alternde Bevölkerung - schrumpfende Wirtschaft ? Vortrag vor dem Verein deutscher Lebensversicherer am 25. September 1989 in Nürnberg (Manuskript).

Josef Schmid: Die Bevölkerungsentwicklung in der Bundesrepublik Deutschland, in: aus politik und zeitgeschichte, B 18/89 vom 28.04.1989, S. 3-15.

Bevölkerungsdynamik in Europa: Trends und Konsequenzen

Meinhard Miegel

In der Bevölkerungsdynamik Europas können fünf Phasen unterschieden werden. Auf eine sehr lange Phase geringen Bevölkerungswachstums folgte eine Phase beschleunigten und dann eine Phase schnellen Wachstums. Letztere wurde abgelöst durch eine Phase mäßigen Bevölkerungswachstums, die ihrerseits in Teilen Europas in eine Phase zahlenmäßigen Bevölkerungsrückgangs einmündet.

Am Ende der ersten Phase, um 1700, zählte die europäische Bevölkerung erst etwa 100 Millionen Menschen. Von 1700 bis 1800, während der zweiten Phase, erhöhte sich ihre Zahl auf 173 Millionen, was einem durchschnittlichen Bevölkerungswachstum von 0,5 v.H. jährlich entsprach.[1] Die dritte Phase, die Phase schnellen Bevölkerungswachstums, erstreckte sich, wie Schaubild 1 zeigt, von etwa 1800 bis in die Mitte dieses Jahrhunderts. Während dieser Zeit verdreifachte sich die Zahl der Europäer von 173 auf 531 Millionen,[2] das heißt, die europäische Bevölkerung wuchs um durchschnittlich 0,8 v.H. pro Jahr. Dabei sind noch nicht die erheblichen Wanderungsverluste und die Verluste zweier Weltkriege berücksichtigt. Ohne diese Verluste hätte die Zahl der Europäer um 1950 vermutlich bei etwa 600 Millionen gelegen.[3]

Die Phase mäßigen Bevölkerungswachstums, die um die Jahrhundertmitte begann, hält vorerst in den meisten europäischen Ländern noch an und dürfte erst etwa 2050 enden. Ohne Zuwanderungen dürfte die europäische Bevölkerung während dieser Phase durchschnittlich um nur noch knapp 0,3 v.H. jährlich zunehmen, wobei die Wachstumsrate ständig fällt.[4] Ab 2050 dürfte die europäische Bevölkerung - abermals ohne Zuwanderungen - dann insgesamt zahlenmäßig abnehmen, wobei dieser Bevölkerungsrückgang im Westen schon vor der Mitte des nächsten Jahrhunderts und im Osten einige Zeit danach einsetzen dürfte. Damit dürfte sich in etwa zwei Generationen ganz Europa auf dem demographischen Pfad

Schaubild 1: Bevölkerung Europas* von 1700 bis 2100 (schematische Darstellung)

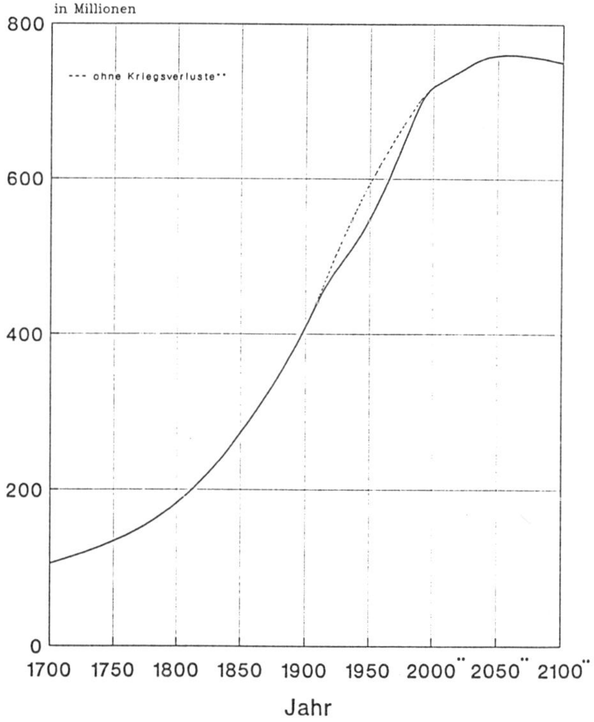

* inklusive europäische GUS-Staaten
** geschätzt

IWG BONN 1/93

Tabelle 1: Entwicklung der Lebenserwartung von 1959 bis 2025

Jahre	Welt	Industrialisierte Regionen	Wenig industrialisierte Regionen	Nordamerika	Europa**	Ozeanien	Mittel- und Südamerika	Asien	Afrika
	Durchschnittliche Lebenserwartung bei Geburt in Jahren								
1950-1955	47,5	66,0	42,2	69,0	65,4	60,8	51,8	42,0	37,7
1955-1960	50,4	68,4	45,3	69,8	68,1	62,7	54,6	45,2	39,8
1960-1965	53,2	69,8	48,5	70,1	69,7	64,3	57,0	48,6	41,8
1965-1970	56,6	70,5	52,7	70,5	70,3	65,2	59,0	53,4	43,9
1970-1975	58,5	71,1	55,2	71,5	70,6	66,5	61,1	56,0	45,9
1975-1980	60,4	72,0	57,4	73,3	71,2	68,2	63,1	58,3	47,9
1980-1985	62,1	72,8	59,4	74,7	71,8	70,1	65,0	60,5	49,6
1985-1990	63,9	74,0	61,4	75,6	73,1	71,3	66,6	62,7	51,0
1990-1995*	65,5	74,9	63,3	76,5	74,0	72,5	68,0	64,7	54,1
1995-2000	67,0	75,8	65,0	77,1	74,9	73,5	69,3	66,5	56,1
2000-2005	68,3	76,6	66,6	77,8	75,7	74,5	70,3	68,2	58,1
2005-2010	69,6	77,3	67,9	78,4	76,5	75,5	71,2	69,7	60,0
2010-2015	70,7	77,9	69,3	78,9	77,2	76,3	72,0	71,1	61,9
2015-2020	71,8	78,5	70,5	79,4	77,0	77,2	72,7	72,3	63,7
2020-2025	72,9	79,0	71,6	79,8	78,4	77,9	73,2	73,4	65,6

* bis 1990 effektive Werte, ab 1990 Prognosen
** inkl. europäische GUS-Staaten (geschätzt)

Quelle: United Nations/Department of International Economic and Social Affairs (Hrsg.), World Population Prospects 1990, Population Studies Nr. 120, New York 1991, S. 192ff.

befinden, den Deutschland bereits vor etwa 20 Jahren eingeschlagen hat.

Diese Bevölkerungsdynamik ist im wesentlichen auf einen ständigen Anstieg der Lebenserwartung der Menschen bei gleichzeitig tendenziell rückläufiger Fruchtbarkeit zurückzuführen. In der ersten Phase, der Phase langsamen Wachstums, war die Sterblichkeit der Bevölkerung noch hoch. Erst in der zweiten Phase hatten sich die individuellen Lebensbedingungen soweit verbessert, daß die durchschnittliche Lebenserwartung auf etwa 30 Jahre stieg.[5] Annähernd die Hälfte der Geborenen erreichte nunmehr das Erwachsenenalter.[6] Da sich gleichzeitig die Zahl der Geburten pro gebärfähiger Frau jedoch zunächst nur wenig verminderte, wuchs die Bevölkerungszahl beschleunigt an.

In der dritten Phase erhöhte sich dank weiter verbesserter Lebensbedingungen die durchschnittliche Lebenserwartung auf rund 45 Jahre. Etwa drei Viertel der Geborenen erreichten das Erwachsenenalter; etwa die Hälfte der Erwachsenen erreichte das 60. Lebensjahr. Die Geburtenrate sank jedoch wiederum nur mäßig. Entsprechend steil stieg die Zahl der Geburten und damit der Bevölkerung an.

In der vierten Phase, der Phase nur noch mäßigen Bevölkerungswachstums, setzt sich der Anstieg der Lebenserwartung unvermindert fort. Wie Tabelle 1 zeigt, erhöhte sich die durchschnittliche Lebenserwartung in Europa und anderen hochindustrialisierten Ländern auf etwa 70 Jahre. Fast alle Geborenen werden erwachsen, die meisten erreichen das Greisenalter. Der Rückgang der Geburtenrate, der in der vorangegangenen Phase zunächst nur zögerlich eingesetzt hatte, beschleunigt sich, wie aus Tabelle 2 hervorgeht. Doch anders als in der Phase schnellen Bevölkerungswachstums wird dieser Rückgang jetzt nur noch zum Teil durch die Vergrößerung der Zahl gebärfähiger Frauen ausgeglichen. Da die meisten Geborenen bereits in der Phase schnellen Bevölkerungswachs-

Tabelle 2: Entwicklung der Geburtenrate* von 1959 bis 2025

Jahre	Welt	Industriali-sierte Regionen	Wenig industriali-sierte Regionen	Europa***	Nord-amerika	Ozeanien	Asien	Mittel- und Süd-amerika	Afrika
	Durchschnittliche Kinderzahl pro Frau								
1950-1955	5,00	2,84	6,19	2,65	3,47	3,83	5,92	5,95	6,65
1955-1960	4,88	2,82	5,95	2,65	3,72	4,06	5,57	5,99	6,74
1960-1965	4,98	2,69	6,09	2,60	3,34	3,94	5,71	6,02	6,79
1965-1970	4,89	2,44	6,01	2,48	2,54	3,54	5,69	5,59	6,73
1970-1975	4,46	2,20	5,41	2,27	1,97	3,21	5,06	5,07	6,62
1975-1980	3,84	2,03	4,54	2,09	1,91	2,79	4,06	4,45	6,54
1980-1985	3,60	1,93	4,19	1,97	1,80	2,61	3,71	3,99	6,40
1985-1990**	3,45	1,89	3,94	1,92	1,81	2,51	3,48	3,60	6,24
1990-1995	3,31	1,88	3,71	1,90	1,83	2,41	3,26	3,28	6,03
1995-2000	3,14	1,87	3,47	1,89	1,83	2,34	3,02	3,02	5,70
2000-2005	2,96	1,85	3,20	1,88	1,81	2,26	2,75	2,82	5,31
2005-2010	2,76	1,82	2,94	1,85	1,78	2,19	2,50	2,67	4,84
2010-2015	2,58	1,81	2,71	1,83	1,78	2,13	2,30	2,55	4,25
2015-2020	2,38	1,78	3,46	1,80	1,76	2,07	2,12	2,45	3,61
2020-2025	2,27	1,76	2,32	1,78	1,74	2,02	2,06	2,38	3,04

* zusammengefaßte Geburtenziffer

** bis 1990 effektive Werte, ab 1990 mittlere Prognosevariante der UNO sowie Prognosen des IWG BONN. Das IWG BONN geht davon aus, daß die Geburtenrate in den industrialisierten Regionen bis 2025 weiter leicht zurückgeht

*** inkl. europäische GUS-Staaten (geschätzt)

Quelle: United Nations/Department of International Economic and Social Affairs (Hrsg.), World Population Prospects 1990, Population Studies Nr. 120, New York 1991, S. 176ff.

tums erwachsen wurden, steigt die Zahl gebärfähiger Frauen in der Phase mäßigen Bevölkerungswachstums nur noch geringfügig an. In der Phase mäßigen Bevölkerungswachstums liegt der Anstieg der Lebenserwartung vor allem nach dem Ende des generativen Lebensabschnitts.

In der vorerst letzten Phase, der Phase zahlenmäßigen Bevölkerungsrückgangs, ist die durchschnittliche Lebenserwartung hoch. Ihr weiterer Anstieg liegt ausschließlich in fortgeschrittenem Alter, häufig im Greisenalter. Herausragendes Kennzeichen dieser Phase ist jedoch ein so starker Rückgang der Geburtenrate, daß die Geburtenziffer niedriger ist als die Sterbeziffer, die Bevölkerung also zahlenmäßig abnimmt. Deutschland befindet sich seit einigen Jahren in dieser Phase. Innerhalb weniger Jahre und Jahrzehnte werden weitere – vor allem west- und nordeuropäische Länder – hinzukommen.

Abhängig von der Phase, in der sich eine Region oder ein Land befindet, wächst seine Bevölkerung noch mäßig, stagniert oder schrumpft sie. Dabei zeigt sich ein eindeutiges Ost-West-Gefälle. Die Staaten Mittel- und Osteuropas befinden sich in ihrer Bevölkerungsentwicklung noch etwa zwei Generationen hinter den Staaten West- und Nordeuropas. Deshalb wachsen dort die Bevölkerungen noch immer zahlenmäßig deutlich an, während in West- und Nordeuropa das Bevölkerungswachstum bereits sehr langsam geworden oder sogar schon in Schrumpfung umgeschlagen ist. Dennoch ist der Bevölkerungstrend in ganz Europa gleich: Im Gegensatz zu großen Teilen der Weltbevölkerung hat sich – wie Schaubild 2 zeigt – das europäische Bevölkerungswachstum weitgehend beruhigt.

Entsprechend der jeweiligen Entwicklungsphase sind die Anteile von Jugendlichen und alten Menschen an der Wohnbevölkerung unterschiedlich hoch. In der Westhälfte Europas liegen der Anteil von Kindern und Jugendlichen unterhalb und der Anteil alter Menschen oberhalb der europäischen

Schaubild 2: Bevölkerungsentwicklung* Deutschlands, Europas und der Welt von 1700 bis 2100

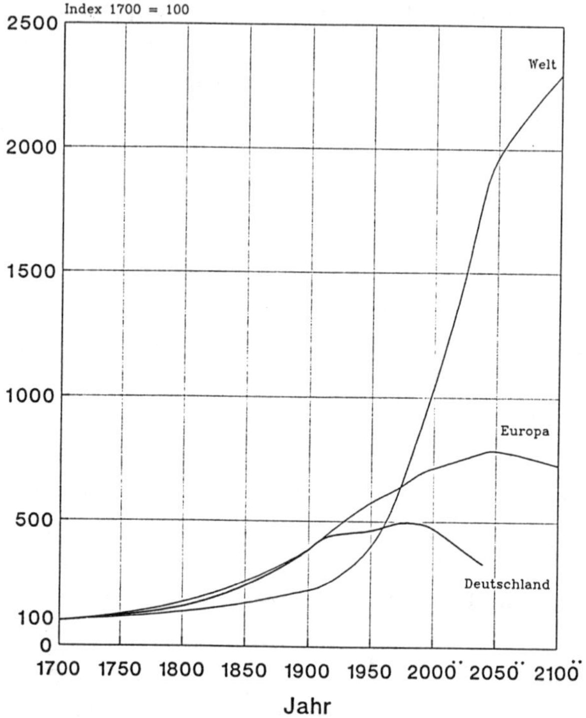

* Deutschland ohne ausländische, Europa ohne Deutschlands und die Welt ohne europäische Bevölkerung
** geschätzt

IWG BONN 2/93

Durchschnittswerte. In Mittel- und Osteuropa liegen die Verhältnisse umgekehrt.[7]

In Westeuropa liegt der Anteil der unter 15jährigen an der Wohnbevölkerung - je nach Land - zwischen einem Siebentel und einem Fünftel. In Mittel- und Osteuropa liegt dieser Anteil nirgendwo unter einem Fünftel und nicht selten sogar bei einem Viertel. Umgekehrt liegt der Anteil der über 65jährigen an der Wohnbevölkerung in Westeuropa zwischen einem Sechstel und einem Achtel, in Mittel- und Osteuropa hingegen nur bei einem Achtel bis einem Zehntel. Bis 2025 soll nach den Prognosen der Vereinten Nationen[8] der Anteil der unter 15jährigen in Westeuropa im Durchschnitt auf ein Sechstel und der Anteil der über 65jährigen auf knapp ein Viertel steigen. Jünger bleibt die Bevölkerung Mittel- und Osteuropas. Hier sollen sich auch noch in einer Generation die unter 15jährigen und die über 65jährigen mit jeweils einem Anteil von einem Fünftel an der Wohnbevölkerung die Waage halten.

Aus diesen Daten sowie den anhaltend niedrigen Geburtenraten hochindustrialisierter Länder folgt, daß innerhalb Westeuropas Wanderungsbewegungen aus demographischen Gründen namentlich aus Gründen der Überbevölkerung, entweder bereits zum Erliegen gekommen sind oder alsbald zum Erliegen kommen werden. Denn kein westeuropäisches Land kann noch ein Interesse daran haben, Menschen an ein anderes Land abzugeben. Vielmehr ist zu erwarten, daß überall in Westeuropa binnen kurzem Strategien wirksam werden, die darauf abzielen, die einheimische Bevölkerung möglichst im Land zu halten. Derartige Strategien dürften um so erfolgversprechender sein als innerhalb des Europäischen Wirtschaftsraumes, also innerhalb aller derzeitigen EG- und EFTA-Staaten, die Lebensbedingungen einander soweit angenähert werden dürften, daß für Armutswanderungen, wie sie zum Teil noch in den sechziger Jahren stattfanden, kein Grund mehr besteht. Wanderungsbewegungen innerhalb des Europäischen Wirtschaftsraumes dürften mithin künftig keine Massenbewegungen mehr sein, sondern sich auf kleine Personengruppen, wie hochqualifizierte Fachkräfte, Studenten und Ähnliche beschränken und selbst dann nur zeitlich begrenzt sein.

Aus ähnlichen Gründen dürfte aber auch in absehbarer Zeit die europäische Ost-West-Wanderung enden, es sei denn, es würde ein anhaltend steiles West-Ost-Wirtschaftsgefälle bei gleichzeitig offenen europäischen Grenzen unterstellt. Das aber ist unwahrscheinlich. Denn entweder gelingt es in absehbarer Zeit, die wirtschaftlichen Verhältnisse in Mittel- und Osteuropa soweit zu stabilisieren, daß die dort lebenden Menschen wieder eine Perspektive haben und deshalb in ihrer Heimat bleiben, oder dies gelingt nicht, was dann wohl zu einer erneuten Abschottung von diesem Teil Europas führen dürfte.

Im einen wie im anderen Falle können die Westeuropäer nicht darauf bauen, ihren zahlenmäßigen Bevölkerungsrückgang, verbunden mit einem starken Anstieg des alten Bevölkerungsteils beziehungsweise ihre kurzfristig bevorstehende Bevölkerungsstagnation, verbunden mit einem kaum weniger starken Anstieg des alten Bevölkerungsteils ganz oder auch nur zu größeren Teilen durch Zuwanderungen aus Mittel- und Osteuropa ausgleichen zu können. Damit ist selbst dann nicht zu rechnen, wenn in nicht zu ferner Zukunft unter den Westeuropäern – was keinesfalls auszuschließen ist – eine Art Wettbewerb um Mittel- und Osteuropäer entbrennt.

Unter demographischen Gesichtspunkten zeichnet sich mithin für die Europäer, namentlich aber die Westeuropäer, ab, daß entweder ihre Zahl stagniert und früher oder später abnimmt und zugleich der Anteil alter Menschen an der Wohnbevölkerung steil ansteigt oder der sich abzeichnende Schwund der Westeuropäer durch Zuwanderungen, vornehmlich von Nichteuropäern, ausgeglichen und dadurch auch der Anstieg des alten Bevölkerungsteils verlangsamt wird. Doch gleichgültig welche dieser Alternativen eintritt: So oder so werden zunächst die West- und später auch die Osteuropäer ihre Wirtschaft, ihre Gesellschaft und ihren Staat nachhaltig verändern müssen, wenn sie den demographischen Herausforderungen der Zukunft gerecht werden wollen.

Am schnellsten und unmittelbarsten wird der Bereich schulischer und beruflicher Bildung von den demographischen Veränderungen betroffen sein. Hier zeichnet sich schon in naher Zukunft ein Rückgang der Schüler-, Lehrlings- und Studentenzahlen ab, der allerdings erst im nächsten Jahrzehnt auch außerhalb Deutschlands und einiger anderer Länder spürbar werden dürfte.

Weniger unmittelbar und schnell als im Bereich schulischer und beruflicher Bildung wirken die demographischen Veränderungen auf dem Arbeitsmarkt. Zum einen wird der Arbeitsmarkt stärker als der Bildungsbereich neben demographischen Veränderungen von wirtschaftlichen, technischen, sozialen und politischen Faktoren beeinflußt. Zum anderen hat der Arbeitsmarkt mindestens 20 Jahre Zeit, sich auf demographische Veränderungen einzustellen. Allerdings muß diese Zeit vorausschauend genutzt werden. In der Vergangenheit ist dies kaum jemals geschehen. Stattdessen drifteten die Europäer weitgehend ungesteuert über ihre demographischen Höhen und Tiefen und nahmen dabei sowohl demographiebedingte Überbeschäftigung als auch Arbeitslosigkeit in Kauf. Das vielleicht eindrucksvollste Beispiel für diese arbeitsmarktpolitische Vernachlässigung demographischer Daten ist die von Anfang an verfehlte Anwerbung ausländischer Arbeitskräfte durch Westdeutschland während der sechziger Jahre.[9]

Von der Bewältigung der demographischen Verwerfungen auf dem Arbeitsmarkt wird nicht zuletzt der Bestand und die Leistungsfähigkeit der sozialen Sicherungssysteme abhängen. Je höher der Anteil der Erwerbsfähigen an der Wohnbevölkerung ist, desto leichter sind alle diese Systeme – bei angemessener Erwerbstätigkeit – zu finanzieren. Im umgekehrten Fall wird ihre Finanzierung zum Problem.

Dabei ist absehbar, daß in ganz Westeuropa, tendenziell aber auch in Mittel- und Osteuropa, die Altenlast selbst dann zunehmen wird, wenn der sich abzeichnende Bevölkerungsschwund in vollem Umfang durch Zuwanderer ausgeglichen werden sollte. Sowohl im Bereich der gesetzlichen Alterssicherung als auch der Alterskranken- und -pflegeversicherung müssen daher Vorkehrungen getroffen werden, den Anstieg der Altenlast für den erwerbsfähigen Bevölkerungsteil in annehmbaren Grenzen zu halten. Das bedeutet, daß sich zumindest in den westeuropäischen Ländern die künftig alten Menschen auf relativ geringere Leistungen ihrer gesetzlichen Alterssicherungssysteme einrichten müssen als sie bisher gewohnt sind.

Ungeklärt ist, welche Wirkungen von einer zahlenmäßig stagnierenden und regional sogar schrumpfenden, in jedem Fall aber stark alternden und zunehmend von Zuwanderern durchsetzten Bevölkerung auf den wirtschaftlichen Wachstumstrend ausgehen. Empirische Erfahrungen hierzu gibt es nicht. Die Modellannahmen der Wissenschaft sind spärlich. Als gesichert kann nur angesehen werden, daß es kritische Untergrenzen der Bevölkerungsdichte und Homogenität gibt, die jedoch in Europa in vorhersehbarer Zukunft nicht unterschritten werden dürften.

Für den wirtschaftlichen Wachstumstrend entscheidend ist daher für die nächsten Jahrzehnte, wie sich in Europa, vor allem in dessen Westen, das zahlenmäßige Verhältnis von produzierenden und nichtproduzierenden Konsumenten entwickelt. Sollte sich nach der Jahrhundertwende die Erwerbsneigung des älteren Bevölkerungsteils wieder erhöhen und auch die Frauenerwerbsneigung noch etwas ansteigen, wäre es durchaus möglich, dieses Verhältnis im Vergleich zu heute auf längere Zeit stabil zu halten.

Darüber hinaus dürfte es möglich sein, trotz Bevölkerungsstagnation und -alterung die Arbeitsproduktivität noch zu erhöhen, auch wenn dies schwerer fallen könnte als bisher. Zum einen erfordert eine solche Strategie die verstärkte Kapitalbildung von privaten Haushalten, Unternehmen und Staat, die durch geeignete politische Rahmenbedingungen gegenüber heute erleichtert werden müßte. Zum anderen müßten die Innovationsfähigkeit und -bereitschaft breiter Bevölkerungskreise zumindest erhalten, besser aber noch erhöht werden. Dies ist eine Aufgabe, die vor allem im Bereich der Bildung zu lösen ist.

Verhältnismäßig dunkel ist auch, wie die demographischen Veränderungen das individuelle Wohlstandsniveau beeinflussen. Auf der einen Seite können die (West)Europäer aufgrund ihrer außergewöhnlich geringen Kinderlast derzeit verhältnismäßig leicht individuelles Vermögen bilden. Würden beispielsweise die Deutschen eine bestandserhaltende Zahl von Kindern großziehen, müßten sie für diese gegenwärtig etwa 100 Milliarden DM jährlich zusätzlich aufwenden.[10] Statt dessen können sie mit diesen rund 100 Milliarden DM private Vermögensbildung betreiben, öffentliche Einrichtungen finanzieren, mehr Freizeit genießen und dergleichen. Zusätzlich steigt ihr individuelles Wohlstandsniveau durch zunehmend ergiebige Erbgänge, die sich tendenziell auch noch auf immer weniger Erben konzentrieren.

Allerdings dürfte dieser Zustand nicht von Dauer sein. Bei einer Fortsetzung der derzeitigen Bevölkerungstrends ist vielmehr mit einem zunehmenden Verfall der Vermögenswerte zu rechnen. Viele alte Menschen könnten gezwungen sein, zu beinahe jedem Preis Leistungen bei einem klein gewordenen Kreis von Erwerbsfähigen und -willigen nachzufragen. Mittelfristig dürften sich die westeuropäischen Bevölkerungen darauf einzurichten haben, daß auf eine Phase vergleichsweise rascher und leichter Vermögensbildung eine Phase nicht minder raschen Vermögensverzehrs folgt. Gegenwärtig befinden sich alle westeuropäischen Gesellschaften in der ersteren, vergleichsweise angenehmen Phase. Sie wird jedoch schon in wenigen Jahrzehnten durch die zweite Phase abgelöst werden.

Offenkundiger sind die Rückwirkungen der demographischen Veränderungen auf die Wirtschafts- und Infrastruktur. So dürfte in den westeuropäischen Gesellschaften die Nachfrage nach Immobilien, Verkehrswegen und dergleichen sowie nach bestimmten langlebigen Gütern nach und nach stagnieren und auf längere Sicht sinken, während der Bedarf an Dienstleistungen allmählich zunehmen und dann hoch bleiben dürfte.

Besonderes Augenmerk wird in alternden Bevölkerungen dem Ausbau und Betrieb des öffentlichen Nahverkehrs sowie dem Wohnumfeld und Naherholungsgebieten gewidmet werden müssen. In jedem Fall wird es erforderlich sein, Infrastruktureinrichtungen immer kurzfristiger zu finanzieren. Denn in einer alternden und nach und nach zahlenmäßig abnehmenden Bevölkerung wird der Kreis potentieller Nutznießer immer kleiner. Nur sie aber können zur Finanzierung von Investitionen herangezogen werden.

Wie sich die internationalen Wettbewerbspositionen der Westeuropäer verändern, hängt einerseits davon ab, wie wettbewerbsfähig eine alternde Bevölkerung ist, und welche Wettbewerbsgesinnungen die Zuwanderer mitbringen oder erwerben. Sollten letztere ähnliche Gesinnungen aufweisen wie die Westeuropäer, könnten deren internationale Wettbewerbspositionen verhältnismäßig unverändert bleiben. Sollten die Zuwanderer jedoch - was derzeit wahrscheinlicher erscheint - weniger wettbewerbsorientiert sein, würde die internationale Wettbewerbsposition durch starke Zuwanderungen geschwächt.

Von Bedeutung ist ferner die Entwicklung der regionalen Bevölkerungsdichte unter Bedingungen einer stagnierenden oder sogar schrumpfenden Bevölkerung. Schon heute ist die Bevölkerungsdichte Europas sehr unterschiedlich. Dabei gilt im allgemeinen, je dichter besiedelt eine Region ist, desto geringer ist die Fruchtbarkeit der Bevölkerung. Umgekehrt ist in dünn besiedelten Gebieten die Fruchtbarkeit der Menschen nach wie vor recht hoch. Daraus ergeben sich Binnenwanderungen, von denen sowohl die besonders dicht als auch die besonders dünn besiedelten Gebiete überdurchschnittlich stark betroffen sind. Demographisch am stabilsten sind Mittelstädte und deren Umlandregionen.

Sollten diese Trends in Zukunft Bestand haben, könnten derzeit dicht und dünn besiedelte Räume schon bald in erhebliche demographiebedingte Schwierigkeiten geraten. Den dicht besiedelten Räumen droht Bevölkerungsschwund, vor allem aber starke Überalterung. Dieser Prozeß würde beschleunigt, wenn die Wirtschaft künftig dicht besiedelte Räume als Investitionsstandorte meiden sollte. Die Neigung hierzu scheint zuzunehmen. Den dünn besiedelten Räumen droht hingegen Bevölkerungsschwund bis hin zu Entsiedlung. Aufgrund dieser Entwicklung dürfte die Verwirklichung des Ziels, in ganz Europa, besonders aber in Westeuropa, gleichwertige Lebensbedingungen herzustellen und zu gewährleisten, erheblich erschwert werden. Derzeitig mäßig dicht besiedelte Räume würden sich ungleich besserer Bedingungen erfreuen als dicht und dünn besiedelte.

Schließlich dürfte die sich abzeichnende Veränderung der europäischen Demographie Veränderungen gesellschaftlicher und staatlicher Strukturen bewirken. In sehr kinderarmen, zahlenmäßig stagnierenden und alternden Gesellschaften dürften Ehe und Familie einen weiteren Bedeutungsverfall erleiden. Die Familie dürfte als Ort der Sozialisierung mehr und mehr in den Hintergrund gedrängt werden. An ihre Stelle könnten zunehmend Kindergärten, Schulen und ähnliche Institutionen treten. Ein weiterer Aspekt ist die Abnahme verwandtschaftlicher Verflechtungen. Immer weniger Menschen werden noch über nahe Familien- und Verwandtschaftsbeziehungen verfügen.

Auch die Rolle des Staates dürfte sich in einer kinderarmen, alternden Bevölkerung verändern. Aufgrund des Bedeutungsverlustes des Familienverbandes könnte der Staat zunehmend traditionelle Aufgaben der Familie übernehmen, wodurch diese weiter geschwächt werden dürfte. Hier könnte ein sich selbst verstärkender Kreislauf entstehen, der beispielsweise zum weiteren Anstieg der Staatsquote beitragen könnte.

In die gleiche Richtung dürfte die möglicherweise weiter voranschreitende Entsolidarisierung der Bevölkerung wirken. Durch den Verfall natürlicher Solidarbindungen in der Familie und die abnehmende soziale Konditionierung der Bevölkerung im Familienverband könnte sich der Staat gezwungen sehen, durch eigenes Handeln fehlende gesellschaftliche Solidarität zu ersetzen. Hierdurch könnte eine wachsende Zahl von Menschen in unmittelbare Abhängigkeit vom Staat geraten. Ob Menschen aus dieser Abhängigkeit heraus die Träger staatlicher Funktionen noch demokratisch legitimieren und kontrollieren können, ist fraglich. Sollte dies nicht möglich sein, würde die Demokratie als politische Ordnung in Gefahr geraten.

Die Demokratie als politische und staatliche Ordnung könnte aber auch durch einen zunehmenden Generationenkonflikt gefährdet werden. In ganz Westeuropa dürfte spätestens in einer Generation mindestens die Hälfte der Wähler älter als 55 Jahre sein und somit Interessen des alten Bevölkerungsteils vertreten. Der Durchsetzung dieser Interessen, die nicht zuletzt hohe Sozialleistungen umfassen würden, dürfte sich die andere Hälfte der Wähler, die diese Leistungen zu erbringen hätte, mehr oder minder entschlossen entgegenstellen. Dadurch könnte der Staat zu einer politischen Gratwanderung genötigt werden, die seine Handlungsfähigkeit beträchtlich einschränkt. Die Folge dieser beschränkten Handlungsfähigkeit könnte eine wachsende Verdrossenheit der Bevölkerung mit der politischen Ordnung insgesamt sein.

Anmerkungen

1 Zur Bevölkerungsentwicklung Europas vor 1800 vgl. Colin Clark (1967), Population Growth and Land Use, New York, S. 64.

2 Vgl. Wolfram Fischer (1985), Europäische Wirtschafts- und Sozialgeschichte von der Mitte des 19. Jahrhunderts bis zum Ersten Weltkrieg, in: Handbuch der Europäischen Wirtschafts- und Sozialgeschichte, Band 5, Stuttgart, S. 12 und Derselbe (1987), Europäische Wirtschafts- und Sozialgeschichte vom Ersten Weltkrieg bis zur Gegenwart, in: Handbuch der Europäischen Wirtschafts- und Sozialgeschichte, Band 6, Stuttgart, S. 12.

3 Vgl. Wolfram Fischer (1985), a.a.O., S. 27ff.

4 Vgl. United Nations/Department of International Economic and Social Affairs (Hrsg.) (1991), World Population Prospects 1990, Population Studies No. 10, New York, S. 22 sowie Schätzungen des IWG BONN.

5 Vgl. Wolfram Fischer (1985), a.a.O., S. 23f.

6 Vgl. z.B. für Deutschland: Peter Marschalck (1984), Bevölkerungsgeschichte Deutschlands im 19. und 20. Jahrhundert, Neue Historische Bibliothek, Neue Folge Band 244, Frankfurt, S. 19 und 165.

7 Vgl. Statistisches Bundesamt (Hrsg.) (1992), Statistisches Jahrbuch 1992 für das Ausland, Stuttgart, S. 212.

8 Vgl. United Nations/Department of International Affairs (Hrsg.) (1991), a.a.O., S. 266.

9 Vgl. Meinhard Miegel (1984), Arbeitsmarktpolitik auf Irrwegen – Zur Ausländerbeschäftigung in der Bundesrepublik Deutschland, Stuttgart, S. 174f.

10 Die durchschnittlichen Unterhaltungskosten pro Kind werden 1992 auf rund 11.000 DM pro Jahr und 220.000 DM insgesamt veranschlagt. Vgl. Martin Votteler (1987), Aufwendungen der Familien für ihre minderjährigen Kinder – Eine theoretische und empirische Studie auf der Grundlage einer Zusatzerhebung zur Einkommens- und Verbrauchsstichprobe 1983 in Baden-Württemberg, in: Statistisches Landesamt Baden-Württemberg (Hrsg.), „Materialien und Berichte" der Familienwissenschaftlichen Forschungsstelle, Heft 18, Stuttgart, S. 88f. Die Ergebnisse von 1983 sind mit dem Preisindex für die Lebenshaltung der privaten Haushalte bis 1992 fortgeschrieben.

Demographische Wirkungen politischen Handelns

Eine deutsche Perspektive

Herwig Birg

1. Einführung und These

Bei der Analyse der Wirkungen politischen Handelns auf die demographische Entwicklung läßt sich eine soziologische, eine politikwissenschaftliche und eine bevölkerungswissenschaftliche Betrachtungsweise unterscheiden. In Deutschland konzentriert sich die soziologische Analyse primär auf die Wirkungen der Sozialpolitik, insbesondere der *„familienorientierten Sozialpolitik"*, denn die Bundesrepublik Deutschland betreibt - nach der Selbstwahrnehmung und Selbstdefinition ihrer politischen Entscheidungsträger - überhaupt keine *„Bevölkerungspolitik"*. Ob die Bezeichnungen *„familienorientierte Sozialpolitik"* bzw. *„sozial orientierte Familienpolitik"* u.ä. nur schamhafte Ersatzbegriffe für den historisch belasteten Ausdruck *„Bevölkerungspolitik"* sind, soll hier nicht erörtert werden, denn hier stehen in erster Linie die realen Wirkungen der Politik zu Debatte.

Für die politikwissenschaftliche Betrachtungsweise, die von den Begriffen Staat und Staatsvolk ausgeht, ist die Überschneidung der Begriffe *„Bevölkerung"* und *„Volk"* von größerer Bedeutung als für die soziologische Analyse unserer Tage, die dazu neigt, die Komplexität des Begriffs „Bevölkerung" auf die eines neutralen demographischen Fachausdrucks zu reduzieren. Die Behauptung, daß der Staat Bundesrepublik Deutschland keinerlei Bevölkerungspolitik betreibe, ist heute aus politischer Sicht eher konsensfähig als aus politikwissenschaftlicher Sicht. Unabhängig von diesbezüglichen Meinungsunterschieden geht nach dem Grundgesetz alle Staatsgewalt vom Volke aus, nicht von der Bevölkerung. Bezugnehmend auf den Unterschied zwischen „Volk" und „Bevölkerung" hat das Bundesverfassungsgericht den Versuch Schleswig-Holsteins und Hamburgs, für die ausländische „Bevölkerung" das kommunale Wahlrecht einzuführen, als verfassungswidrig zurückgewiesen.[1] Die Bevölkerung Leipzigs ging im November 1989 mit dem Ruf „Wir sind das Volk" auf die Straße, die Formulierung „Wir sind die Bevölkerung" war nicht zu vernehmen. Mit den Begriffen „Volk" und „Bevölkerung" hat es also offensichtlich eine besondere Bewandtnis. Durch die *Bevölkerungs*entwicklung wird das Thema mit jedem Jahrzehnt aktueller werden.

Da es kein Volk ohne eine (oder mehrere) Bevölkerungen gibt, muß jede am Grundgesetz orientierte Politik, die vom „Volk" demokratisch legitimiert ist, an den Bedürfnissen und Interessen der Bevölkerung ansetzen, so auch am elementaren Interesse der Selbsterhaltung i.S. einer die Gesellschaft nicht destabilisierenden demographischen Entwicklung, so daß nahezu alles, was Politik ist, sprachlich als Bevölkerungspolitik bezeichnet werden könnte, was allerdings höchst ungewöhnlich wäre. In den klassischen Staatsutopien - im „idealen" Staat Platons, im „Sonnenstaat" Campanellas und in der „Utopia" von Thomas Morus - bildet stets die Bevölkerungspolitik die konstitutive Grundlage, auf der die übrigen Bereiche und Maßnahmen der Politik aufbauen. Das Revolutionäre an der Marxistischen Utopie war denn auch nicht zuletzt die irrationale, geradezu hysterische Ablehnung aller bevölkerungswissenschaftlichen Erkenntnisse und Theorien, die die Wissenschaft bis dahin erarbeitet hatte.

Mit der vorliegenden bevölkerungswissenschaftlichen Herangehensweise, deren Hauptcharakteristikum fächerübergreifende Fragestellungen und Methoden sind, soll versucht werden, die realen Wirkungen der verschiedenen Politikbereiche auf die Struktur der Bevölkerung und den Verlauf des Bevölkerungsprozesses am Beispiel der Bundesrepublik Deutschland zu beschreiben, ohne die Analyse von vornherein auf eine einseitig soziologische oder politikwissenschaftliche Perspektive festzulegen. Eine der Thesen des Beitrags ist, daß die wichtigsten Wirkungen des politischen Handelns auf die Bevölkerungsentwicklung nicht von den formal zuständigen Ressorts ausgeübt werden, also z.B. nicht vom Ministerium für Familie und Senioren, sondern von scheinbar sachfremden Politikbereichen, insbesondere von der Wirtschafts-, Konjunktur- und Bildungspolitik, Politikfelder, die auf eine allgemeine Verbesserung der materiellen Lebensbedingungen gerichtet sind, wobei ihre Orientierung an den Prinzipien der Wettbewerbswirtschaft und der Konkurrenzgesellschaft als Grundlagen für die instrumentellen Steuerungsversuche der individuellen Verhaltensweisen durch Vergünstigungen und finanzielle Anreize entscheidend ist. Das generative Verhalten der Individuen als Ziel der politischen Steuerung durch eine „familienorientierte Sozialpolitik“ wird dabei von der Politik in Analogie zum Investitionsverhalten der Unternehmer oder zum Konsumverhalten der Haushalte und Familien so betrachtet, als ob die Menschen sich bei ihren generativen Entscheidungen ebenso wie bei ihren wirtschaftlichen Entscheidungen primär von monetären Nutzen-Kosten-Abwägungen leiten ließen.

Wenn meine These richtig ist, daß die Hauptwirkung der Politik auf die Bevölkerungsentwicklung in den unbeabsichtigsten Nebenwirkungen der verschiedenen Politikbereiche besteht, stellt sich die Frage, ob sich die Gesamtheit der Nebenwirkungen auf die Dauer in Richtung auf eine Stabilisierung oder mehr in Richtung auf eine Destabilisierung der demographischen Grundlagen unserer Gesellschaft auswirkt. Dabei ist unter dem Begriff „demographische Stabilität" die Abwesenheit von dauernder Bevölkerungsschrumpfung bzw. dauerndem Bevölkerungswachstum gemeint, also Konstanz. Sowohl dauerndes Wachstum als auch dauernde Schrumpfung hätten zwangsläufig den Zusammenbruch jeder Gesellschaft zur Folge. Demographische Stabilität ist somit zugleich eine Voraussetzung politischer Stabilität.

2. Grundlegende Tatbestände der Bevölkerungsentwicklung in Deutschland

Die Nettoreproduktionsrate (NRR), das zahlenmäßige Größenverhältnis zweier aufeinanderfolgender Generationen, beträgt in den alten Bundesländern z.Zt. 0,66. Die Größe einer Kindergeneration steht also zur Generation ihrer Eltern im Verhältnis von 66 zu 100, d.h. die Bevölkerung schrumpft von Generation zu Generation (rd. 28 Jahre) um jeweils 34 %. Für die langfristige Konstanz der Bevölkerung (ohne Ein- und Auswanderungen) wäre ein Verhältnis von 100 zu 100 erforderlich, d.h. eine NRR von 1,0.

Die NRR liegt schon seit 20 Jahren auf diesem niedrigen Niveau, und nichts spricht dafür, daß sich hieran etwas ändern wird, jedenfalls gibt es triftige Gründe, die eher ein weiteres Sinken erwarten lassen als einen Anstieg auf 1,0. Ohne die hier lebenden Ausländer, deren NRR zwar über der der deutschen Bevölkerung liegt, aber ebenfalls unter 1,0, wäre die NRR der alten Bundesrepublik noch niedriger: Die NRR der deutschen Bevölkerung in den alten Bundesländern liegt bei 0,63, die NRR der ausländischen Bevölkerung schwankt zwischen 0,65 und 0,90. In den neuen Bundesländern hat sich die Geburtenzahl im Zuge der Wiedervereinigung von 198.922

(1989) auf 85.000 (1992) mehr als halbiert, die NRR liegt weit unter dem Niveau im Westen, sie beträgt 0,36. Nimmt man an, daß die 1980 geborene Generation die erste Generation nach der Wiedervereinigung ist, die hoffen kann, im Alter 25-30, also im Zeitraum 2005-10, Lebensbedingungen vorfinden, die denen im Westen entsprechen, dann läßt sich zeigen, daß die NRR in den neuen Ländern mit großer Wahrscheinlichkeit bis in das zweite Jahrzehnt des nächsten Jahrhunderts unter der NRR in den alten Ländern liegen wird.[2]

Betrachten wir die Kinderzahl pro Lebenslauf einer Frau, die in der demographischen Fachterminologie als „Kohortenfertilitätsrate" (= CFR) bezeichnet wird, bei den unterschiedlichen Generationen, dann erkennen wir, daß die niedrige Geburtenhäufigkeit in Deutschland Teil eines langfristigen, seit 100 Jahren ablaufenden Fertilitätsrückgangs ist, der etwa zeitgleich mit der Einführung der gesetzlichen Alterssicherung einsetzte (Bismarcksche Reformen in den 90er Jahren des 19. Jahrhunderts). Der Rückgang der Kohortenfertilitätsrate war sehr regelmäßig:

Generation 1860	5,0	Kinder	
Generation 1873	4,0	Kinder	
Generation 1881	3,0	Kinder	
Generation 1904	2,0	Kinder	
Generation 1920	1,9	Kinder	(Zwischenminimum)
Generation 1933	2,2	Kinder	(Maximum im 20. Jahrhundert)
Generation 1965	1,5	Kinder	(zuverlässig schätzbar)
Generation 1980	1,4	Kinder	(Prognose)

Die Kinderzahl pro Lebenslauf einer Frau sinkt seit der Generation von 1860 bis heute kontinuierlich mit nur einer Unterbrechung: Ab der Generation von 1920 stoppte der Rückgang, er kehrte sich um in einen leichten Anstieg, der bis zur Generation von 1933 anhielt. Ab der Generation von 1934 setzte sich der langfristige Abnahmetrend weiter fort. Der

Anstieg der *absoluten* Geburtenzahlen in den 50er Jahren (sog. „*Nachkriegs-Babyboom*") beruht auf dem generativen Verhalten der Generationen von 1920 bis 1940, die alle mehr als zwei Kinder pro Frau hatten. Alle anderen im 20. Jahrhundert geborenen Frauenjahrgänge (bis auf die am Anfang des Jahrhunderts in den Jahren von 1900 bis 1904 geborenen) hatten weniger als zwei Kinder.

Die wichtigste Größe für Überlegungen zur künftigen Entwicklung der Fertilität ist der Anteil der lebenslang kinderlosen Frauen an allen Frauen eines Jahrgangs. Genaue Berechnungen dieses Anteils gibt es in Deutschland für die Generationen ab 1935. Der Anteil der lebenslang Kinderlosen stieg kontinuierlich von Generation zu Generation an. Beim Jahrgang 1935 betrug er 9,2 %, er stieg auf 12,7 % beim Jahrgang 1945 und auf 14,8 % beim Jahrgang 1950 bzw. auf 20,3 % beim Jahrgang 1955. Für die Generation von 1960 wurde ein Anteil von 23 % berechnet.[3]

Die Tendenz zur lebenslangen Kinderlosigkeit ist nach wie vor steigend. Die Bevölkerung spaltet sich immer mehr in eine Gruppe ohne und eine Gruppe mit Kindern. Im Gegensatz dazu sind die Anteile der Frauen mit einem, zwei oder drei und mehr Kindern an allen Frauen, die überhaupt Kinder hatten, ziemlich konstant: Bezieht man z.B. die Frauen mit *zwei* Kindern nicht auf alle Frauen eines Jahrgangs, sondern nur auf die Teilmenge, die Kinder hatten, so zeigt sich, daß der Anteil der Frauen mit zwei Kindern nicht nur größer ist als der Anteil der Frauen mit einem Kind, sondern der Anteil der Frauen mit zwei Kindern nimmt sogar von Jahrgang zu Jahrgang leicht zu, wobei die Zunahme stärker ist als die des Anteils mit einem Kind. Weiterhin abnehmend ist der Anteil der Frauen mit drei und mehr Kindern. Bei der Generation von 1958 (letzter verfügbarer Wert) sind die Prozentanteile für die Bezugsmenge „alle Frauen": 0 Kinder = 22,9 %, 1 Kind = 27,9 %, 2 Kinder = 33,6 % und 3 u.m. Kinder

= 15,5 %. Verwendet man als Bezugsmenge nur die Frauen mit Kindern, so ergeben sich folgende Zahlen: 1 Kind = 36,2 %, 2 Kinder = 43,6 % und 3 u.m. Kinder = 20,1 %.

Eine einfache Rechnung zeigt, daß das Ziel, eine durchschnittliche Kinderzahl von zwei Kindern je Frau zu erreichen, bei einer Konstanz des Anteils der Kinderlosen bzw. des Anteils der Frauen mit einem Kind nicht realisierbar ist: Der Anteil der Frauen mit Null und mit einem Kind ist rd. 23 % bzw. 28 %, zusammen also 51 %; für die Frauen mit zwei Kindern bzw. mit 3 und mehr Kindern verbleibt mithin ein Prozentsatz von insgesamt 49 %. Selbst wenn alle 49 % drei und mehr Kinder hätten (was voraussetzt, daß der Anteil der Frauen mit zwei Kindern Null ist), ergibt sich eine maximale durchschnittliche Kinderzahl von höchstens 1,87 je Frau:

Frauen mit		*Anteil in %*	*Kinderzahl auf 100 Frauen*
0	Kindern	23	–
1	Kind	28	28
2	Kindern	–	–
3 u.m.	Kindern	49	159
			187

Bei dieser Rechnung wurde für die Gruppe „3 und mehr Kinder" eine durchschnittliche Kinderzahl von 3,25 je Frau zugrunde gelegt, ein empirischer Erfahrungssatz.

Für einen Anstieg der durchschnittlichen Kinderzahl auf zwei müßten also zwei Voraussetzungen erfüllt sein: Der Anteil der Kinderlosen müßte sinken und der Anteil der Frauen mit drei und mehr Kindern müßte stark zunehmen. Es ist unwahrscheinlich, daß sich diese Voraussetzungen von selbst erfüllen, aber auch für eine intensivierte familienorientierte Sozialpolitik dürfte dieses Ziel zumindest für die deutsche Bevölkerung in Deutschland unerreichbar bleiben.

Die Konsequenz der niedrigen Fertilität in Deutschland ist der Geburtenrückgang und der Bevölkerungsrückgang. Seit 1972 ist die Zahl der Sterbefälle in den alten Bundesländern größer als die Zahl der Geburten. Seitdem sinkt die Bevölkerungszahl, wenn die Einwanderungen aus dem Ausland nicht ausreichen, um das Geburtendefizit zu kompensieren. Würde die Nettoreproduktionsrate auf dem heutigen Niveau von 0,66 konstant bleiben, würde die Bevölkerung ohne Wanderungen, wie schon gesagt, in jeweils 28 Jahren (= durchschnittliches Gebäralter bzw. durchschnittlicher Abstand zwischen Eltern- und Kindergeneration), um 34 % abnehmen: 1990 = 80 Mill., 2018 = 52,8 Mill., 2046 = 34,8 Mill., 2074 = 23,0 Mill. usf.

3. Wirkungen politischen Handelns auf den Bevölkerungsprozeß

Die Bundesrepublik hatte über lange Jahre die niedrigste Geburtenrate der Welt, sie ist aber nur Vorreiter der demographischen Schrumpfung in den Industrieländern, nicht ein einmaliger Ausnahmefall. Erfahrungen und Gegensteuerungsmaßnahmen gibt es daher in vielen Ländern.[4] Heute haben die südeuropäischen Länder Italien und Spanien die niedrigste Fertilität, aber Deutschland bleibt ein Kandidat für den Spitzenplatz.

Meine These bezüglich der Gesamtwirkung der staatlichen Politikbereiche auf die Geburtenhäufigkeit läßt sich durch das folgende *demo-ökonomische Paradoxon* ausdrücken: *Der Staat beeinflußt die ökonomischen und gesellschaftlichen Rahmenbedingungen des generativen Verhaltens so erfolgreich, daß seine familienpolitischen Maßnahmen erfolglos bleiben müssen.* Je besser die

Wirtschaftspolitik das Ziel eines möglichst großen Durchschnittseinkommens erreicht und je höher die Nettoeinkommen der Frauen sind, desto höher sind die zugunsten der Kindererziehung nicht erzielten Erwerbseinkommen (sog. „Opportunitätskosten"), die sich auf ein entgangenes Lebenseinkommen von mehr als einer Million DM belaufen können: Legt man einen Beruf mit einem Jahreseinkommen von 60.000,– DM zugrunde, und unterstellt man, daß eine Frau drei Kinder hat, die im Abstand von 3 Jahren zur Welt kommen, so daß sie 15 Jahre aus dem Beruf ausscheidet, betragen die einkommensmäßigen Opportunitätskosten 900.000 DM. Selbst bei angenommenen, extrem hohen staatlichen Zahlungen von 1.000 DM pro Kind und Monat für je 20 Jahre ergäbe dies nur einen Betrag von 720.000 DM. Davon müßten noch die Kosten für die Kinder subtrahiert werden.

Die monetären Opportunitätskosten sind aber für viele Frauen noch nicht einmal das Entscheidende: Wichtiger können die sozialen Opportunitätskosten sein, d.h. der Verzicht auf die Teilhabe an der sozialen Welt, die in unserer Arbeitsgesellschaft in starkem Maße über die Erwerbstätigkeit vermittelt wird. Eine Erweiterung dieser Überlegungen führt zu den biographischen Opportunitätskosten, die die ökonomischen einschließen.[5] Dieser Ansatz wird durch die empirische Tatsache erhärtet, daß die beträchtlichen regionalen Unterschiede der Geburtenrate in einem engen Zusammenhang mit den regional unterschiedlichen Lebenswelten und den entsprechenden Unterschieden der biographischen Opportunitätskosten stehen.

Die Erfahrungen in den westlichen Industrieländern, aber auch im ehemaligen Ostblock, lehren, daß monetäre staatliche Unterstützungsmaßnahmen insgesamt nur eine schwache Wirkung auf die durchschnittliche Kinderzahl haben. Nicht monetäre Maßnahmen wie das Baby-Jahr in der früheren DDR, eine mit unserem Erziehungsurlaub vergleichbare Maßnahme, wirkten sich nach dem Urteil der Experten auf die Häufigkeit erster Kinder überhaupt nicht aus, da ohnehin nahezu alle Frauen in der früheren DDR mindestens ein Kind haben wollten bzw. hatten.[6] Dies ist ein markanter Unterschied zur früheren Bundesrepublik, der wahrscheinlich damit zusammenhängt, daß der Anspruch auf eine eigene Wohnung und auf andere Zuteilungen in der früheren DDR von der Zahl der Kinder abhängig war. Eine notwendige Bedingung für die Wirksamkeit dieser Unterstützungsmaßnahmen war die flächendeckende Versorgung mit Kinderkrippen, die wesentlich verbreiteter waren als im Westen, während der Unterschied in bezug auf die Kindergärten weitaus geringer war.

Die dezidiert pronatalistische Geburtenpolitik in der früheren DDR hat den fallenden Fertilitätstrend nur vorübergehend unterbrechen, jedoch nicht stoppen und schon gar nicht umkehren können. Die Geburtenhäufigkeit verlief in den 50er und 60er Jahren im Osten und Westen Deutschlands bis zur Einführung massiver politischer Maßnahmen in der früheren DDR ab der 1. Hälfte der 70er Jahre nahezu parallel. Selbst in der Zeit ihrer größten Wirksamkeit hat die geburtenfördernde Politik das Ziel einer bestandserhaltenden Kinderzahl von etwa 2,1 Kindern pro Frau nicht erreicht (s. Schaubild 1).

Wie ist die Wirkung der neuen Familienpolitik zu beurteilen, mit der die in der alten Bundesrepublik geltenden familienpolitischen Maßnahmen mit Wirkung vom 1.1.1986 erheblich verbessert wurden? Das Erziehungsgeld und der Erziehungsurlaub mit Weiterbeschäftigungsgarantie nach Ablauf von 12 Monaten (ab 1.7.1989 auf 15 Monate und ab 1.7.1990 auf 18 Monate erweitert) und die Anrechnung von Erziehungszeiten in der Rentenversicherung waren erhebliche Verbesserungen, auf die sich viele Hoffnungen gründeten. Die Urteile der Demographen stimmen darin überein, daß diese Maßnahmen, wenn überhaupt, für das generative Verhalten der deutschen Bevölkerung nur eine geringe Bedeutung hatten

Schaubild 1: Entwicklung der zusammengefaßten Geburtenziffer nach Kalenderjahren in den alten und neuen Bundesländern

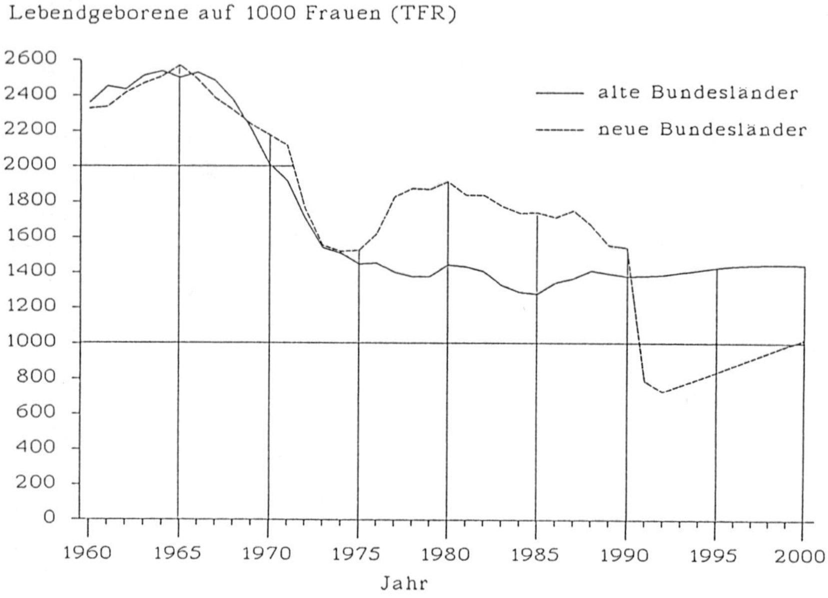

und haben.[7] Vor Einführung der Maßnahmen betrug die Kinderzahl (Gesamtgeburtenziffer) 1280 Kinder auf 1000 deutsche Frauen. Sie stieg zwar bis 1988 auf 1380, also um fast 8 %, aber schon 1989 (letzter Wert) sank sie wieder auf 1370, und es ist wahrscheinlich, daß sich der Rückgang fortsetzt.

Die alte Erfahrung, daß neue familienpolitische Maßnahmen schon wenige Jahre nach ihrer Einführung als etwas Selbstverständliches betrachtet werden, so daß sich die Wirkung abschwächt und die Gesamtgeburtenziffer wieder auf das vorherige Niveau sinkt, scheint sich erneut zu bestätigen.

So war es zuletzt im Jahr 1979 bei der Einführung des Mutterschaftsgeldes in Verbindung mit Mutterschaftsurlaub für erwerbstätige Mütter. In Schaubild 1 erkennt man im Jahr 1980 nur einen geringfügigen Anstieg der Kurve, die wenige Jahre später wieder auf ihr altes Niveau gesunken ist.

Gegen diese Darstellung läßt sich einwenden, daß man über die Wirkung der Maßnahmen streng genommen nichts aussagen könne, weil man nicht wissen kann, wie hoch die Geburtenhäufigkeit ohne diese Maßnahmen gewesen wäre. Dieses Argument ist ernst zu nehmen, aber es ernst zu nehmen ist gleichbedeutend mit dem Zugeständnis, daß die Geburtenhäufigkeit ohne staatliche Maßnahmen möglicherweise noch niedriger sein könnte. Hierfür spricht u.a., daß Italien – ein Land, in dem es praktisch keine familienpolitischen Maßnahmen gibt –, die niedrigste Geburtenrate der Welt hat.

In diesem Zusammenhang wird häufig auf *Schweden* verwiesen. Dort sei die Frauenerwerbstätigkeit und die Familienarbeit durch eine intelligente Politik wesentlich leichter vereinbar, so daß sowohl die Frauenerwerbsquote als auch die Kinderzahl pro Frau sehr viel höher seien als in Deutschland. Tatsächlich ist die durchschnittliche Kinderzahl in Schweden von 1983 auf 1991 von rd. 1,6 Kindern je Frau auf den für europäische Verhältnisse sensationellen Wert von knapp 2,2 gestiegen. Der Anstieg der durchschnittlichen Kinderzahl beruht jedoch auf einer Zunahme der Geburtenziffern für Dritte Kinder und für Kinder höherer „Ordnungsnummern". Der Wandel des generativen Verhaltens betrifft somit nur ältere Jahrgänge, während sich bei den Geburtenziffern für erste und zweite Kinder, also bei den jüngeren Frauenjahrgängen, kein Anstieg zeigt. Ein wirklicher Wandel des generativen Verhaltens müßte sich aber bei den jüngeren Jahrgängen ankündigen und von Dauer sein. Da dies nicht der Fall ist, gehört keine Prophetie dazu, vorauszusagen, daß die durchschnittliche Kinderzahl in Schweden wieder sinken wird, und sie tut dies auch bereits wieder seit 1992. Im übrigen ist Schweden kein verallgemeinerbares Beispiel: Schon im 18. Jahrhundert war Schweden der große Ausnahmefall in Europa. Die Kinderzahl war damals schon im europäischen Vergleich extrem hoch. Deshalb wurde Schweden von den Demographen des 18. Jahrhunderts als *„Vagina Gentium"*, als *„Pflanzschule der Völker"*, bezeichnet. Was auch immer die damaligen Gründe waren – Schweden ist im Hinblick auf seine hohe Geburtenrate bis heute ein nicht übertragbarer Sonderfall geblieben.

4. Das Wesen der demographischen Krise

Das generative Verhalten hat eine Dimension, die es über andere Verhaltensweisen weit hinaushebt: In der klassischen Zeit der Bevölkerungswissenschaft war es eine beliebte Metapher, in der Fortpflanzung des Menschen eine Handlung zu sehen, bei der „die Menschen eine Art Schöpfung betreiben". Einem intellektuellen Gemeinplatz zufolge glaubt der moderne Mensch nicht an Gott, und der postmoderne nicht mehr daran, den religiösen Glauben durch die ins Absolute erhobene Autonomie seiner Person ersetzen zu können; wie sollte er dann daran glauben, daß es sich lohne, die mit der eigenen Fortpflanzung verbundenen großen Mühen der Kinderaufzucht und Erziehung auf sich zu nehmen? Die Menschen treten aus der Kirche aus, kann es erstaunen, daß sie auch aus der Familie austreten?

Angesichts dieser Fragezeichen nach den tiefer liegenden Gründen des menschlichen Handelns und Sich-Verhaltens muß es vermessen erscheinen, die diffizile Frage nach den Wirkungen politischen Handelns auf das generative Verhalten zu stellen, geschweige denn Antworten darauf zu geben. Denn um über diese Wirkungen etwas aussagen zu können, muß man klare Vorstellungen über die diesen Wirkungen zugrunde liegenden Ursache-Wirkungs-Verflechtungen entwickeln, d.h. man benötigt eine Theorie. Ohne diesen Kompaß ist jeder im Irrgarten der statistischen Daten verloren. Man erspare es mir, hier die Charakteristika einer entsprechenden, notwendigerweise komplexen Theorie darzustellen, ich habe dies an anderer Stelle in ausführlicher Weise getan.[8] Statt dessen möchte ich hier einen besonderen Wesenszug der demographischen Krise hervorheben, der meist übersehen wird: die Ausrichtung des individuellen Verhaltens am Prinzip der Konkurrenz, wie es sich in den Markt- bzw. Wettbewerbswirtschaften herausgebildet hat, aber auch in den Zentralverwaltungswirtschaften des Ostblocks nicht unbekannt war.

In einer Gesellschaft zu leben, bedeutet für die Individuen, nicht absolut frei wählen zu können, auf welche Weise sie ihre ureigensten Lebensziele erreichen. Was auch immer das Individuum für sein persönliches Wollen als wichtig betrachtet – die Mittel für die Verwirklichung seiner Ziele müssen zwischen Individuen (und Gruppen) ausgehandelt, erkämpft und in Konkurrenz und Wettbewerb gegeneinander gewonnen werden, damit das gemeinsam Erarbeitete verteilt werden kann. Der Wohlstand der modernen Industriegesellschaften beruht auf der durch Arbeitsteilung und Wettbewerb erreichten Produktivität ihrer Volkswirtschaften, und die Grundlage dieser Produktivität ist die durch Konkurrenz und Wettbewerb erreichte Leistungsbereitschaft der Individuen. Zu ihrer Mobilisierung dienten die meisten gesellschaftlichen Reformen der Moderne, z.B. die Einführung der allgemeinen Schulpflicht, die nicht zufällig zuerst in einem armen Land verwirklicht wurde, nämlich in Preußen, und zwar 100 Jahre vor Frankreich.

In den modernen konkurrenzwirtschaftlich organisierten Markt- und Wettbewerbsgesellschaften wird der einzelne nicht wie in den Standesgesellschaften des Mittelalters oder in den Obrigkeitsstaaten der Feudalzeit in einen bestimmten Platz der Gesellschaft hineingeboren, dies würde es den Individuen nicht ermöglichen, ihr Leistungspotential zur Entfaltung zu bringen. Die Lebensaufgabe des einzelnen besteht nicht in der Ausfüllung einer durch die Herkunftsfamilie vorbestimmten „Stelle" in der Gesellschaft, vielmehr wird er - jedenfalls der Idee nach - unabhängig von Stand und Herkunft durch Erziehung darauf hingeleitet, seinen Ort in der Gesellschaft selbst zu definieren und etwas aus *„sich"* zu machen. Seine Biographie ist nicht vorgegeben, er muß sie sich schaffen, und er muß sie sich mitsamt ihren Erfolgen und Fehlschlägen zurechnen lassen. Daß diese Anforderungen bei vielen Menschen, wenn nicht bei den meisten, auf eine Überforderung hinauslaufen, wird selten thematisiert (O. Marquard). Noch seltener wird erkannt, daß das an sich positive Prinzip des Wettstreits zwischen Individuen negative Wirkungen haben kann, die mit dem Prinzip selbst verbunden sind und zu deren Erklärung ein Rückgriff auf Kategorien wie die der „Verdinglichung" nicht erforderlich ist. Die negative Entwicklung äußert sich darin, daß der nur mögliche, aber nicht erreichte Gewinn schon als ein Verlust empfunden wird (Spaemann). Im Extremfall steigert sich dieses Verhalten zur Überforderung der eigenen Kräfte, zu einer Konkurrenz mit den eigenen Möglichkeiten und zur Selbstausbeutung.

Der Staat fördert und fordert den ökonomischen Wettbewerb nicht nur zwischen den Betrieben, sondern auch zwischen den Individuen, so als sei der einzelne eine Art unternehmerischer Souverän über das in seinem Eigentum stehende persönliche Leistungspotential, für dessen optimale Nutzung er der Gesellschaft gegenüber rechenschaftspflichtig ist. Ein biographischer Fehlschlag wie Arbeitslosigkeit wird dem Individuum vom Staat in der größten Selbstverständlichkeit als Risiko seiner verfehlten unternehmerischen Lebensplanung zugerechnet. Der Staat fordert von den Individuen beruflich und räumlich mobil zu sein und die Biographie von Festlegungen und Bindungen frei zu halten, um berufliche Optionen offenzuhalten und auf die Anforderung des Arbeitsmarktes flexibel reagieren zu können. Gleichzeitig wird jedoch erwartet, daß sich die Menschen durch Partnerbindungen und durch die Übernahme elterlicher Verantwortung auf langfristige biographische Festlegungen einlassen. Indem sich der Staat diesem Widerspruch gegenüber so verhält, daß dem einzelnen nur der Schluß bleibt, daß es sich bei seinem Dilemma um ein *unaufhebbares Strukturmerkmal* der modernen Gesellschaft handelt, entfaltet er Wirkungen auf die Geburtenrate, die durch kompensierende familienpolitische Maßnahmen kaum mehr korrigierbar sind. – Das Wesen der demographischen Krise besteht darin, daß sich unsere Gesellschaft, um erfolgreich zu sein, zu einer Konkurrenzgesellschaft entwickelt hat, mit der unbeabsichtigten Folge, daß ihre demographische Substanz in dem Maße schwindet, wie ihr Erfolg zunimmt.

5. Das falsche Bewußtsein in bezug auf die Natur der demographischen Probleme in Deutschland

Die Geschichte lehrt, daß die bisherigen Bevölkerungsprobleme nicht eigentlich durch die demographische Entwicklung entstanden, sondern durch die Art des intellektuellen Umgangs mit ihnen und durch die fortschreitende fachliche Aufsplitterung des Forschungsgegenstandes im Zuge des auch in der Wissenschaft herrschenden Trends zur Arbeitsteilung zwischen den Disziplinen, z.B. zwischen Bevölkerungssoziologie, Bevölkerungsökonomie, Bevölkerungsgeschichte, Bevölkerungsstatistik u.a.m. Die Zersplitterung und Vermehrung des Wissens brachte es mit sich, daß niemand mehr das ganze Fachgebiet überblickt, so daß sich auch niemand für die fachübergreifenden Probleme verantwortlich fühlen möchte.

Ebenso wie bei den durch das hohe Bevölkerungswachstum in den Entwicklungsländern hervorgerufenen Bevölkerungsproblemen, so besteht auch in Deutschland das eigentliche Bevölkerungsproblem nicht in der realen Bevölkerungsentwicklung, so gravierend und dramatisch diese auch ist, sondern in einer Art falschen Bewußtseins in bezug auf den Charakter unseres Bevölkerungsproblems. Ein Teil des Bewußtseinsproblems beruht auf simpler Unkenntnis und auf Oberflächlichkeit beim Nachdenken über die Eigenschaften der Bevölkerungsdynamik. Ein häufiger Irrtum begegnet einem in der folgenden Meinung: Was macht es schon, daß die Geburtenrate in Deutschland nicht für die Bestandserhaltung ausreicht, dann pendelt sich eben die Bevölkerungszahl auf einem niedrigeren Niveau ein, und das ist für die Umwelt ohnehin besser.

Es ist wichtig, sich klarzumachen, daß sich die Bevölkerungszahl bei einer das Bestandserhaltungsniveau unterschreitenden Fertilität eben *nicht* auf einem niedrigeren Niveau einpendeln und einen Gleichgewichtszustand erreichen kann, sondern daß die Schrumpfung ohne Einwanderungen unaufhörlich fortschreiten *muß*, wenn sich das generative Verhalten nicht grundlegend ändert. Das läßt sich sofort einsehen: Die Kinder, die die Nicht-Geborenen nun einmal nicht haben, haben ihrerseits keine Kinder usf. Wenn das Geburtendefizit groß ist, schrumpft die Bevölkerung sogar dann für Jahrzehnte weiter, falls die potentiellen Eltern zu einer höheren Fertilität mit mehr als zwei Kindern pro Frau zurückgekehrt sein sollten, weil ihre schrumpfende Anzahl den Fertilitätsanstieg überkompensiert. Die *Eigendynamik der Schrumpfung* ist also vom Verhalten der Individuen weitgehend *unabhängig*, jedenfalls mittelfristig, wobei mittelfristig in der Demographie meist „für Jahrzehnte" bedeutet. Somit ist eine einmal in Gang gekommene Schrumpfung auch durch eine noch so erfolgreiche Familienpolitik kurzfristig nicht zu stoppen, ebensowenig wie das Bevölkerungswachstum in den Entwicklungsländern durch einen sofortigen Fall der Nettoreproduktionsrate auf

1,0 zum Stillstand käme, weil die große Zahl der nachwachsenden, schon lebenden späteren Mütter und Väter, die heutigen Kinder, den unterstellten sofortigen Fertilitätsrückgang weit überkompensiert, so daß die Weltbevölkerung für Jahrzehnte weiterwachsen *muß* (*Schwung* oder *Eigendynamik des Bevölkerungswachstums*). Für Deutschland ist daher eine möglichst optimale Anpassung an die unvermeidlichen Folgen der Schrumpfung - die demographische Alterung der Gesellschaft und die unverzichtbare Einwanderung -, die einzige realistische Strategie. Denn eine Schrumpfung ohne Alterung gibt es nicht, wenn die Hauptursache der Schrumpfung eine zu niedrige Geburtenhäufigkeit ist.

Wenn Deutschland eine Bevölkerungspolitik hätte oder anstreben würde, bestünde das langfristige Ziel wahrscheinlich in einer *stationären Bevölkerung* (= konstante Bevölkerungszahl bei einer Nettoreproduktionsrate von 1,0 und einem Wanderungssaldo von Null), also in der Abwehr sowohl von Schrumpfung als auch von Wachstum, denn beide Alternativen haben auf die Dauer selbstzerstörerische Konsequenzen. Allein schon die Vermeidung dieser Konsequenzen macht das Ziel einer stationären Bevölkerung erstrebenswert, es kommen aber weitere Vorteile hinzu:

(1) Umfragen zufolge ist die 2-Kinder-Familie die ideale Familiengröße. Die Verwirklichung dieses Ideals entspräche einer konstanten Bevölkerungszahl bzw. einer stationären Bevölkerung.

(2) Die Versorgungslasten, gemessen als Verhältnis der Bevölkerung im Alter über 65 zur Bevölkerung im mittleren Alter zwischen 15 und 65, erreichen in Gesellschaften mit hoher Lebenserwartung bei einer knapp über 1,0 liegenden Nettoreproduktionsrate, also bei einer stationären bzw. nahezu stationären Bevölkerung, ein Minimum.[9]

(3) Eine stationäre Bevölkerung mit einer konstanten Altersstruktur erleichtert die langfristige gesellschaftliche Planung in allen Bereichen, insbesondere in der Bildungspolitik, Arbeitsmarktpolitik, Wohnungsbaupolitik und Gesundheitspolitik, weil die Zahl der Bevölkerung in den entsprechenden Altersgruppen, für die geplant wird, bekannt ist.
(4) Eine stationäre Bevölkerung reproduziert sich selbst, d.h. die demographischen Grundlagen der Gesellschaft müssen nicht auf Dauer aus dem Ausland durch Einwanderungen importiert werden, so daß auch die importierten gesellschaftlichen Konflikte entfallen.

Diese Vorteile sind so evident und von so hohem Gewicht, gleichzeitig aber erscheinen sie so unerreichbar, daß man die stationäre Bevölkerung als eine *demographische Utopie* bezeichnen könnte – jedenfalls was Deutschland betrifft. In anderen europäischen Ländern, z.B. in Frankreich, ist dieses Ziel eher erreichbar. Die Verwirklichung der Utopie in Deutschland würde voraussetzen, daß sich die innere Struktur und die politische Identität unserer Gesellschaft, einschließlich ihrer wettbewerbs- und konkurrenzwirtschaftlichen Organisation, in revolutionärer Weise ändern müßten. Es wäre vollkommen irreal, anzunehmen, daß dies in absehbarer Zeit geschehen könnte, aber es wäre auch nicht wünschenswert, denn von den Bürgern einer Gesellschaft, die in bezug auf deren demographische Grundlagen in einem falschen Bewußtsein verharren bzw. im Zustand der Vor-Aufklärung leben, kann nicht die politische Mündigkeit erwartet werden, die eine Voraussetzung dafür ist, damit ein solcher Prozeß von den Individuen getragen und nicht gegen die Bevölkerung vom Staat aus betrieben wird und sich in einer humanen Weise vollzieht, jedenfalls kann als sicher gelten, daß ein staatlicher Versuch, der Bevölkerung mit fiskalpolitischem Nachdruck oder mit anderen Mitteln ein bestimmtes generatives Verhalten aufzuzwingen bzw. abzukaufen, in einer fürchterlichen Verrohung enden würde. Der Nazi-Staat berief sich auf eine angebliche „Fortpflanzungs*pflicht*" aller gesunden Mitglieder der Volksgemeinschaft (F. Burgdörfer). Unter den Folgen dieses Experiments am lebenden „Volkskörper" leidet Deutschland noch heute.

6. Die verkannte Aufgabe

Eine Folge des falschen Bewußtseins bezüglich der Natur der Bevölkerungsprobleme in Deutschland ist, daß es unsere Gesellschaft bisher versäumt hat, sich über die Eigendynamik der Bevölkerungsschrumpfung aufzuklären, wodurch die Gefahr heraufbeschworen wird, daß sich der sprichwörtliche Mann auf der Straße hinters Licht geführt fühlen könnte, auch wenn es sich um ein bloßes Versäumnis handelt, hinter dem gar keine Strategie oder tiefere Absicht stecken *kann*, weil die eventuell zu Verdächtigenden selbst nicht ausreichend informiert sind, obwohl alle wesentlichen Informationen über die Bevölkerungsentwicklung Deutschlands von den Demographen seit 20 Jahren in unzähligen Veröffentlichungen und Vorträgen publik gemacht wurden und werden.[10]

Wenn man aus dem Aufklärungsdefizit partout einen Vorwurf z.B. an „die" Politik konstruieren wollte, müßte man eine noch schärfere Kritik an „die" Wissenschaft richten, die mit dem Gerede vom „Wertewandel" der eingängigen Meinung Vorschub leistete, daß es genügen würde, daß „sich" die Werte nur abermals zu wandeln brauchten, um die demographischen Probleme wieder zum Verschwinden zu bringen. Die Männer lieben ihre Frauen und die Frauen ihre Männer heute nicht weniger als vor dem sogenannten Wertewandel, und das gleiche gilt für die Liebe der Eltern zu ihren Kindern. Nicht die diesbezüglichen Werte haben „sich" geändert, sondern die lebenspraktischen Bedingungen für ihre Realisierung sind seltener anzutreffen bzw. ungünstiger geworden. Aber nicht, weil es uns heute schlechter geht als früher, sind die Bedingungen zur Realisierung familienorientierter Werte und des Kinderwunsches ungünstiger, sondern, wie oben ausgeführt, weil es uns *besser* geht. Indem in der Wissenschaft die Wertsphäre von der Sphäre der Tatsachen auch dort scharf getrennt wird, wo diese Trennung aus wissenschaftlichen Gründen nicht notwendig wäre, entgehen die Wissenschaftler dem Zwang, zu erklären, *warum* sich der behauptete Wertewandel überhaupt vollzieht. Der Dualismus zwischen Werten und Tatsachen, reiner Theorie und empirischer Forschung, ist in der deutschen Wissenschaft wesentlich stärker ausgeprägt als in der angelsächsischen, er beruht auf einer Eigentümlichkeit unserer geistesgeschichtlichen Entwicklung, insbesondere auf bestimmten Spielarten der Phänomenologie und ihren Verzweigungen in den Sozialwissenschaften.[11] Eine Folge ist die bekannte Ausklammerung demographischer Probleme aus dem wissenschaftlichen Diskurs bzw. die Verharmlosung demographischer Probleme durch wissenschaftliche Scheinerklärungen.

Auf Grund von Erfahrungen in der Öffentlichkeitsarbeit weiß ich, wie problematisch es ist, einem unvorbereiteten Publikum mitzuteilen, daß Deutschland bei einer Fortdauer der niedrigen Geburtenhäufigkeit auf millionenfache Einwanderungen angewiesen ist. Ich muß allerdings gestehen, daß auch ich nicht begreife, was es wirklich bedeutet, daß allein schon die alte Bundesrepublik zur Aufrechterhaltung ihres Bevölkerungsbestandes – einmal unterstellt, sie würde dieses Ziel verfolgen – schon ab dem Jahr 2010 einen jährlichen Überschuß der Einwanderungen über die Auswanderungen (= Wanderungssaldo) von 268.000 benötigt, der bis zum Jahr 2040 auf fast 400.000 steigt und sich schließlich bei rd. 300.000 einpendelt:

„Erforderlicher" Wanderungssaldo (Überschuß der Einwanderungen über die Auswanderungen) der alten Bundesrepublik pro Jahr in 1000

	pro Jahr	*kumuliert*
1991	7	7
1995	46	123
2000	165	689
2005	244	1778
2010	268	3086
2015	275	4452
2020	291	5862
2030	368	9175
2040	397	13081
2050	358	16886
2060	287	20057
2070	280	22828
2080	298	25741
2090	302	28740
2100	309	31800

Infolge der jetzt ins Elternalter nachrückenden geburtenstarken Jahrgänge der 60er Jahre ist das Geburtendefizit bis Mitte der 90er Jahre relativ niedrig. Danach steigt es rasch. Deshalb ist der „erforderliche" Wanderungssaldo in den 90er Jahren zunächst weitaus niedriger als der tatsächliche, der z.B. im Jahr 1991 601.000 Personen betrug (Saldo zwischen 1.183.000 Zugezogenen und 582.000 Fortgezogenen).

Die in der Tabelle errechneten erforderlichen Wanderungssalden hängen in starkem Maße von der künftigen Entwicklung der Geburtenrate ab. In der obigen Modellrechnung wurde ein Anstieg der Kinderzahl auf 1000 Frauen (Total Fertility Rate) unterstellt. Rechnet man eine Variante mit einer

Schaubild 2: Bevölkerungsentwicklung in der Bundesrepublik

31. 12.1990

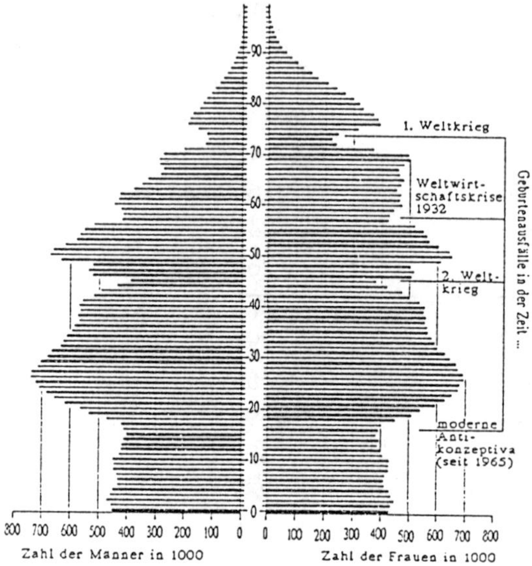

2030

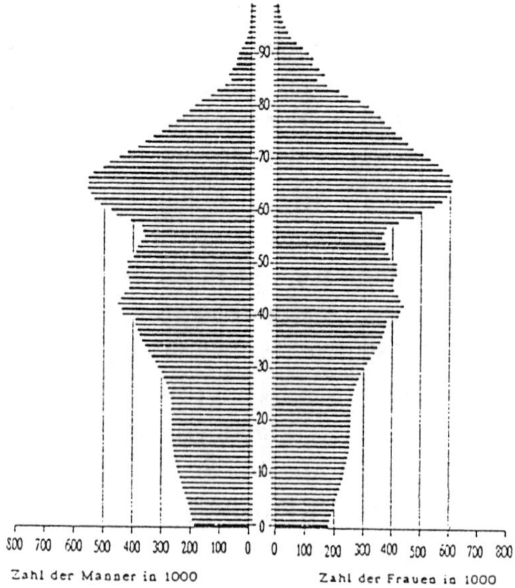

Deutschland, ohne Wanderungen gegenüber dem Ausland

2000

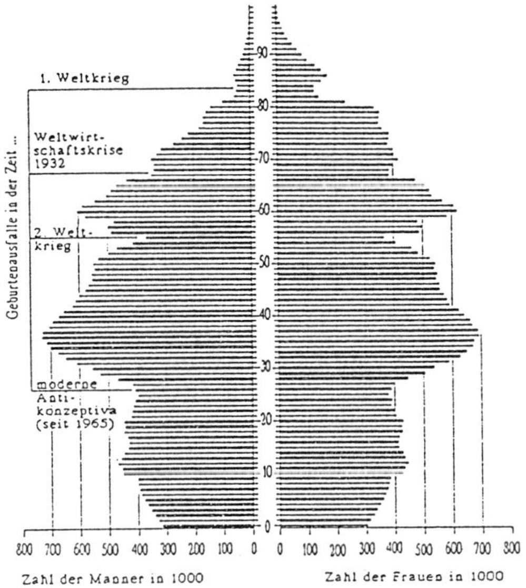

2050

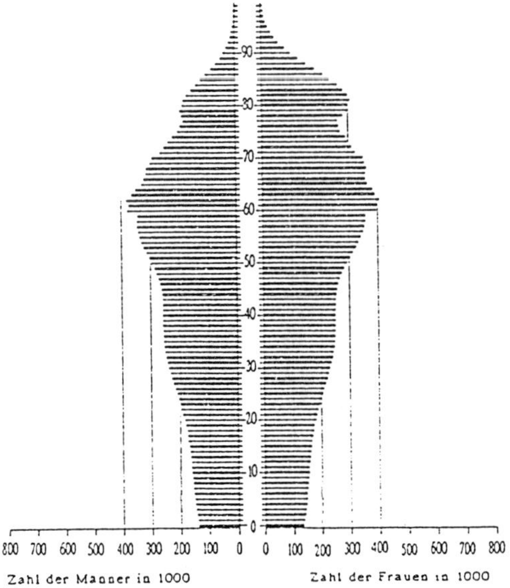

Annahme: Fertilität und Mortalität des Basisjahres 1990 konstant
Hinweis: Die Einschnürung im Alter 10 (Jahr 2000), im Alter 40 (Jahr 2030) bzw. im Alter 60 (Jahr 2050) beruht auf dem starken Geburtenrückgang zwischen 1989 und 1991 in den neuen Bundesländern.

konstanten Kinderzahl pro Frau, dann erhöht sich der erforderliche Wanderungssaldo in der Mitte des nächsten Jahrhunderts um bis zu 100.000 Personen pro Jahr.

Summiert man die erforderlichen Wanderungssalden auf, ergibt sich bis zum Jahr 2050 eine Zahl von 16,9 Mio. Je länger der Vorausberechnungszeitraum ist, desto höher ist die Zahl. Bei der Berechnung wurde berücksichtigt, daß die Zu- bzw. Eingewanderten eine jüngere Altersstruktur haben als die Bevölkerung im Inland. Die Wirkung der jungen Alters-

Schaubild 3: Bevölkerungsentwicklung in den alten und neuen Bundesländern, falls keine Wanderungen stattfänden

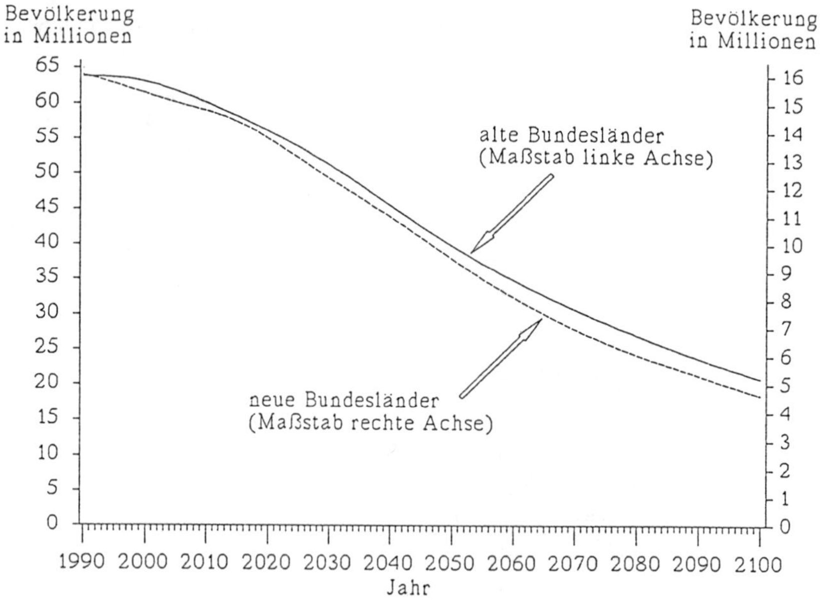

Quelle: Birg, H. u. Flöthmann, E.-J.: Bevölkerungsprojektionen für das wiedervereinigte Deutschland bis zum Jahr 2100. In. Materialien des Institutes für Bevölkerungsforschung und Sozialpolitik der Universität Bielefeld, Bd. 35, Bielefeld 1993 (im Druck)

struktur auf die Geburtenbilanz (= „Sekundäreffekt" der Wanderungen) ist positiv, sie beträgt bis 2050 7,17 Mio. Die kumulierte Zahl der Zugezogenen einschließlich ihres Sekundäreffekts beträgt somit bis 2050 24,1 Mio. Dies bedeutet einen Anteil der zugewanderten Bevölkerung und deren Nachkommen von 37,7 % im Durchschnitt der alten Bundesländer, nicht gerechnet den Anteil der jetzt schon hier lebenden Bevölkerung aus dem Ausland (alte Bundesländer: 8,6 %). Da der Anteil der Ausländer regional sehr unterschiedlich ist (in bestimmten Verdichtungsräumen wie Frankfurt beträgt er das Zwei- bis Dreifache des Bundesdurchschnitts), verlöre die deutsche Bevölkerung in vielen Gebieten mit größter Wahrscheinlichkeit ihre immer als etwas Selbstverständliches vorausgesetzte Mehrheit. In der früheren DDR wäre dieser Prozeß wegen der niedrigen Fertilität noch intensiver, dort betrüge der Anteil der zugewanderten Bevölkerung sogar 40,9 %.[12]

Ebenso dramatisch wie das Szenario der Bevölkerungskonstanz durch Einwanderungen ist das Kontrastszenario der Bevölkerungsschrumpfung ohne Wanderungen. In den Schaubildern 2 und 3 ist das Ergebnis der entsprechenden Modellrechnungen dargestellt. Würden die alten Bundesländer ihre absehbare Arbeitskräftelücke durch Wanderungen aus den neuen Bundesländern decken, wäre die Abnahme dort noch wesentlich größer, bis hin zu einem Ausbluten der für den wirtschaftlichen Wiederaufbau benötigten Altersklassen im jüngeren und mittleren Alter.

Es wird oft behauptet, daß sich die Bevölkerung durch den Zuzug junger Menschen aus dem Ausland stark verjüngt. Dies ist nur in einem eingeschränkten Maße richtig: Ein starker Anstieg des Altenquotienten (Quotient aus der Zahl der über 65jährigen zur Bevölkerung im Alter zwischen 15 und 65) wäre trotz der unterstellten jungen Altersstruktur der Zugewanderten unvermeidlich, weil die eingewanderte Bevölkerung 40 Jahre nach ihrem Zuzug den Altenquotienten entsprechend erhöht. Der Anstieg des Altenquotienten wird durch Einwanderungen gemildert, aber der Anstieg ist unvermeidlich. Bei der obigen Modellrechnung einer durch Wanderungen konstant gehaltenen Bevölkerung würde z.B. der Altenquotient von heute 0,22 auf Werte um 0,35 in der Mitte des nächsten Jahrhunderts steigen.

Nur ein generationenübergreifender Konsens und eine Politik der Jahrzehnte vorausdenkenden Verantwortung könnte, wenn überhaupt, die Voraussetzungen für eine Gesellschaft schaffen, die nicht davon leben muß, daß sie ihre demographische Substanz aus anderen Gesellschaften importiert bzw. erborgt. In den Jahrzehnten, die vergehen würden, ehe eine solche Politik Wirkungen zeitigen könnte, würde die Bevölkerung einem von gleichgerichteten wirtschaftlichen Interessen lose zusammengehaltenen Konglomerat kulturell unterschiedlicher und einander mehr oder weniger fremder Teilbevölkerungen ähnlicher sein als dem, was in unserer Sprache und in unserer Verfassung in dem Begriff „Volk“ enthalten ist. Das Ideal der Zukunft ist zweifellos - so wie es schon in der Zeit der deutschen Aufklärung von Herder und Kant vorgedacht wurde - die Weltbügerschaft, nicht die nationale Staatsbürgerschaft. Aber der Weg zu diesem Ziel verläuft über eine nicht umkehrbare Rangfolge politischer Identitäten, die aufeinander aufbauen, von den untersten Ebenen - der Stadt - und der Staatsbürgerschaft über die Bündnisbürgerschaft der europäischen Völker - zum Weltbürger, nicht umgekehrt.

Anmerkungen

1 NJW, 1991, Heft 3, S. 159.
2 H. Birg/E.-J. Flöthmann/R. Tautz: Analyse und Prognose der Zahl der Lebendgeborenen in den alten und neuen Bundesländern. Veröffentlichung in Vorbereitung.

3 H. Birg/D. Filip/E.-J. Flöthmann: Paritätsspezifische Kohortenanalyse des generativen Verhaltens in der Bundesrepublik Deutschland nach dem Zweiten Weltkrieg. Materialien des Instituts für Bevölkerungsforschung und Sozialpolitik, Bd. 30, Universität Bielefeld 1990.

4 W. Dumon: Family Policies in EC-Countries in 1991, Vol. 1, European Observatory of National Family Policies, Bruxelles 1992.

5 H. Birg/E.-J. Flöthmann/I. Reiter: Biographische Theorie der demographischen Reproduktion. Frankfurt/New York 1991.

6 H. Vortmann: Wirkungen der Bevölkerungspolitik auf die Geburtenentwicklung in den kleineren europäischen RWG-Ländern. In: Materialien des Instituts für Bevölkerungsforschung und Sozialpolitik, Bd. 33, Universität Bielefeld 1992.

7 K. Schwarz: Bevölkerungspolitische Wirkungen familienpolitischer Maßnahmen. In: Zeitschrift für Bevölkerungswissenschaft, Nr. 2/1992. Ders.: Familienpolitik und demographische Entwicklung in den Bundesländern nach dem Zweiten Weltkrieg. In: Bundesinstitut für Bevölkerungsforschung (Hrsg.): Materialien zur Bevölkerungswissenschaft, Heft 57, Wiesbaden 1988.

8 Siehe u.a. Anmerkung 5.

9 Zum mathematischen Beweis siehe: J. Bourgeois-Pichat: Charge de la population active. In: Journal de la Société de Statistique des Paris 3/4, 1950, S. 94f.

10 Vgl. z.B. die Schriften von Hermann Schubnell, Karl Schwarz, Max Wingen und anderen.

11 H. Birg: Unterwegs zu einer philosophischen Demographie. Festschrift für Hermann Schubnell zum 80. Geburtstag. In: Zeitschrift für Bevölkerungswissenschaft, 16. Jg., Nr. 314, 1990.

12 H. Birg/E.-J. Flöthmann: Langfristige Bevölkerungsprojektionen für das wiedervereinigte Deutschland bis zum Jahr 2100. In: Materialien des Instituts für Bevölkerungsforschung und Sozialpolitik, Bd. 35, Universität Bielefeld 1993 (im Druck).

Wie wir die Wettbewerbsfähigkeit unserer alternden Gesellschaft erhalten wollen

Tyll Necker

Die Bundesrepublik Deutschland befindet sich in einer kritischen Bewährungsprobe für ihre künftige Wettbewerbsfähigkeit. Sie ist mit einem Bündel wirtschaftlicher und gesellschaftlicher Herausforderungen konfrontiert.

Grundlegende Veränderungen der wirtschaftlichen und gesellschaftlichen Koordinaten

- Die Altersstruktur der Bevölkerung in Deutschland wird sich dramatisch verändern mit weitreichenden Folgen für die sozialen Sicherungssysteme, für die Wirtschaft und die Gesellschaft insgesamt.
- Westdeutschland steckt in einer tiefen Rezession. Der wirtschaftliche Einbruch ist keine bloße konjunkturelle Delle, die wie schlechtes Wetter vorübergeht. Die strukturellen Schwächen, die sich bereits seit einiger Zeit abzeichnen, aber lange durch den Vereinigungsboom überdeckt wurden, sind vielmehr mit gravierenden Klimaveränderungen zu vergleichen.
- Die Wiedervereinigung hat uns an Chancen reicher, an Wohlstand aber ärmer gemacht. Das durchschnittliche Bruttoinlandsprodukt pro Kopf liegt im vereinigten Deutschland um rund 15 % niedriger als in Westdeutschland. In der EG sind wir vom zweiten auf den siebten Platz im Wohlstand pro Einwohner zurückgefallen. Solange wir nicht bereit sind, Konsequenzen aus diesen Fakten zu ziehen, geben wir mehr aus als wir haben.

- Die Herstellung der sozialen und wirtschaftlichen Einheit Deutschlands ist mit größeren Schwierigkeiten und deutlich höherem finanziellen Aufwand verbunden als vielfach erwartet wurde: Investitionen in den neuen Bundesländern verbessern die Zukunftschancen unseres Landes. Aber nur ein Drittel der Transfermittel diente bisher dem Aufbau, zwei Drittel dagegen dem Konsum. Die Wirtschaftskraft Gesamtdeutschlands wächst damit langsamer als die Staatsverschuldung.
  Eine schnell wachsende Staatsquote, eine Steuer- und Abgabenquote auf Nachkriegs-Rekordhöhe, perfektionistische Vorschriften und Überregulierung auf vielen Sektoren und die kürzeste Arbeitszeit aller Industrieländer lähmen den Leistungswillen, reduzieren die Innovationsfähigkeit und erschweren den Aufstieg aus dem Konjunkturtal.
- Deutschland stößt direkt als Hochkostenland an Mittel- und Osteuropa mit extrem niedrigen Arbeitskosten, aber relativ gut qualifizierten Menschen. Dieser geschichtlich einmalige Vorgang muß zu erheblichen Wanderungsströmen der Menschen von Ost nach West, aber auch von Arbeitsplätzen von West nach Ost führen.
- Die internationale Wirtschaftsverflechtung und der internationale Wettbewerb werden härter.

Demographische Entwicklung in der Bundesrepublik Deutschland

Die Veränderung der Bevölkerungsstruktur durch einen drastischen Geburtenrückgang bei gleichzeitigem Anstieg der Lebenserwartung gewinnt erst in den kommenden Jahrzehnten besondere Brisanz. Bereits heute müssen jedoch die richtigen Weichenstellungen eingeleitet werden.

Aus Sicht der finanziellen Lasten hat uns die demographische Entwicklung in den letzten Jahren stark begünstigt und bisher nur ihre „Schokoladenseite" gezeigt. Drei Faktoren sind hierfür vor allem maßgeblich:

1. Die Erziehung von Kindern ist sehr kostspielig. Der scharfe Geburtenrückgang hat daher zu erheblichen Einsparungen bei Eltern und dem Staat geführt. Die Kinderlast, wie ein häßlicher Fachbegriff lautet, sank stark.
2. Der Anstieg der Rentnerzahlen verläuft dagegen derzeit noch sehr verhalten. Der Zweite Weltkrieg führte bis zum Jahrgang 1928 zu schweren Einbußen und in der Weltwirtschaftskrise waren die Geburtenzahlen relativ niedrig. Spätestens ab Mitte der 90er Jahre wird die Zahl der Rentner und damit die Rentenlast stärker anwachsen.
3. Gleichzeitig haben wir eine zahlenmäßig breite Erwerbstätigenbasis; die starken Jahrgänge der heute 20- bis 35-Jährigen sind zu einem hohen Anteil inzwischen in das Erwerbsalter hineingewachsen. Sie gehören mit zu den Leistungsträgern der Wirtschaft. Die jungen Schul- und Hochschulabgänger bringen neues Wissen in den Wirtschaftsprozeß. Sie sind in der Regel mobiler und flexibler als andere Altersgruppen; ihre Produktivität wird allgemein hoch eingeschätzt.

Fazit: Viele kräftige Schultern müssen derzeit begrenzte demographische Lasten tragen. Die Zahl der Erwerbstätigen war nach dem Zweiten Weltkrieg noch nie so hoch wie heute. Das kommt natürlich der individuellen Kaufkraft sehr zugute. Bewußt ausgeblendet in diesem Zusammenhang ist das Thema der Wiedervereinigung und der sich daraus ergebenden zusätzlichen Belastungen.

Die weitere demographische Entwicklung der Bundesrepublik Deutschland bereitet dagegen große Sorgen: Die Bevölkerungszahl wird sich zunächst bis zum Jahre 2010 kaum wesentlich verändern. Nach derzeitigen Prognosen wird danach jedoch die Zahl der Einwohner von 79 Millionen Ende 1989 auf rd. 70 Millionen im Jahr 2030 zurückgehen. Zugleich, und das ist der wichtigere Aspekt, wird sich die Altersstruktur dramatisch verändern: „Unsere Gesellschaft ergraut",[1] so betitelte der BDI bereits 1989 eine Veranstaltung zur demographischen Entwicklung und den Auswirkungen auf die Wirtschaft.

Aus der Alterspyramide wird ein Pilz mit schmalem Fuß und breitem Hut. Der Anteil der unter 20-Jährigen sinkt von 22 % im Jahr 1990 auf lediglich 17 % im Jahre 2030. Der Anteil der über 60-Jährigen steigt im gleichen Zeitraum von 20 % auf 35 %.

Angesichts der Bevölkerungsexplosion in ärmeren Ländern wird der Einwanderungsdruck in die reiche Bundesrepublik weiterhin bestehen bleiben. Nun könnte man sicherlich die Frage stellen, ob auf diesem Wege nicht unsere Probleme lösbar seien. Gewiß brauchen wir eine gesteuerte Einwanderungspolitik, aber dies allein wird nicht ausreichend sein. Laut Berechnungen von Prof. Buttler würde zum Ausgleich des Bevölkerungsrückgangs bis zum Jahre 2050 insgesamt eine Zuwanderung von 26,5 Millionen Menschen notwendig sein.[2] Die Bewältigung einer solch hohen Einwanderung scheint ohne beträchtliche soziale Probleme nicht denkbar zu sein. Es empfiehlt sich daher, einen Mittelweg einzuschlagen: Wir werden nicht ohne Einwanderung auskommen; wir müssen zudem Zuwanderer früh und bewußt integrieren. Aber wir können das Alterungsproblem unserer Gesellschaft nicht einfach verdrängen, indem wir uns heute sagen, wenn es soweit ist, werden wir uns die notwendigen Arbeitskräfte importieren, die dann die Arbeit für uns machen sollen. Wir müssen schon heute Vorsorge für die demographisch „schwierigen Zeiten" treffen.

Auswirkungen der veränderten Altersstruktur auf die Gesellschaft

Mit der zunehmenden Zahl älterer Menschen steigt ihr Einfluß als Interessensgruppe und als Wählerpotential. Der politische Bedeutungsgewinn älterer Menschen - auszählbar in Wählerstimmen - geht einher mit einem entsprechenden arithmetischen Bedeutungsverlust der jungen Generation. Es wird darauf ankommen, frühzeitig Konsens über die künftige Gestaltung unserer Gesellschaft zu erzielen. Es darf dabei weder zu einer einseitigen Orientierung der Politik an den „Mehrheitsbedürfnissen" der älteren Generation zu Lasten der nachfolgenden Generation und zu Lasten der „Zukunftsfähigkeit" unserer Wirtschaft, noch zu einer einseitig jugendbestimmten Denkweise kommen.

Der Erhaltung der Zukunftsfähigkeit unserer Gesellschaft kommt entscheidende Bedeutung zu, nicht zuletzt auch für die Älteren. Unter diesem Aspekt muß auch die Frage der Ausgestaltung einer Pflegeabsicherung diskutiert werden. Bereits heute fehlen 3 Millionen rentable Arbeitsplätze. Dieser Mangel ist eines der zentralen Probleme unserer Gesellschaft und wird in den nächsten Jahren immer mehr zu einem solchen werden. Die Sicherung und Schaffung von Arbeitsplätzen in Deutschland muß zur ersten Priorität der Wirtschafts- und Finanzpolitik und gerade auch der Sozialpolitik werden. Bei allen Lösungsansätzen sollten daher die Auswirkungen auf das Wachstum, auf die Arbeitsplätze und damit für die Zukunft unserer Gesellschaft mit im Mittelpunkt der Diskussion stehen.

Die Rolle der älteren Menschen in der Gesellschaft ändert sich: Die Menschen altern heute später. Das Bild älterer Menschen als passive, zu betreuende Personen wandelt sich; sie sind und bleiben aktiv im Alter.

Ihre Mitarbeit in Gesellschaft und Wirtschaft wird länger

benötigt. Hier befinden wir uns zugegebenermaßen im Augenblick in einem ausgesprochenen Zwiespalt. Es tut mir bitter weh, wenn ich feststelle, daß Unternehmen schon vor Erreichen des 55. Lebensjahres Mitarbeiter entlassen. Die Unternehmen tun dies nicht zuletzt deshalb, weil die „Flexibilität" gutgemeinter Schutzmaßnahmen nach dem 55. Lebensjahr soweit abnimmt, daß es fast zu einem Entlassungsverbot für ältere Mitarbeiter kommt. Die Konsequenz ist natürlich, ja muß es fast zwangsläufig sein, daß die verbleibenden Handlungsspielräume vorher um so stärker genutzt werden. Das ist eine erschreckende Entwicklung, der wir unbedingt gegensteuern müssen: Schutz ja, aber kein Schutz, der ins Gegenteil umschlägt.

Wir erleben ohne Frage auch eine Veränderung des Images der älteren Menschen unserer Gesellschaft. Das ist bereits deutlich in der Werbung sichtbar.

Der Weg, den wir in Zukunft einschlagen müssen, kann nur lauten, weder in einen Jugend- noch einen Altenkult zu verfallen. Wir brauchen eine, wie die Amerikaner es bezeichnen, „age irrelevant society".

Eine „ergrauende Gesellschaft" erfordert einen Umbau der sozialen Sicherungssysteme

Westdeutschland ist mittlerweile der teuerste Produktionsstandort der Welt. Wir sind seit vier Jahren hintereinander „Weltmeister" bei den Arbeitskosten. Die vergleichsweise hohe Arbeitsproduktivität reicht nicht mehr aus, um den Arbeitskostennachteil auszugleichen. Es wurde bereits darauf hingewiesen, daß noch nie in der Geschichte ein Hochlohnland wie die Bundesrepublik direkt an ein Gebiet mit extrem niedrigen Kosten, insbesondere niedrigen Arbeitskosten bei gut qualifizierten Menschen angrenzte. Setzt man die deutschen

Arbeitskosten mit 100 % an, liegen sie in Osteuropa bei qualifizierten Arbeitskräften zwischen 2 % und 10 %. In Mittel- und Osteuropa wächst der Wettbewerb für unsere Arbeitsplätze schneller als die Märkte für unsere Produkte. Der Wettbewerbsnachteil Westdeutschlands bei den Arbeitskosten ist zum guten Teil den unaufhaltsam steigenden Personalzusatzkosten, die in der Industrie 1992 bereits 84 % des Direktlohns betrugen, anzulasten. Die Lohnzusatzkosten drohen zu Lohnhauptkosten zu werden. Hauptkostentreiber in den letzten Jahren waren dabei die Beitragserhöhungen der Sozialversicherungen, die 1993 ein neues Rekordniveau erreichten und 1994 voraussichtlich um weitere 3,3 Beitragspunkte ansteigen.

Die steigende Zahl älterer Menschen und die längere Lebenserwartung werden weitere dramatische Kostensteigerungen im Gesundheitssektor, bei Pflegefällen und in der Rentenversicherung verursachen.

Um eine demographisch bedingte Explosion der Beitragssätze in den Sozialversicherungen und eine Beeinträchtigung der Wettbewerbsfähigkeit des Industriestandorts Bundesrepublik durch untragbar hohe Arbeitskosten zumindest abzumildern, sind grundlegende Strukturreformen hin zu mehr Eigenverantwortung und mehr Eigenvorsorge unausweichlich.

Die Zahl der Pflegebedürftigen wird absolut steigen. Gleichzeitig stehen immer mehr Pflegefällen immer weniger Pflegekräfte aus den Familien gegenüber. Die Finanzierung öffentlicher Pflegedienste ohne gravierende Belastung der Arbeitsplätze wird damit zu einer Kardinalfrage unserer Gesellschaft.

Die Wirtschaft ist entschieden für eine verbesserte Vorsorge für Pflegefälle. Wenn aber eine Pflegeversicherung so organisiert wird, daß auch der Gutversorgte und Wohlhabende zu Lasten der Arbeitsplätze unterstützt wird und sein Einkommen und Vermögen entsprechend weniger angreifen muß, so werden riesige Mitnahmeeffekte programmiert. Wird die selbstverständliche Verantwortung jedes Einzelnen ausgehöhlt, im Rahmen seiner Mittel selbst für seine Pflege aufzukommen, muß dies kostspielig werden. Eine umlagefinanzierte Pflegeversicherung legt nicht nur die Kosten um, sondern auch viele rentable Arbeitsplätze. Darüber hinaus trägt eine umlagefinanzierte Pflegesozialversicherung gerade den demographischen Risiken keine Rechnung, sie bürdet die Lasten den nachfolgenden Generationen auf. Bei privater Absicherung des Pflegerisikos über ein Kapitaldeckungsverfahren wären wir demgegenüber in der Lage, in ausreichenderem Maße für die demographisch „schlechteren Zeiten" Vorsorge zu tragen.

Die Veränderungen der Altersstruktur wirken sich auch in der Rentenversicherung dramatisch aus. Noch stehen mehr als zwei Beschäftigte einem Rentner gegenüber. Im nächsten Jahrtausend wird dann ein Aktiver einen Rentner mitversorgen müssen. Mit der Rentenreform sind zwar erste Schritte zur Anpassung u.a. durch eine längere Lebensarbeitszeit unternommen worden, diese sind aber bei weitem nicht ausreichend. Letztlich bestimmt die geleistete Arbeit die Höhe der Renten. Diese wird neben der Anzahl der Arbeitskräfte und der Produktivität maßgeblich von der Arbeitszeit bestimmt. Wir werden daher alle in Zukunft eher mehr als weniger arbeiten müssen.

Angesichts dieser Entwicklung ist es mehr als paradox, wenn die IG Metall und andere Gewerkschaften immer kürzere Wochenarbeitszeiten für die Aktiven fordern. Wie sollen in Zukunft die Renten verdient werden, wenn sich die Aktiven immer mehr Freizeit gönnen. Sollen die Älteren und meist schon Geschwächten wieder länger arbeiten, damit die Jungen und Kräftigen kürzer arbeiten können? Eine kürzere Wochenarbeitszeit heute erschwert die Finanzierung der Rente in Jahren und Jahrzehnten. Denn die spätere Rente muß aus den wenigen Arbeitsstunden der geschrumpften Zahl der dann Aktiven bezahlt werden. Diese Hypothek für unsere Kinder und Enkel dürfen wir nicht egoistisch zusätzlich vergrößern.

Auch andere Verkrustungen und Überregulierungen des Arbeitsmarktes müssen aufgebrochen werden, u.a. Maschinenlaufzeiten und Arbeitszeitstrukturen, hemmende Schutzvorschriften, der gesamte organisatorische und finanzielle Komplex der Arbeitslosenversicherung.

Auswirkungen des Alterungsprozesses auf die Wirtschaft

Die gerontologischen Befunde können und müssen zur Kenntnis genommen werden. Danach sind ältere Menschen heute länger leistungsfähig. Die Intelligenz steigt auch im Alter und lebenslanges und kontinuierliches Lernen fördert die Intelligenz im Alter. Das ist ein wichtiger Befund, der bei den erforderlichen Veränderungen im Bildungsbereich stärker zu berücksichtigen ist. Und natürlich ist Kopfarbeit zunehmend stärker gefragt als reine Muskelarbeit. Das Alter verliert als Qualifikationsmerkmal für die Beschäftigung somit an Bedeutung. Dort ist also ein positiver Aspekt der Technisierung und Industrialisierung zu erkennen, der diesem Alterungsprozeß auf der anderen Seite auch einen Teil der Problematik nimmt.

Zunächst werden sich die Nachfragestrukturen verändern, ältere Menschen kaufen andere Konsumartikel und benötigen andere Dienstleistungen als jüngere Konsumenten. Bei den Nachfragestrukturen haben wir die ersten Verschiebungen bereits zu verzeichnen. Natürlich hatten die Hersteller von Kinderwagen das Problem, daß mit dem Pillenknick die Zahl der in Deutschland zu verkaufenden Kinderwagen zurückging. Über diese Probleme werden wir alle jedoch in der Presse wenig gelesen haben. Warum? Weil hier der Markt sehr flexibel reagiert und die Anpassungen solcher Prozesse über den Markt sehr gut vonstatten gehen.

Ein anderer Themenbereich, mit dem wir uns auseinandersetzen müssen, ist die Frage, wie sich das Sparverhalten ändern wird. Nach der ökonomischen Theorie ist für die Erhöhung der realen Verteilungsspielräume in den demographischen Problemjahren nach der Jahrtausendwende entscheidend, daß sich die Sachkapitalbildung in Deutschland wesentlich verstärkt. Unabdingbare Voraussetzung hierfür ist aber eine deutliche Zunahme der gesamtwirtschaftlichen Ersparnis. Der absehbare demographische Wandel wird jedoch die Entwicklung der gesamtwirtschaftlichen Sparquote in erheblichem Umfang beeinflussen. Eine Untersuchung des Ifo-Instituts zeigt, daß die volkswirtschaftliche Spar- und Sachkapitalbildung und damit auch das zukünftige Wirtschaftswachstum durch die demographisch bedingten Probleme in der - umlagefinanzierten - gesetzlichen Rentenversicherung beeinträchtigt wird.[3] Das Umlageverfahren führt danach bei rückläufiger Bevölkerung zu einer verminderten Kapitalbildung. Zur Stärkung der Wachstumskräfte muß deshalb das Gewicht bei der Altersvorsorge stärker als bisher auf kapitalgedeckte Vorsorgemaßnahmen verlagert werden. In der umlagefinanzierten Rentenversicherung müßte ein zusätzlicher Kapitalstock geschaffen werden, auch eine Pflegeversicherung muß - wie bereits angeführt - unbedingt in Form eines Kapitaldeckungsverfahrens durchgeführt werden.

Die Auswirkungen des immer Älterwerdens der Arbeitskräfte auf die Wirtschaft sind nicht pauschal zu beantworten. Sie werden von Branche zu Branche unterschiedlich sein und sicherlich auch in den verschiedenen Regionen nach ihrer Wirtschaftsstruktur anders zu beurteilen sein.

Der Ausbildungsstand der Arbeitskräfte hat unmittelbaren Einfluß auf die wirtschaftliche Leistungsfähigkeit eines Landes. Dies ist in gleicher Weise in bezug auf das Alter nicht nachweisbar. Trotzdem erscheint es plausibel, daß ein Land mit vielen jüngeren Menschen hier gewisse Vorteile hat.

Wir müssen uns klar machen, daß es im Fernen Osten sehr viele, sehr fleißige, sehr junge und sehr aufstiegsbewußte Menschen gibt, die durchaus als Konkurrenten sehr ernst zu nehmen sind. Und wir sollten uns weiter klar machen, daß wir zur Zeit in der glücklichen Situation sind, daß viele kräftige Schultern die demographischen Lasten tragen und daß dies nicht immer so bleiben wird. Der Rückgang der Zahl der jüngeren, gut ausgebildeten Arbeitnehmer ist daher das eigentliche Problem. Denn sie tragen neues Wissen in die Wirtschaft hinein. Dieser Transformationsprozeß wird künftig abnehmen. Er muß daher durch andere Bildungsprinzipien ersetzt werden.

Die Leistungsfähigkeit der deutschen Wirtschaft wird bereits heute zunehmend durch die Qualifikation ihrer Mitarbeiter bestimmt. Bildung ist als Standortfaktor von immer größerer Relevanz. Hier haben wir relativ gegenüber den aufholenden Konkurrenten in Westeuropa deutlich an Terrain verloren. Wir können es uns nicht länger leisten, daß wir auf der einen Seite das Volk der ältesten Hochschulabsolventen und gleichzeitig der jüngsten Pensionäre sind und zwischen diesen Zeitpunkten auch noch am kürzesten arbeiten wollen. Es wird entscheidend darauf ankommen, daß wir künftig lebenslang lernen. Eine solche Forderung ist leicht auszusprechen, die Probleme fangen bei dem Versuch an, dies umzusetzen. Hierzu ist in erster Linie eine Umstellung in unseren Denkgewohnheiten erforderlich. Die Erstausbildung muß zugunsten ständiger Weiterbildung begrenzt werden. Wir müssen besser „lernen, wie man lernt“. Unverzichtbar ist ferner eine flexiblere Gestaltung des Bildungswesens vor allem an den Schnittstellen zur Berufswelt. Die Bundesrepublik Deutschland war immer ein rohstoffarmes Land, das auf eine gute Ausbildung seiner Arbeitnehmer angewiesen war. In dem Maße, in dem wir die Menschen zu verstärkten Anstrengungen hierzu motivieren können, können wir auch zum Erfolg gelangen.

Wir müssen auch nach Wegen suchen, ältere Mitarbeiter länger und produktiv im Unternehmen zu halten. Zu denken ist hier insbesondere an spezielle Motivationsmaßnahmen, lebenslange Weiterbildung mit erforderlichenfalls neuen Lernmethoden, altersgerechte Arbeitsplätze und Arbeitswerkzeuge sowie flexiblere Arbeitszeiten. Ich habe nie verstanden, daß wir in unserem ganzen Berufsleben immer nach dem Motto arbeiten: 100 % oder Null. Dies ist ein gerade auch physiologisch unsinniger Vorgang. Graduelle Formen des Übergangs vom Arbeitsleben in die Rente bieten sich daher aus vielfältigen Gründen an.

Besondere Bedeutung im Zusammenhang mit der Ressource Humankapital kommt einer Reserve an Humankapital zu, die wir bislang nicht ausgeschöpft haben und in den neuen Bundesländern sogar in erschreckender Weise dabei sind, zu vernachlässigen. Diese Reserve sind die Frauen. Es kann überhaupt kein Zweifel daran bestehen, daß wir in der Wirtschaft eine massive Werbung durchführen müssen, um mehr Frauen in interessante und aufstiegsorientierte Positionen zu bringen. Es ist unmöglich, daß wir Frustrationen anstelle von produktiven Kräften setzen. Wünschenswert wäre im Interesse der Frauen, daß diese stärker in bislang eher frauenuntypischen, aber zukunftsträchtigen Arbeitsfeldern eingesetzt werden. Voraussetzung für eine bessere Integration der Frauen in den Arbeitsmarkt ist natürlich auch, daß Arbeitsplätze für Frauen attraktiver gestaltet und familienfreundlichere Arbeitsbedingungen geschaffen werden.

Neben diesen demographisch veranlaßten Herausforderungen müssen wir die Aufgaben in den neuen Bundesländern, in Osteuropa und in der Dritten Welt sehen. Angesichts der Größe des gesamten Aufgabenpakets sind wir aufgerufen, unsere Schularbeiten so früh wie möglich und so gut wie möglich zu machen. Ich kann nicht erkennen, daß wir einem hoffnungslosen Schicksal entgegentreiben würden. Es kommt darauf an, wie wir uns unseren Aufgaben stellen. Wir brauchen Optimismus, aber Optimismus ohne Illusionen.

Anmerkungen

1 Unsere Gesellschaft ergraut: Wie bleibt die Wirtschaft jung?, Dokumentation einer gemeinsamen Veranstaltung des Bundesverbandes der Deutschen Industrie e.V. und des Wirtschaftsmagazins Capital, Dezember 1989, Köln.

2 Günter Buttler: Deutschlands Wirtschaft braucht die Einwanderer, in: Hans-Ulrich Klose (Hrsg.): Altern der Gesellschaft, Köln, 1993, S. 51ff.

3 Tendenzen der volkswirtschaftlichen Kapitalbildung und die Rolle der Versicherungswirtschaft, Gutachten im Auftrag des Gesamtverbandes der Deutschen Versicherungswirtschaft e.V., Ifo-Studien zur Finanzpolitik Nr. 51, 1993.

Europa vor der Alternative: Altersheim oder Laboratorium der Moderne?

Siegmar Mosdorf

Aufgrund der Entwicklung der Geburtenrate und der Lebenserwartung wird sich in Europa das Durchschnittsalter der Menschen von 36 Jahren in 1990 auf 41 Jahre in 2015 erhöhen. Deutschlands Bevölkerungsstruktur wird nicht mehr einer Pyramide, sondern immer mehr einem Pilz ähneln. Die Zeiten, als den 700.000 Sterbefällen jährlich in Deutschland (alte Bundesländer) noch 1.000.000 Geburten gegenüberstanden, wie beispielsweise 1966, gehören längst der Vergangenheit an. Die Geburtenzahl liegt heute – im Gegensatz zu den 70er Jahren, wo sie unter der jährlichen Zahl der Sterbefälle lag – mittlerweile wieder über den Sterbefällen. Diese Tatsache läßt sich dadurch erklären, daß die geburtenstarken Jahrgänge von Mitte der 60er Jahre jetzt im Eltern-Alter sind. Die sinkenden Geburtenzahlen seit nunmehr zwei Jahrzehnten haben zwangsläufig zur Folge, daß die Zahl der alten Menschen immer mehr zunimmt, während die Zahl der jungen Menschen sinkt. Berechnungen gehen davon aus, daß der Anteil der 20-jährigen an der deutschen Gesamtbevölkerung in den nächsten Jahren um rund ein Drittel sinken wird. Gleichzeitig wird sich der Anteil der über 60-jährigen fast verdoppeln.

Da dieses „Altern der Gesellschaft" kein auf Deutschland beschränktes Phänomen ist, sondern mit mehr oder wenig großer zeitlicher Verzögerung alle europäischen Staaten ergreift, stellt auch die Freizügigkeit des gemeinsamen Europäischen Binnenmarktes für dieses Problem keine Lösung dar.

In Europa wird im Zeitraum bis zum Jahr 2015 die Einwohnerzahl ohne erhebliche Zuwanderung bei ca. 460 Mio. Menschen stagnieren. In der gleichen Zeit wird die Bevölkerungszahl auf der Erde insgesamt jedoch von 5,2 Mrd. in 1990 auf 7,7 Mrd. in 2015, also um fast 50 %, ansteigen. Insbesondere auf dem Afrikanischen Kontinent und in Asien wird die Einwohnerzahl in rasantem Tempo von 2,4 Mrd. in 1990 auf 3,5 Mrd. bis 2015 in Asien und von 470 Mio. auf 1 Mrd. in Afrika ansteigen. Das Durchschnittsalter liegt dann 2015 in Asien bei 31 Jahren und in Afrika bei 24 Jahren.

Diese globalen Trends einer schrumpfenden und immer älter werdenden Gesellschaft in Deutschland und in Europa einerseits und der wachsenden und immer jüngeren Bevölkerungen der anderen Kontinente andererseits werden enorme Auswirkungen auf die sozialen, die gesellschaftlichen und vor allem die ökonomischen Strukturen haben. Weniger Menschen in Europa werden weniger konsumieren, weniger privater Konsum führt zu weniger ökonomischem Wachstum, was wiederum Auswirkungen auf Modernisierungs- und Erweiterungsinvestitionen hat. Bei gleichzeitig anhaltenden Produktivitätssteigerungen könnte ein „kumulativer Schrumpfungsprozeß" der deutschen Wirtschaft die Folge sein. Dieses hätte gravierende Auswirkungen auf unternehmerische Standortentscheidungen. Gleichzeitig entstehen in Asien und Afrika mit ihren jungen und wachsenden Bevölkerungen neue Wachstumsmärkte, die zu einer Verschiebung der industriellen Schwerpunkte der Weltwirtschaft führen werden. Dabei kann eine Situation entstehen, bei der Europa nicht mehr der Export-Kontinent Nr. 1 ist, sondern zu einem Import-Kontinent wird, der im 21. Jahrhundert von den größeren und kaufkräftigeren Wachstumsmärkten aus Fernost mit versorgt wird. Dann heißt es nicht mehr „Made in Germany" sondern „Made for Germany".

Weltwirtschaftliche Kräfteverschiebungen, Stagnationstendenzen in der Wirtschaft und die unausgeglichene Bevölkerungsstruktur gefährden unser System der sozialen Sicherung und die Generationenverträge: immer weniger Erwerbstätige müssen für die Finanzierung des Sozialsystems aufkommen. Unser Sozialversicherungssystem aus der Zeit der Bismarckschen Sozialgesetzgebung basiert auf anderen Prämissen. Zwei gegenläufige Tendenzen sind zu beobachten. Breite Schichten der Bevölkerung profitieren heute vom gestiegenen Wohlstand, während ein sich verfestigendes unteres Viertel Gefahr läuft, ins Bodenlose abzurutschen. Wenn wir die veränderten Prämissen nicht rechtzeitig erkennen, werden die Probleme uns treiben. Wenn wir aber zu defensiv reagieren vergeben wir die Chance, unsere Zukunft selber zu gestalten. Bereits im Jahr 2015 wird das Sozialversicherungssystem in seiner heutigen Form von den dann Erwerbstätigen nicht mehr finanziert werden können. Deshalb brauchen wir schon heute Reformen, um den Menschen eine solide Entwicklungsperspektive zu geben und die Sozialgesetze von morgen solide zu finanzieren.

Deutschland war immer ein rohstoffarmes Land. Dies hatte zur Folge, daß die Abhängigkeit von anderen Faktoren besonders hoch war. Der Harvard-Ökonom Michael E. Porter bezeichnet spezielle Standortvorteile, die einzelne Länder besitzen, als „national diamants". Unsere „nationalen Diamanten", mit denen wir den Standortnachteil Rohstoffarmut kompensieren konnten, waren die technologische Innovationsfähigkeit und der „Erfindergeist" der hier lebenden Menschen, und ein im internationalen Vergleich beispielhaftes Bildungs- und Ausbildungssystem. Man muß jedoch kein „Science fiction Autor" sein, um zu erkennen, daß an der Schwelle zum 21. Jahrhundert neue Schlüsselanforderungen an Bildung, Qualifikation und Know-how im ökonomischen, ökologischen und gesellschaftlichen Bereich bereits entstanden sind und weiter entstehen werden. Die zentrale Frage in der Zukunft wird sein, wie wir diesen hohen Qualifikationsstandard mit einer veränderten Zusammensetzung der Bevölkerung halten und somit unsere „nationalen Diamanten" bewahren und fördern können. Der technologische Umbruch, der durch die „dritte industrielle Revolution" mit der Entwicklung der Mikroelektronik ausgelöst wurde, hat die Arbeitsnachfrage der Unternehmen grundlegend verändert. Neue Berufsbilder und Schlüsselberufe orientiert an diesen Schlüsseltechnologien des 21. Jahrhunderts entstehen immer schneller. Kennzeichnend ist dabei insbesondere der stetig steigende Bedarf an Fachkräften mit allgemeinen und übergreifenden Kompetenzen im technischen, wirtschaftlichen und sozialen Bereich. Investitionen in die Qualifikation der Menschen veralten, wobei sich nicht nur die Arbeitsinhalte sondern auch die Arbeitsmittel in rasantem Tempo verändern. So wurde beispielsweise aus einem Dreher mittlerweile der Bediener eines computergesteuerten Produktionssystems. Gleichzeitig wird bedingt durch den wirtschaftlichen Strukturwandel der Bedarf an ungelernten Arbeitskräften stetig zurückgehen. Die zentrale Frage bezüglich der Sicherung unserer internationalen Wettbewerbsfähigkeit wird deshalb sein, welche Veränderung des Arbeitsangebots in Deutschland dem gegenüberstehen werden.

Die bevorstehenden demographischen Entwicklungen werden das Arbeitsangebot in Deutschland sowohl quantitativ als auch qualitativ verändern. Modellrechnungen gehen davon aus, daß in den Jahren 2015-2025 die Zahl der potentiellen Arbeitskräfte deutlich stärker zurückgehen wird als die Bevölkerung. Auf den ersten Blick mag dies verwunderlich erscheinen, angesichts der aktuellen Arbeitslosenzahlen von über 3,5 Mio. und Prognosen von fast 5 Mio. Arbeitslosen in 1994. Es wäre jedoch blauäugig zu erwarten, der Lauf der Zeit würde die bestehenden Arbeitsmarktprobleme lösen. In Gegenteil, aufgrund des beschleunigten Strukturwandels und der immer kürzer werdenden Innovationszyklen wird der Anteil strukturell bedingter Arbeitslosigkeit sogar weiter zunehmen. Und gerade diese Verfestigung der Arbeitslosigkeit läßt sich durch rein quantitative Entlastungseffekte am Arbeitsmarkt nicht verringern. Gleichzeitig wird sich die Struktur der Erwerbsbevölkerung verändern. Immer weniger junge erwerbstätige Menschen werden immer mehr alten Erwerbstätigen gegenüberstehen. Alter muß jedoch nicht zwangsläufig einen Verlust an Produktivität und Innovationsfähigkeit bedeuten: Dennoch geht gerade auch von jungen Menschen eine große Innovationsdynamik aus. Es wird zwar Änderungen in der Struktur des Leistungsvermögens geben: einzelne Fähigkeiten wie Kraft, Beweglichkeit, physisch-psychische Belastbarkeit und Flexibilität nehmen mit zunehmenden Alter ab, während andere Fähigkeiten wie Urteilsvermögen, Erfahrungen, Verantwortungsbewußtsein und Aufmerksamkeit – alles wichtige Faktoren – zunehmen.

Wenn Europa also nicht zum zweitklassigen Altersheim der Welt werden will, das von der Erbschaft der Nachkriegsgenerationen und von den Investments in die asiatischen und afrikanischen Zukunftsmärkte lebt, dann muß unsere Gesellschaft jetzt einen fundamentalen Einstellungswandel zum Alter vollziehen.

Angesichts der tiefgreifenden demographischen Veränderungen und ihrer Auswirkungen auf Wirtschaft, Arbeitsmarkt und Gesellschaft sind vorausschauendes und korrigierendes Gestalten der Entscheidungsträger in Unternehmen und Politik dringend notwendig. In folgenden Anpassungsmöglichkeiten an die Probleme aus dieser demographischen Entwicklung liegen Gestaltungsspielräume:

- Ein umfassendes System der beruflichen Aus- und Weiterbildung:
  Durch den technologischen Fortschritt wird die Halbwertszeit des Wissens immer kürzer. Aus- und Weiterbildung und beruflicher Aufstieg dürfen nicht bei 40 Jahren enden.

Wir brauchen eine Art „lebenslanges Lernen", um unseren hohen Ausbildungs- und Qualifikationsstandard auch in Zukunft zu halten. Wichtig ist auch eine regelmäßige Nach-Qualifizierung von Facharbeitern und Technikern. Diese regelmäßige Nach-Qualifizierung sollte allerdings auch die Ausbilder selbst einbeziehen. Hier sind Staat aber auch die Tarifparteien gefordert.

- Sicherung der Innovationsfähigkeit des Standort Deutschland:
  Hier ist vor allem die Wirtschafts-, Forschungs- und Technologiepolitik gefordert, zur Vorbereitung unserer Unternehmen und Forschungseinrichtungen auf das 21. Jahrhundert schon jetzt entsprechende Weichen zu stellen. Der Wissenstransfer von Forschung und Entwicklung muß dringend optimiert werden. Die gilt beispielsweise für den Technologietransfer innerhalb der Industrie und aber auch für den Technologietransfer zwischen Industrie und Wissenschaft. Für einen neuen ökologischen und sozialen Fortschritt brauchen aber wir auch den Technologie-Dialog, zwischen Erfindern und Anwendern, zwischen Forschung und Fertigung sowie zwischen Wissenschaft und Gesellschaft, mit noch mehr Technologietransferzentren und Wissenschaftszentren, aber auch einem Netzwerk von Akademien zur Technologiefolgeabschätzung. Auch in der Forschungs- und Technologiepolitik sind dringend neue Wege erforderlich, beispielsweise in der Förderung von Schlüsseltechnologien, beim Technologietransfer oder bei der Umsetzung neuer Techniken und Materialien in Produkte und Produktionsverfahren.
- Eine Flexibilisierung der Altersgrenze:
  In den USA und in Japan sind Tendenzen für einen „zweiten Arbeitsmarkt" zu beobachten: Nur die leistungsfähigen Alten werden in den Unternehmen gehalten, während den anderen die Herabstufung, der Verlust des Arbeitsplatzes

und der soziale Abstieg droht. Ähnliche Anzeichen, wenn auch als arbeitsmarktpolitisches Instrument, lassen sich als vorgezogener Ruhestand in Ost- und auch in West-Deutschland beobachten. Das ist eine sehr kurzsichtige und zudem inhumane „Aussteuerung" von Menschen. Angesichts der demographischen Entwicklung werden wir jedoch in Zukunft um eine Flexibilisierung der Altersgrenze nicht herumkommen. Wenn die schwere Arbeit humanisiert wird, kann sich die Altersgrenze verschieben. Hier liegen wichtige neue Aufgaben für die Arbeitsgestaltung, den Arbeits- und den Gesundheitsschutz sowie für eine neue Sozialpolitik.

- Eine quantitativ und qualitativ gesteuerte Einwanderungspolitik:
  Prognosen gehen von unterschiedlichen Annahmen über eine jährliche Zuwanderung in Deutschland von jeweils 300.000, 400.000 bez. 500.000 Zuwanderungen pro Jahr für den Zeitraum 1992 bis 2017 aus. Alle Szenarien zeigen, daß je nach Variante das derzeitige Niveau des Arbeitskräfteangebots deutlich unterschritten wird. Ohne eine weitere Zuwanderung würde die Bevölkerung in Deutschland von derzeit 79 Mio. sogar auf 70 Mio. in 2030 und 51 Mio. in 2050 zurückgehen. Deshalb brauchen wir eine aktive Zuwanderungspolitik.
- Eine zunehmende Erwerbstätigkeit der Frauen:
  In den nächsten 10 Jahren wird das Überleben vieler Betriebe in Industrie, Dienstleistung und Handwerk davon abhängen, daß sie jüngere Frauen für neue Verantwortungsbereiche gewinnen und diese auch offensiv zu qualifizieren. Auf diese Situation sind weder die Betriebe, noch die Frauen vorbereitet. Deutschland hat beispielsweise im internationalen Vergleich noch immer eine unterdurchschnittliche Quote der Frauenerwerbstätigkeit. Eine qualitative Frauenförderung in den Unternehmen könnte neben familienfreundlicheren Arbeitszeiten und -angeboten sowie

einer entsprechenden Infrastruktur wesentlich mehr Frauen veranlassen, ganztags oder teilzeit zu arbeiten. Die Bereitstellung geeigneter Betreuungseinrichtungen sollte sich dabei nicht nur auf Kindertagesstätten und Ganztagsschulen konzentrieren sondern auch Tagespflegeplätze für alte Menschen umfassen, da die häusliche Pflege zum überwiegenden Teil von Frauen geleistet wird. Gegenüber der Zuwanderung hat die Frauenerwerbstätigkeit den Vorteil, daß mit Ausnahme der sozialen Infrastruktur, die ohnehin im Hinblick auf einen Familienlastenausgleich notwendig und überfällig ist, der Gemeinschaft keine zusätzlichen Kosten für Infrastruktur und Integration anfallen.

Eine vorausschauende Politik kann den demographischen Wandel als Chance nutzen und notwendige Modernisierungsprozesse vorantreiben. Dies gelingt aber nur, wenn Deutschland und Europa zu so etwas wie einem „Laboratorium der Modernen Welt" werden. Mit einer soliden industriellen Basis, hochwertigen fertigungsorientierten Dienstleistungen, einer modernen, hochqualifizierten, praxisnahen Ausbildungsstruktur und den besten Forschungslabors der Welt. Unser Ziel muß sein, Europa zum Qualifikations-Standort Nr. 1 und zum Industrie-Ausrüstungs-Standort Nr. 1 in der Welt zu machen. Das gilt für die Ausbildung der jungen Europäer, das gilt aber auch für die dringend notwendige kontinuierliche Nach-Qualifizierung der Facharbeiter, Meister, Techniker und Ingenieure – also unserer Stammbelegschaften sowie der Frauen und Männer, die sich in der Familienphase befinden, um ihnen den Wiedereinstieg zu erleichtern. Dies gilt nicht zuletzt auch für die Aus- und Weiterbildung der Menschen aus den anderen Kontinenten. Wenn sich Deutschland zudem seine Produktionsbasis erhalten und die Anstrengungen in der Forschungs- und Technologiepolitik intensivieren kann, könnten wir zum zentralen Investitionsgüter-Produzenten und -Ausrüster werden.

Unsere Vision sollte eine „Age irrelevant Society" sein: das heißt, daß wir für eine Gesellschaft eintreten, in der die Vorzüge aller Altersphasen zusammengebracht werden, und jeder Mensch seine spezifischen Lebenserfahrungen in die Gesellschaft einbringt.

Wenn der 'Alte Kontinent Europa' schon zum 'Kontinent der Alten' wird, dann sollte er dennoch ein aktiver, dynamischer Kontinent bleiben. Die demographische Entwicklung muß nicht automatisch zur Krise führen. Denn Max Frisch hat recht: „Krise ist auch eine Chance, wenn man ihr das Katastrophenhafte nimmt." Wir sollten die Chance ergreifen und eine andere Einstellung zum Alter finden.

II. Das Humankapital des Standortes Deutschland

Die Zukunft der Arbeit

Entwicklungstendenzen in Arbeitsmärkten und Arbeitsstrukturen

Meinolf Dierkes, Hedwig Rudolph, Lutz von Rosenstiel

Das Problem: Disparitäten in der Entwicklung von Arbeitsmärkten und Arbeitsstrukturen

Die Bedürfnisse der Menschen in Deutschland haben sich in einigen zentralen Dimensionen von der etablierten Organisation der Erwerbsarbeit entfernt. Millionen suchen Arbeit, während andere über Streß und den wachsenden Zwang zu Überstunden und die Last der Verantwortung stöhnen. Auf der einen Seite klagt die Industrie über Mangel an qualifizierten Facharbeitern, das Hotel- und Gastronomiegewerbe über das Fehlen von Dienstleistungskräften, der Handel darüber, daß erfahrene Verkäuferinnen und Verkäufer nicht zu haben sind. Auf der anderen Seite bleiben Tausende von Absolventen vor allem geisteswissenschaftlicher Studiengänge ohne berufliche Chancen. Viele - insbesondere Frauen - suchen vergeblich nach Teilzeitbeschäftigung, die es ihnen ermöglichen würde, Hausarbeit mit Erwerbsarbeit zu verbinden und damit in ihrem erlernten Beruf zu bleiben oder in diesen zurückzukehren. Ein Teil der Arbeitnehmerinnen und Arbeitnehmer wird durch den technischen und strukturellen Wandel in die Arbeitslosigkeit und damit an den Rand gesellschaftlicher Teilhabe gedrängt. Viele sind oder fühlen sich von Qualifizierungschancen abgeschnitten, die ihnen eine Anpassung an veränderte Anforderungen ermöglichen könnten.

In den neuen Bundesländern schnellen die Arbeitslosenzahlen nach oben, leisten Hunderttausende „Kurzarbeit null", während - man denke nur an die Notwendigkeit der Restaurierung von Häusern und Wohnungen, des Ausbaus der Infrastruktur, der Sanierung der hoch belasteten Umwelt - dringende gesellschaftliche Aufgaben unerledigt bleiben.

Die Asylsuchenden, die noch nach Deutschland gelangen, erwartet ein mühevolles und wenig chancenreiches Anerkennungsverfahren. Andere Ausländer „sickern" auf teuren, dunklen Pfaden über die Grenzen; deutschstämmige Aussiedler aus den osteuropäischen Staaten und der ehemaligen Sowjetunion suchen die Heimat ihrer Vorfahren wieder für sich zu gewinnen. Sie alle bemühen sich - mit nur wenigen Ausnahmen -, über Erwerbsarbeit die materielle Basis ihrer Existenz zu sichern. Viele scheitern bei diesem Bemühen, weil der erste Arbeitsmarkt für sie weitgehend verschlossen ist; sie müssen sich mit bescheidener Subsistenz in der Schattenökonomie begnügen.

Der Arbeitsmarkt ist offensichtlich - zumindest bei den gegebenen Rahmenbedingungen - nicht in der Lage, einen Ausgleich von Angebot und Nachfrage zu gewährleisten. Bei einer abnehmenden Menge bezahlter Arbeit integriert er Arbeitskräfte nur selektiv und zu sehr heterogenen Bedingungen - ein offensichtlich nicht nur vorübergehendes Phänomen.

Quantitativ übersteigt die Zahl der Arbeitsuchenden bei weitem jene, die der Arbeitsmarkt aufzunehmen bereit und in der Lage ist. Qualitativ entspricht das Ausbildungsprofil der Arbeitsuchenden häufig nicht den gewandelten Arbeitsanforderungen; es korrespondieren aber auch die gesteigerten Ansprüche der Qualifizierten an Autonomie, Identifikations- und Entwicklungschancen bei der Arbeit nicht immer mit den angebotenen Strukturen und Inhalten der Tätigkeiten.

Strukturell mangelt es an Entsprechung zwischen den Wünschen nach qualifizierter Teilzeitarbeit bzw. flexiblen Arbeitszeiten mit attraktiven beruflichen Perspektiven einerseits und den Angeboten an „Arbeitszeitnormalpackungen" andererseits. Von der Norm abweichende Arbeitszeitwünsche sind meist nur um den Preis risikoreicher Abstriche bei den Arbeitsbedingungen einzulösen. Sektoral finden wir in aufblühenden Branchen einen Mangel an Arbeitskräften, während in anderen für Arbeitsuchende auch mittelfristig kein Silberstreifen am Horizont erscheinen will. Regional ist in ökonomisch florierenden Landesteilen der Arbeitsmarkt leergefegt, während in anderen – und keineswegs nur in den neuen Bundesländern – die Schlangen vor den Arbeitsämtern wachsen.

Auch innerhalb der Betriebe und Behörden sind erhebliche Disparitäten unübersehbar. Arbeitgeber klagen über geringe Bereitschaft von Mitarbeiterinnen und Mitarbeitern, sich in neue Aufgaben einzuarbeiten, neue Techniken und Strukturen zu akzeptieren und sich im Umgang mit ihnen zu qualifizieren, innerhalb des Betriebes Aufgaben in anderen Abteilungen zu übernehmen, gar den Wohnort zu wechseln oder Tätigkeiten im Ausland zu übernehmen und sich entsprechend mit der Sprache und Mentalität des Gastlandes vertraut zu machen. Die Mitarbeiter ihrerseits thematisieren nicht selten einen Anstieg der qualitativen Leistungsanforderungen, Zeitdruck und Leistungsverdichtung, aber auch, daß disfunktionale Hierarchien oder einengende Bürokratien ihren Ansprüchen an Selbständigkeit widersprechen oder inhaltliche Tätigkeiten von ihnen fordern, die sie mit ihren Wertvorstellungen nur schwer in Übereinstimmung bringen können. Hinzu kommen wachsende Disparitäten auch auf betrieblichen Arbeitsmärkten. Immer größer droht die Kluft zwischen Stamm- und Randbelegschaften zu werden. Arbeitsplatzsicherheit, Einkommen, Aufstieg, Qualifikationen sind die Ressourcen, deren Verteilung auch hier zu neuen Trennlinien führt.

Ist das alles nun ein Problem? Sind dies nicht „normale“ Krisen des Übergangs, die die Arbeitsmärkte – zumindest langfristig – schon lösen werden? Die Antwort muß lauten: Nein! Es besteht politischer Handlungsbedarf, denn zu schwer wiegen die Verletzungen von Werten, die durch die gegenwärtige Situation in Kauf genommen werden und die sich bei einer Fortschreibung verschärfen würden.

Unsere Gesellschaft ist im Hinblick auf die Arbeitsmärkte unter anderem den Werten der Leistung und der sozialen Gerechtigkeit verpflichtet. Beide werden gegenwärtig verletzt. Schwerwiegende Asymmetrien in der Verteilung materieller und immaterieller Lebenschancen sind bereits jetzt zu diagnostizieren bei Jugendlichen wie bei älteren Arbeitnehmern, bei Frauen wie bei Immigranten.

Verletzt wird aber auch das Gebot der Effizienz. Milliarden, die für die Unterstützung der Arbeitslosen aufgewendet werden, gehen für notwendige und sozial produktivere Verwendung verloren. Aufgaben, die deshalb zurückgestellt werden, sind mit entgangenen Gewinn- und Wachstumschancen gleichzusetzen. Wohlfahrts- und Wohlstandsverluste sind die Folge. Und dies hat vielfältige sekundäre Auswirkungen: in der individuellen Frustration einzelner, die sich um Hoffnungen betrogen sehen, in gesellschaftlichen Spannungen zwischen den Begünstigten und den Benachteiligten, in Legitimationsverlusten der gesellschaftlichen Institutionen, die offensichtlich beim Meistern der Krisenerscheinungen versagen.

Um dem Trend zur Vertiefung von Disparitäten gegenzusteuern, müssen vielfältige und komplementäre Veränderungen angeregt werden. Die Probleme müssen – und hier kann Wissenschaft helfen – erst einmal überhaupt gesehen und zur Kenntnis genommen werden. Problemerkennung und -anerkennung bilden die notwendige Basis für zielorientierte Handlungsentwürfe.

Gesellschaftliche Stimulierungs- und Hemmfaktoren von Innovation und Flexibilität

Eine Vielzahl gesamtgesellschaftlicher Rahmenbedingungen, die für den Arbeitsmarkt und die Struktur der Arbeit in der Bundesrepublik Deutschland, aber auch darüber hinausgehend in Europa von zentraler Bedeutung sind, haben sich in den letzten Jahren geändert oder werden künftig starken Veränderungsprozessen unterliegen. Der Übergang der meisten europäischen Länder zu einer Altersgesellschaft – jedenfalls was die einheimische Bevölkerung betrifft –, die Öffnung der ehemals sozialistischen Länder für demokratische Ideen und marktwirtschaftliche Regulierungsprozesse, die Zuspitzung von Umweltproblemen mit Auswirkungen transnationaler und globaler Art (wie die CO_2-Belastung und der damit verknüpfte Treibhauseffekt) sind ebenso Beispiele hierfür wie die Internationalisierung der Märkte bei gleichzeitiger Akzentuierung der regionalen Identitäten im Rahmen des europäischen Einigungsprozesses.

Alle diese Entwicklungen verändern die Nachfrage nach und das Angebot von Arbeit in den einzelnen Regionen und Sektoren. Sie verändern unter dem sich weiter verstärkenden Einfluß der Technisierung unseres Lebens in Arbeit, Konsum, Freizeit und Verkehr ebenso die Strukturen der Arbeitsplätze und der hierfür erforderlichen Qualifikationen. Diese Veränderungen fordern und beschleunigen die Anpassungsprozesse. Sie stellen gleichzeitig aber auch Hemmnisse für solche Anpassungsprozesse dar, indem sie – als Versuche, Kontinuität im Wandel zu wahren – die Fortschreibung bestehender Strukturen und Verhaltensweisen begünstigen. Sie haben Sekundär- und Tertiäreffekte zur Folge, die im Hinblick auf die Ziele *equity* und *efficiency* ganz unterschiedliche, aber keineswegs unerhebliche Wirkungen haben.

Aus der Fülle dieser gesamtgesellschaftlichen Entwicklungen erscheinen neben dem technologischen Wandel, der demographischen Entwicklung und den Veränderungen in den Werthaltungen der Bevölkerung drei Aspekte von besonderer Bedeutung für die Perspektiven von Beschäftigung und Arbeitsstrukturen in der Bundesrepublik Deutschland:

- die deutsch-deutsche Vereinigung mit ihren Chancen und Risiken im Hinblick auf Innovationen in der Arbeitswelt,
- die Schaffung des gemeinsamen Binnenmarktes für die Länder der Europäischen Gemeinschaft sowie
- die zunehmende internationale Mobilität und die damit verknüpften Verschiebungen und Verschärfungen der Segmentierung von Beschäftigungsstrukturen: hochqualifizierte einerseits, unqualifizierte Tätigkeiten andererseits, begrenzte Beschäftigung im offiziellen Arbeitsmarkt versus Expansion des informellen Sektors.

Die deutsche Vereinigung: Ein neuer Aufbruch?

Der Zuwachs

- von Arbeitnehmern, denen offene Arbeitslosigkeit unbekannt war,
- von einer Bevölkerung mit hoher Frauenerwerbsquote,
- von einer Wirtschaft, die in den Fesseln zentraler Planung steckte,
- von Menschen voller Hoffnungen und Erwartungen und nicht zuletzt
- von 17 Millionen Menschen mit hohem konsumtiven und infrastrukturellen Nachholbedarf zur Bundesrepublik Deutschland

hat zweifellos große Auswirkungen auf Arbeit und Beschäftigungssituation im neuen vereinigten Deutschland. Die Szenarien für die kommenden Jahre reichten von hohen Wachstumsraten aufgrund des Nachholbedarfs im öffentlichen und privaten Sektor, mit einer - nach einer Übergangsphase - hochmodernen Wirtschaftsstruktur im Ostteil des Landes, bis zu einer langandauernden Mezzogiorno-Situation für die neuen Bundesländer mit einer überalterten Bevölkerung wegen hoher Abwanderungsraten des flexiblen, gut ausgebildeten oder qualifizierungswilligen und tendenziell jüngeren Bevölkerungsteils; angelegt sind Chancen einer grundlegenden Erneuerung der Infrastruktur, der Erschließung der osteuropäischen Märkte, aber auch die Risiken langanhaltender Arbeitslosigkeit.

Für die Zukunft wichtige Faktoren liegen unter anderem in der Erwartung der Wirtschaftssubjekte. Je weniger eine Vitalisierung der Wirtschaft erwartet wird und je länger es dauert, desto eher dürfte das Mezzogiorno-Szenario Realität werden. Je schneller demgegenüber sich Zeichen eines Neubeginns zeigen, desto größere Chancen dürfte das Modernisierungsszenario haben. Politiken zu unterstützen, die Entwicklungen im optimistischen Spektrum dieser Bandbreite begünstigen, ist wichtig, weil wirtschaftliche Prosperität eine zentrale Größe ist. Sie entfaltet eine Fülle von Sekundär- und Tertiärwirkungen, die weit über den Arbeitsmarkt und die Struktur der Beschäftigung hinaus bis zur Stabilität und Legitimität von Wirtschaftssystemen und politischen Strukturen reichen.

Europa der Zukunft: Flexibilisierung durch Veränderung von Institutionen?

Die Schaffung des größten Binnenmarktes der Welt und das Prinzip der gegenseitigen Anerkennung von Normen und Standards bei Produkten und Verfahren statt des mühsamen

Prozesses der Angleichung generieren in Europa eine neue Dimension von Wettbewerb. Auf dem Prüfstand stehen hierbei nicht allein Qualität und Preise der Produkte, sondern die gewachsene Wirtschaftsstruktur der einzelnen Länder mit ihren Stärken, Schwächen und Besonderheiten. In diesen Wettbewerb eingeschlossen sind die Lernfähigkeit der Systeme industrieller Beziehungen, die Grundphilosophien der Produktionsstrukturen, die Umwelt- und Verbrauchersensibilität der Wirtschaften. Eine weltweit zunehmende Beachtung ökologischer Belange dürfte beispielsweise den Wirtschaftskulturen der Gemeinschaft größere Zukunftschancen geben, die frühzeitig und langfristig orientiert ökologische Belange in die Entwicklung von Produkten und Produktionsverfahren einbezogen haben. Systeme industrieller Beziehungen – um ein weiteres Beispiel zu nennen –, die in der Lage sind, die Auswirkungen auch größerer wirtschaftlicher Umbrüche gemeinsam zu meistern, dürften höhere Chancen des Überlebens und der Entwicklung haben als solche, bei denen antagonistische Konflikte an der Tagesordnung sind. Eine Wirtschaft, die gelernt hat, Wandel als eine ihrer Funktionsbedingungen in Unternehmensphilosophie und Wirtschaftskultur aufzunehmen, wird leichter die Übergangsphasen meistern als Unternehmen, die in einmal eingeschlagenen Erfolgsschienen verharren.

Das System industrieller Beziehungen hat eine bemerkenswerte und – was die Anpassungs- und Erneuerungsfähigkeit anbetrifft – durchaus erfolgversprechende Geschichte. Mit wachsenden Differenzierungen von Interessenlagen, insbesondere vor dem Hintergrund eines europäischen Binnenmarktes, stellt sich die Frage der Notwendigkeit einer grundlegenden Erneuerung der ökonomischen Regulierungen und der Systeme industrieller Beziehungen im besonderen. Die Lernfähigkeit dieser Systeme ist eine wesentliche Voraussetzung, um diesen Wandel zu bewältigen.

Der Prozeß der europäischen Einigung fordert jedoch nicht

nur die Innovationskraft der Wirtschaft heraus. Er trifft den öffentlichen Sektor in ähnlicher Weise. Dies gilt beispielsweise hinsichtlich der Problematisierung des Berufsbeamtentums und anderer Aspekte des Öffentlichen Dienstes, vor allem in Dienstleistungsbereichen wie Post, Bahn, Bildungs- und Gesundheitswesen. Insgesamt werden sich im Binnenmarkt für große Teile des deutschen Arbeitsmarktes veränderte Konstellationen ergeben. Wenn beispielsweise erheblich jüngere Absolventen ausländischer Hochschulen vom Recht auf Freizügigkeit und Anerkennung ihrer Abschlüsse deutlich häufiger Gebrauch machen als bislang, wird auch die Frage der Länge des Sekundarschulbesuchs oder der Studiendauer in Deutschland dringlicher aufgegriffen werden müssen. Ein weit höheres durchschnittliches Abschlußalter bei nicht deutlich höherer Qualifikation hierzulande wird die deutschen Absolventen langfristig mit größeren Wettbewerbsnachteilen auf dem Arbeitsmarkt konfrontieren. Die Sekundärwirkungen jeder dieser Entwicklungen reichen weit in die sozialen, politischen und kulturellen Strukturen.

Internationale Mobilität: Chancen und Probleme für Arbeitsmärkte und -strukturen

Internationale Mobilität wird in den aktuellen politischen Diskussionen in erster Linie als Problem thematisiert. In die Arbeitsmärkte der hochindustrialisierten Länder drängen wachsende Zahlen von Menschen aus Mittelosteuropa, Afrika und Asien. Diese Mobilität wird häufig und umstandslos verknüpft mit Horrorszenarien und Zahlen, die Vorstellungen von Völkerwanderungen aus den Ländern Osteuropas oder den südlichen Anrainerstaaten des Mittelmeeres wecken. Die Seriosität solcher Annahmen wird selten geprüft, positive Aspekte der internationalen Mobilität werden nicht gesehen und Vorteile einer zukunftsbezogenen Migrationspolitik höchst zögerlich angesprochen.

Selbst das offenkundig positive Elemente dieser Entwicklung, die wachsende internationale Mobilität von Führungskräften der Wirtschaft, teilweise auch im staatlichen Bereich sowie nicht zuletzt auch der Wissenschaftler, wird ebenfalls selten thematisiert. Mit den „Neuen Menschen" finden andere Wahrnehmungen und Erfahrungen Eingang in Organisationen und Betriebe; sie irritieren etablierte Verhaltensweisen, Denkansätze und Konzepte und können so zur Mobilisierung von Innovations- und Flexibilisierungspotential beitragen. In der aktuellen Diskussion verstellt die Angst vor Veränderungen und insbesondere vor der Notwendigkeit des Teilens den Blick für die hier skizzierten Vorteile einer wachsenden internationalen Mobilität.

Aber auch im Hinblick auf die zahlenmäßig auffälligeren Wanderungsbewegungen, ausgelöst durch Armut, Katastrophen und Kriege, wird oft übersehen, daß es sich in der Regel nicht um die schlecht ausgebildeten, inflexiblen und immobilen Bevölkerungsanteile solcher Länder handelt, sondern eine eher positive Auswahl an die Türen der hochentwickelten Nationen in Asien, Nordamerika und Europa klopft. Eine gezielte Migrationspolitik - etwa nach den Beispielen von Australien, Kanada und den USA - wäre ein Fortschritt gegenüber dem politischen Beharren auf der Position, Deutschland sei kein Einwanderungsland.

Alle drei Entwicklungslinien, die deutsch-deutsche Vereinigung, das neue Europa und die wachsende internationale Mobilität, stellen hohe Anforderungen an die Innovationsbereitschaft und Flexibilität von Individuen und Strukturen. Sie bergen Potentiale und Chancen für Veränderungen; sie eröffnen neue Möglichkeiten, wenn sie als solche gesehen werden. Sie sind jedoch - wie alle großen Chancen - nicht ohne Risiken.

Die Rolle der Organisationen in Wirtschaft und Politik

Erwerbsarbeit findet in Organisationen statt. Diese entscheiden über die Nachfrage nach Arbeit, definieren die Art und Menge der Arbeit und bestimmen die Strukturen und Umwelten, in denen Menschen ihrer Tätigkeit nachgehen. Organisationen sind insofern zentrale Akteure und zugleich Ansatzpunkte von Veränderungen, wenn es gilt, die Zukunft der Arbeit zu gestalten. Tiefgreifende Veränderungen lassen sich nur erreichen, wenn neue Organisationen geschaffen werden oder bestehende Anreize erhalten, ihre Entscheidungskriterien und -prozesse, ihre Strukturen und ihre Verhaltensweisen zu ändern. Organisationen werden aber in ihren Entscheidungen und ihrem Verhalten stark von Institutionen und ihrer Kultur bestimmt. Wenn Organisationen sich ändern wollen oder sollen, müssen unter anderem die Leitbilder geändert werden, die diese Kultur prägen.

Den veränderten Werthaltungen und Vorstellungen von Arbeit in einem großen und aktiven Teil der Arbeitsbevölkerung kann nicht mehr allein mit dem traditionellen Normalarbeitsverhältnis Rechnung getragen werden. Flexiblere Regelungen im Hinblick auf Tages-, Wochen- und Lebensarbeitszeit sind zunehmend gefragt und oft auch im langfristigen Interesse der Beschäftigungsorganisationen. Die Arbeitsorganisation und auch die Technik müssen darauf abgestimmt werden, was wiederum weitere Veränderungen in anderen Wirtschaftssektoren und Lebensbereichen zur Folge hat oder doch haben kann. Mit der zunehmenden Beschäftigung von Frauen, auch in Führungspositionen, wandeln sich Leitbilder von Berufen, Vorgesetztenrollen und Tätigkeiten. Die erhöhten Qualitätsanforderungen in Unternehmen und Behörden, die durch eine weitere Technisierung noch verstärkt werden dürften, legen andere Organisations- und Kooperationsformen nahe, um die Qualifizierungsbemühungen von Organisationen und Individuen in eine Steigerung der Leistung und Erhöhung der Qualität von Produkten und Dienstleistungen umzusetzen. Organisationen müssen hierzu mehr Durchlässigkeit für Ideen und Erneuerungen sowohl innerhalb des Systems als auch von außen zulassen. Unternehmen können sich dabei die unterschiedlichen Sichtweisen ihrer Mitglieder zunutze machen, indem sie eine Vielzahl von Perspektiven fördern. Im übertragenen Sinne entwirft jede Organisation ein verkleinertes Abbild ihrer Umwelt innerhalb des eigenen Systems. Dieses muß die Vielfältigkeit und die Dynamik der sie umgebenden Umwelt zumindest in Teilen widerspiegeln. Dabei gilt es auch, Informations- und Anreizsysteme von Prämien bis zu Karrieremustern auf diese neuen Gegebenheiten einzustellen.

Die Forderung nach Flexibilisierung und Innovation gilt auch für die anderen institutionellen Partner im Beschäftigungssystem, den Staat sowie betriebliche und überbetriebliche Tarif- und Sozialpartner. Gewerkschaften müssen, sollen die industriellen Beziehungen funktionsfähig bleiben, angesichts veränderter Vorstellungen von Arbeit und Anforderungen an Arbeitsstrukturen sowie der Vielzahl der hier aufgezeigten Umbrüche neue Aufgaben übernehmen und ihr Zielspektrum erweitern. Arbeitszeit, Qualifikation, Arbeitsorganisation und -gestaltung treten als zunehmend wichtiger werdende Elemente neben die traditionellen Ziele der Einkommenssicherung und des Arbeitsschutzes. Hierfür Leit- und Menschenbilder zu entwickeln und in Verhandlungen durchzusetzen fordert Umorientierung und Änderung des Denkens und Handelns bei beiden Tarifpartnern zunächst auf der überbetrieblichen Ebene. Ein Umdenken ist auch in der Aufgabenteilung zwischen überbetrieblicher und betrieblicher Ebene angesagt. Viele der heutigen Herausforderungen lassen sich produktiver, weil spezifischer auf betrieblicher Ebene lösen. Die Konzentration auf die Rahmenbedingungen für Arbeitszeitgestaltung, Qualifikationsmaßnahmen und Arbeitsorganisation auf überbetrieblicher Ebene einerseits und die Erweiterung der Aufgaben der Sozialpartner im betrieblichen Bereich andererseits bedürfen einer sinnvollen Ausbalancierung.

Ähnliches gilt auch für den Staat: Die Beschäftigungsstrukturen im Öffentlichen Dienst sind tendenziell ein konservatives Moment des deutschen Arbeitsmarktes. Es soll jedoch nicht verkannt werden, daß staatliche Organisationen in den letzten Jahren eine Reihe von Experimenten mit neuen Formen der Arbeit und Arbeitsorganisation realisiert haben, deren Potential der Verallgemeinerung noch weitgehend ungenutzt ist. So haben Einrichtungen des öffentlichen Sektors beispielsweise die Möglichkeit qualifizierter Teilzeitbeschäftigung oder flexibler Arbeitszeit demonstriert, die richtungsweisend für die weitere Gestaltung von Arbeitsverhältnissen sein könnten - auch hinsichtlich ihrer Risiken.

Gerade hieran wird deutlich, daß Stimulierungs- und Hemmfaktoren sich nicht einfach nach den Kategorien staatlich/privat einteilen lassen, mit der Annahme hoher Immobilität von Strukturen im öffentlichen und großer Flexibilität im privaten Sektor. Für Innovationen offene Kulturen und Individuen finden sich im staatlichen wie auch privaten Sektor. Es muß darum gehen, deren Erfahrungen zu evaluieren und zu nutzen, um die auf Flexibilität und Innovation orientierten Kulturen und Strukturen zu stützen und zu fördern. Aufgrund seiner Normsetzungskompetenz hätte der Staat die Möglichkeit, innovations- und flexibilitätsförderliche Rahmenbedingungen jenseits seines eigenen Bereichs als Beschäftigter zu schaffen.

Für alle institutionellen Akteure im Beschäftigungssystem gilt es, Grundfragen der Organisation von Arbeit unter den heutigen und künftigen Rahmenbedingungen neu zu bedenken, beispielsweise die Beziehungen zwischen dem formalen und informellen Beschäftigungssektor (vor allem unter dem Druck steigender weltweiter Arbeitsmobilität), die Beziehungen zwischen dem System der sozialen Sicherung einerseits und dem Beschäftigungssektor andererseits, wie auch die mangelnde Entwicklung und Ausdifferenzierung des privaten Dienstleistungssektors gemessen an internationalen Standards.

Der bereits erwähnte Druck der europäischen Organisationen und Partner im Hinblick auf die Institution des Berufsbeamtentums sollte beispielsweise zum Anlaß genommen werden, die Zuordnung von Dienstleistungen zum Staatssektor auf ihre Sinnhaftigkeit zu überprüfen. Die oft höhere Flexibilität privater Organisationsformen - nicht eingebunden in die für die hoheitliche Verwaltung vielleicht sinnvollen Vorschriften des Öffentlichen Dienstes - könnte gerade für die zunehmend technisierten Dienstleistungsbereiche Chancen eröffnen, die staatliche Institutionen nicht oder nur beschränkt wahrnehmen können.

Individuen und ihr Potential

Innovationsbereitschaft und Flexibilität werden auch von den Individuen gefordert - als Bereitschaft und Fähigkeit, sich neuen Aufgaben zu stellen und einmal erworbene Qualifikationen entsprechend zu aktualisieren. Lernbereitschaft ist also nicht nur in der Phase der beruflichen Erstausbildung, sondern auch darüber hinaus erforderlich. Gefordert ist aber ebenso die Bereitschaft, sich innerhalb des Betriebes an neuartige Strukturen anzupassen, mit anderen Menschen als bisher zusammenzuarbeiten oder gar – sei es mit, sei es ohne Familie – den Wohnort zu wechseln und dabei auch Aufgaben in einem fremden Sprach- und Kulturraum zu übernehmen.

Es lassen sich derzeit spezifische Einstellungen und Kompetenzen feststellen, die der vermehrt geforderten Innovations- und Flexibilitätsbereitschaft teils im Wege stehen, sie aber teilweise auch besonders begünstigen. Auf einige dieser Momente sei exemplarisch eingegangen.

Asymmetrie im Qualifizierungsprozeß

Förderliche Bedingungen für Innovation und Flexibilität auf der Ebene der Individuen können unter den Aspekten der Motivation, des Wollens, aber auch unter dem des Könnens, der Qualifikation, realisiert werden, und dieses Können ist vor allem durch Beteiligung an Qualifizierungsmaßnahmen zu sichern.

Breite und Tiefe aktualisierter fachlicher Kompetenz markieren Voraussetzungen dafür, flexibel im horizontalen und vertikalen Sinne von bisherigen Aufgaben zu neuen zu wechseln. Was die Chancen dazu anbetrifft, also die Bedingungen für die Möglichkeit, so zeichnen die Ergebnisse der Forschung ein eindeutiges und wenig überraschendes Bild: Wer hat, dem wird gegeben! Es sind vor allem qualifizierte und sehr qualifizierte Angestellte in hohen Positionen, die in jüngerem und mittlerem Alter an Weiterbildungsmaßnahmen teilnehmen, um so die Anpassung an neue Entwicklungen zu sichern und für Aufstieg und berufliche Mobilität gerüstet zu sein. Männer befinden sich dabei im Vorteil und realisieren auch einen größeren Nutzen ihrer Weiterbildungsbemühungen. Frauen - selbst wenn sie über die gleichen Qualifikationen verfügen - sind im Nachteil, insbesondere dann, wenn sie Kinder zu versorgen haben.

Entwickelt hat sich eine nicht wünschenswerte, aber weitgehend unreflektierte Selbstverständlichkeit nach dem Muster: „je mehr Bildung, um so mehr Weiterbildung" und umgekehrt. Sie gilt es durch personale und strukturale Maßnahmen zu verändern. Es ist fraglos eine wesentliche gesellschaftliche und betriebliche Aufgabe, durch kompensatorische Qualifizierungsmaßnahmen die Einsatzchancen gerade jener zu sichern, die durch die Dynamik der Arbeitsmärkte in besonderem Maße in ihren beruflichen Möglichkeiten - und damit weitergehend auch ihrer Basis persönlicher Identifizierung - bedroht sind.

Werte und Wünsche

Wichtig für das Verständnis von Prozessen auf internen und offenen Arbeitsmärkten erscheinen - als Aspekte des Wollens - auch die Werte. Die generellen Orientierungen gegenüber der Arbeit haben sich im Zuge des gesellschaftlichen Wertewandels nachhaltig verschoben.

Die Diskussion, daß Arbeit nicht länger zentrales oder gar einziges Lebensinteresse der Bevölkerung sei, ist nicht neu. Eine Fülle empirischer Belege verweist darauf, daß zwar keine generelle Entwertung der Erwerbsarbeit stattgefunden hat, daß für viele Menschen jedoch andere Lebensbereiche eine größere Bedeutung gewonnen haben, insbesondere die Familie und die Freizeitaktivitäten. Die Erwerbsarbeit selbst gewinnt ihren Wert zunehmend weniger aus der Pflichtethik, der sich das Individuum unterwirft, als vielmehr daraus, daß sie spezifische Fähigkeiten und Fertigkeiten herausfordert, Kontakt mit anderen Menschen bietet, selbständiges Planen und Handeln erlaubt und somit insgesamt persönlichkeitsfördernd wirkt. Die Ansprüche an die Arbeit sind entsprechend gestiegen. Und - das ist eine traurige Realität - sie werden nur allzu häufig durch die zugänglichen Arbeitsinhalte und Arbeitsstrukturen enttäuscht. Dies mag dazu beigetragen haben, daß die allgemeine Arbeitszufriedenheit seit Mitte der sechziger Jahre kontinuierlich rückläufig ist.

Berührt wird die individuelle Innovations- und Flexibilitätsbereitschaft durch einen weiteren Aspekt des Wertewandels: die kritische Distanzierung gerade der Qualifizierten – bzw. eines nicht unbeträchtlichen Teils von ihnen – von bestimmten Inhalten der Tätigkeit, die als Wertverletzungen wahrgenommen werden. Tätigkeiten, deren Ergebnisse beispielsweise als Bedrohung des Friedens, als Gefährdung der Natur, als Verletzung der Gesundheit oder Ausbeutung der Dritten Welt erscheinen, lösen zunehmend Zweifel aus, die zu Motivationskrisen bis hin zur inneren oder gar äußeren Kündigung reichen können.

Ebenfalls Ausdruck gewandelter Wertorientierung ist der gestiegene Anspruch von Frauen auf Partizipation an Erwerbsarbeit insbesondere in Bereichen hoher Qualifikation sowie die zunehmende Bereitschaft der Männer, dies zu akzeptieren. In der Konsequenz erhöht sich die Zahl der Paare, bei denen beide Partner qualifiziert erwerbstätig sind, wodurch deren Flexibilität – vor allem unter dem Aspekt der räumlichen Mobilität – deutlich reduziert wird.

Selbst wenn man feststellt, daß für viele die Erwerbsarbeit nicht mehr das zentrale Lebensinteresse ist, bleiben dennoch innerhalb der Arbeitsgesellschaft der Beruf sowie der Erfolg auf dem Felde beruflichen Handelns die wichtigsten Quellen der Identität und des gesellschaftlichen Ansehens; zumindest gilt dies fast ohne Einschränkung für Männer, zunehmend aber auch für qualifizierte Frauen. Innerhalb unseres gesellschaftlichen Normensystems erwächst daraus der Anspruch, auf dem Gebiet der eigenen Ausbildung auch eine berufliche Anstellung zu finden, seine Erfolge zu erringen und seine berufliche Identität zu erlangen. Wer beispielsweise für das Lehramt studiert hat, war wenigstens in der Vergangenheit nur bedingt bereit, in der Erwachsenenbildung der Wirtschaft tätig zu werden, geschweige denn als Programmierer, als Reiseführer oder Leiter einer Versicherungsagentur, selbst wenn er dort besser bezahlt würde als ein Lehrer an einem Gymnasium. Es ist hierzulande nahezu undenkbar, daß jemand

– wie es in den USA beinahe selbstverständlich ist – Kunstgeschichte studiert und sodann in qualifizierten, aber ausbildungsfernen Positionen in der Industrie, im Handel oder in der Verwaltung tätig wird. Die tendenzielle Entkopplung von Inhalt des Bildungsganges und Anspruch an das Feld der Erwerbstätigkeit wäre eine wesentliche Voraussetzung für diejenigen Innovationen und Flexibilitäten, die die Dynamik der Arbeitsmärkte zunehmend fordern.

Die Entwicklung von Arbeit und Beschäftigung: Drei Szenarien

Gesellschaftlicher Wandel braucht identitätsstiftende Personen, überzeugende Visionen und innovative Institutionen. Um die Bandbreite möglicher Entwicklungen abzustecken, skizzieren wir im folgenden drei Szenarien mit ihren jeweiligen Rahmenbedingungen: die konkrete Utopie, das Extremszenario der verschärften Segmentierung und die Fortschreibung des Status quo.

Die konkrete Utopie

Unsere optimale Setzung ist eine Gesellschaft, in der sozialer Status, materielle Sicherung, Zeitstrukturen und Lebensmuster nicht primär über Erwerbsarbeit definiert werden. Selbstverständlich ist auch hier die Partizipation am Arbeitsmarkt die Regel, aber sie ist in vielerlei Hinsicht weniger normiert. Es gibt zahlreiche sozial gesicherte Zugangsmöglichkeiten zur Erwerbstätigkeit und für die Verweildauer ein breites Spektrum von Optionen, bezogen auf Tage, Monate, Jahre und Lebenszeit. Es ist mit größerer Wahrscheinlichkeit Bereitschaft zur Übernahme von privater und gesellschaftlicher „Sorgearbeit" zu erwarten, wenn sie nicht - aus Mangel an Alternativen - un- bzw. unterbezahlt ist. Die Gewährleistung eines subsistenzsichernden Mindesteinkommens schafft auch Voraussetzungen für stärker eigenbestimmte Entscheidungen darüber, welche Güter und Dienstleistungen in Eigenarbeit produziert oder aber über den Markt bezogen werden.

Was die Arbeitsmarktstrukturen anbetrifft, so sind die wichtigsten Markierungspunkte die offene, nicht segregierende Integration und dabei die soziale Aufwertung von Haus- und Sorgearbeiten ohne geschlechtsspezifische Zuschreibung von Zuständigkeiten.

Der Abbau von Disparitäten in den Lebenschancen bezieht sich auf unterschiedliche Dimensionen:

- Über Strukturpolitik wird ein Ausgleich im regionalen Gefälle der Lebensbedingungen hergestellt.
- Angehörige ethnischer Minderheiten realisieren vielfältige Beschäftigungsmöglichkeiten, weil ihre kulturellen Prägungen nicht als Problem, sondern als Erweiterungen der Problemlösungskapazitäten von Organisationen wahrgenommen werden.
- Frauen sind - ähnlich wie Männer - in praktisch allen Wirtschaftssektoren, Berufen und Positionen beschäftigt. Kürzere tägliche oder wöchentliche oder Jahresarbeitszeiten lassen Raum für familiäre Aufgaben und außerberufliche Interessen. Zudem sind zeitlich befristete Ausstiege aus der Erwerbsarbeit wegen solcher Verpflichtungen bzw. Bedürfnisse für Männer wie Frauen selbstverständlich.
- Entsprechend sind auch auf Lebensalter bezogene Fragmentierungen von Erwerbsarbeitschancen obsolet geworden. Jugend kann nicht umstandslos mit einem Bonus rechnen; bei älteren Arbeitskräften wird ihr Erfahrungswissen als Potential honoriert, das sie über Qualifizierungsprogramme elastisch und aktuell gehalten haben.

- Die im ersten Anlauf erreichten Bildungs- und Berufsabschlüsse markieren nicht quasi schicksalhaft die Grenzen von Beschäftigungschancen. Vielmehr belohnt der Arbeitsmarkt Initiativen zur Weiterqualifizierung, und das (Aus-) Bildungssystem hält vielfältige, inhaltlich und zeitlich angemessen strukturierte Programmangebote bereit.

Ein solches Modell hat eine Reihe von Voraussetzungen, soll es die Kriterien sowohl der Effizienz als auch der sozialen Gerechtigkeit erfüllen. Als zentral erachten wir die Dreierkonstellation eines funktionsfähigen Sozialstaates, langfristig orientierter Unternehmensstrategien sowie innovationsbereiter Gewerkschaften.

Die Befürwortung von Destandardisierung von Berufsbiographien bedeutet hier keineswegs ein Plädoyer für Deregulierung. Vielmehr sind strukturelle Vorkehrungen zur symmetrischen Entwicklung erforderlich. Was die Erwerbsarbeit anbetrifft, so sind ausgewogene industrielle Beziehungen eine wichtige Voraussetzung. Erfahrungsgemäß sind nämlich nur starke Gewerkschaften als Bündnispartner für innovative Politik zu gewinnen, und nur Unternehmen, die nicht ums blanke Überleben kämpfen müssen, können sich langfristige Orientierungen leisten.

Das Extremszenario: Verschärfte Segmentierung

Das Gegenbild läßt sich als „totale Arbeitsgesellschaft" charakterisieren, was nicht heißt, daß allen bezahlte Arbeit zugänglich ist – ganz im Gegenteil. Kennzeichnend sind vielmehr vielfältige Segmentierungen, wobei einerseits nur ein Teil der erwachsenen Bevölkerung qualifizierte und gut dotierte Beschäftigung im offiziellen Arbeitsmarkt erlangt hat, andererseits ein wachsender Sockel langfristig Erwerbsloser ohne Reintegrationsperspektiven ausgegliedert wurde. Zwischen diesen beiden „Eckgruppen" entfaltet sich eine Vielfalt grauer bis schwarzer Arbeitsmärkte mit eher weniger als mehr geschützten Tätigkeiten. Diese Disparitäten beim Zugang zu Erwerbsarbeit führen zu extremer Fragmentierung, Hierarchisierung und Marginalisierung von Lebens- und Arbeitsqualität.

Verkrustete Segmente kennzeichnen die „totale Arbeitsgesellschaft" in praktisch allen Dimensionen, weil sie sich hartnäckig gegen Lernchancen abschottet und so tut, als könne sie das unbegrenzt und ungestraft durchhalten.

- Auf regionaler Ebene sind die Beschäftigungsstrukturen auseinandergedriftet. Reiche Regionen ziehen zusätzlich prosperierende Industrie- und Dienstleistungsbetriebe an mit gut bezahlten, sicheren Arbeitsplätzen und bieten anregende Umgebungen. Demgegenüber sind stagnierende Regionen vollends ins Abseits geraten. Die offenkundigen regionalen Disparitäten in Lebens- und Arbeitsqualität führen zur Abwanderung insbesondere junger, qualifizierter, männlicher Arbeitskräfte. Eine Verlangsamung oder gar Umkehrung der negativen Dynamik wird damit weiter erschwert, hingegen konservatives, kurzfristig orientiertes Denken und Handeln von Individuen und Organisationen gefördert.
- Die Zugehörigkeit zu einer ethnischen Minderheit wirkt als extremer Filter beim Zugang zum offiziellen Arbeitsmarkt. Allenfalls die sekundären Segmente lassen auch Ausländer zu, soweit sie sich als fleißig, willig und billig erweisen. Neue Zuwanderungen aus dem Ausland werden politisch abgelehnt, finden aber selbstverständlich dennoch statt und werden in die Illegalität abgedrängt. Aufgrund dieses prekären Rechtsstatus sind sie im wahrsten Sinne anspruchslos und füllen den Pool der schwarzen und grauen Märkte.

- Zusätzlich zu und weitgehend verschränkt mit regionalen und ethnischen Segregationen wird eine scharf abgegrenzte, geschlechtsspezifische Arbeitsteilung realisiert. Die knappe, gesellschaftlich hoch bewertete bezahlte Arbeit ist für Männer reserviert, Frauen werden die minder geachteten, unbezahlten Dienstleistungen, Haus- und Sorgearbeiten zugewiesen. Das feudale Modell vom gutverdienenden Hausherrn, der sich eine nur für private Arbeit verfügbare Ehefrau „leisten" kann, entfaltet seine normativen Wirkungen auch und gerade bei den sozialen Gruppen, bei denen die materiellen Voraussetzungen nicht gegeben sind. Das bedeutet, viele Frauen sind erwerbstätig und müssen aus finanziellen Gründen auch erwerbstätig sein, aber sie werden einerseits allenfalls nachrangig - als zweite Wahl - eingestellt (zu in der Regel diskriminierenden Bedingungen), andererseits wird ihre Doppelbelastung im gesellschaftlichen Wertesystem nicht honoriert.
- Segmentierte Arbeitsmärkte bedeuten zumeist auch altersbezogene Ausgrenzungen. Junge Arbeitskräfte verdrängen ältere. Das berufliche Erfahrungswissen, das Ältere mitbringen, wird von der „totalen Arbeitsgesellschaft" eher als Lernblockade angesehen; sie baut mehr auf die in der intelligenten Technik inkorporierten „Erfahrungen".

Das Bildungs- und Ausbildungssystem reproduziert die Polaritäten des Arbeitsmarktes und trägt zugleich zu ihrer Legitimation bei. Seine Selektionskriterien sind rassistisch und sexistisch, seine zeitlichen Strukturen starr und allein an betrieblichen Bedürfnissen orientiert, seine Programmangebote selektiv, kurzfristig verwertungsbezogen und teuer.

Zum Extremszenario gehört ein Staat, der sich weitgehend auf die Wahrnehmung hoheitlicher Aufgaben beschränkt und im übrigen der unsichtbaren Hand des Marktes jeweils gewinnsichernde Rahmenbedingungen garantiert. Er mischt sich weder in die Machtstrukturen des Marktes ein, noch unternimmt er kompensatorische Aktionen für die Interessendurchsetzung von Gesellschaftsgruppen mit geringem Konfliktpotential. Die elitäre und kurzsichtige Ausdünnung der sozialen und technischen Infrastruktur und die Erosion gesellschaftlicher Schutzinstitutionen treiben den Prozeß der sozialen und wirtschaftlichen Polarisierung voran.

Extrapolation des Status quo

Unser drittes Szenario illustriert die mittlere Variante zwischen den Extrementwicklungen: Was passiert, wenn nichts passiert – der erfahrungsgemäß wahrscheinlichste Fall. Die Beschäftigungsstrukturen lassen sich als Fortsetzung der segmentierten Integration charakterisieren, d.h. weitgehend voneinander abgeschottete Teilbereiche mit jeweils sehr heterogenen Beschäftigungsbedingungen sowie die Einbeziehung großer gesellschaftlicher Gruppen in bezahlte Arbeit auf Widerruf. Im Ergebnis ist mit fortdauernden, teilweise wohl auch verschärften Disparitäten zu rechnen, wenn auch nicht in allen Dimensionen gleichermaßen:

- Regional sind weiterhin unterschiedliche Wachstumsraten von Beschäftigung und die Streuung der Qualität von Beschäftigungsbedingungen realistische Annahmen. Dies gilt selbst dann, wenn die Umverteilung des Steueraufkommens leicht forciert wird. Besonders deutliche Disparitäten wird es zwischen den neuen und alten Bundesländern geben.
- Der ökonomische und kulturelle Gewinn, der mit der sozialen und wirtschaftlichen Integration von ethnischen Minderheiten einhergehen könnte, wird nur bedingt gesehen und genutzt. Kleinere ethnische Ökonomien werden toleriert, ansatzweise sogar unterstützt; die nachwachsenden

Generationen werden in Bildungs- und Ausbildungsprogramme einbezogen. Aber die Entwicklung wird kritisch kontrolliert, Ermutigung oder auch nur kalkulierbare Verfahren der Einwanderung werden tunlichst hintangestellt.

- Frauen können - nicht zuletzt aufgrund ihres gestiegenen Qualifikationsniveaus und ihrer verstärkten Berufsorientierung - schwerlich nur auf die marginalen Arbeitsplätze verwiesen werden. Aber da nicht komplementär auch die institutionellen Bedingungen außerfamiliärer Kinderbetreuung ausgebaut und verbessert werden und da die anteilige Erledigung von Hausarbeit durch Männer nur zögerlich zur Alltagspraxis wird, bleibt Erwerbsarbeit für Frauen ein schwieriger Balanceakt. Politische Maßnahmen beziehen sich im wesentlichen auf erweiterte Freistellungsmöglichkeiten für Mütter und Väter sowie auf den Ausbau von Frauenförder- und Reintegrationsprogrammen. Davon profitiert immerhin eine bestimmte Anzahl von zumeist besonders qualifizierten und jungen Frauen.
- Die modifizierte Arbeitsgesellschaft honoriert weiterhin überproportional Jugend, aber sie ignoriert nicht völlig, daß auch Arbeits- und Lebenserfahrungen soziale und ökonomische Ressourcen sind. Ältere haben auch außerhalb des sekundären Arbeitsmarktes Beschäftigungschancen, weil ihre spezifische Berufsbiographie für die Einstellungsentscheidung berücksichtigt wird. Aber es bestehen weiterhin besonders kritische Filter bei der Wahrnehmung und der Bewertung ihrer Leistung. Von einer veränderten Betrachtungsweise des Alters profitieren solche Bevölkerungsgruppen deutlich weniger, die durch weitere „Abweichungen" von der Norm gekennzeichnet sind: ältere Frauen, ältere ausländische Arbeitnehmer, ältere Ungelernte sowie ältere Arbeitslose.
- Qualifikation bleibt ein wichtiges Kriterium für die Zuteilung von Arbeits- und Lebenschancen, aber die Strukturen

werden wenigstens in zweifacher Hinsicht flexibler. In die Hierarchie der Bildungs- und Berufsabschlüsse werden neue Verbundstücke bzw. Übergänge eingefügt, und die enge Kopplung zwischen Ausbildungsrichtung und den für angemessen eingeschätzten Berufstätigkeiten lockert sich. Dies ist auch auf die Einbeziehung der ausländischen Praxis zurückzuführen, wo weniger aufgrund spezifischer Ausbildungsinhalte als aufgrund des Abschlußniveaus über die individuelle Tauglichkeit für berufliche Positionen entschieden wird. Doch Bildung ist keineswegs für alle gleichermaßen zugänglich und lohnend. Gerade über Inhalte und Zugangschancen für die zunehmend an Bedeutung gewinnenden Weiterbildungsangebote entscheiden häufig allein die Betriebe.

Staatliches beschäftigungsbezogenes Handeln ist insgesamt von den Zielen geleitet, die Funktionsfähigkeit der Arbeitsmärkte auch unter wechselnden wirtschaftlichen Bedingungen zu gewährleisten und das Konfliktpotential der jeweils ausgegrenzten Bevölkerungsgruppen zu minimieren. Das Instrumentarium der Arbeitsmarktpolitik wird insofern erhalten und vorsichtig ausgebaut, ohne besondere Akzentuierung auf aktive Komponenten. Nur da, wo die Beschäftigungseinbrüche so groß sind, daß politisch nicht kalkulierbare Krisen drohen, werden auch kühnere Schritte gewagt. Beispiele dafür sind der Aufbau von Qualifizierungs- und Beschäftigungsgesellschaften insbesondere in den neuen Bundesländern, die den zweiten Arbeitsmarkt erweitern. Sie versprechen aber mittelfristige Transformation in qualifizierte dauerhafte Arbeit nur unter der Maßgabe, daß sie in regionale Strukturentwicklungsplanungen eingebunden sind.

Die staatliche Steuerungsaufgabe wird in dem Maße entlastet, wie die industriellen Beziehungen sich als funktionsfähig erweisen. Dies wiederum setzt voraus, daß die Wirtschaft nicht am Abgrund steht und die Gewerkschaften nicht mit dem Rücken zur Wand agieren müssen. Staatliches Handeln ist hier hinsichtlich der Sicherung der rechtlichen Rahmenbedingungen gefordert.

Lernen in Strukturen: Handlungsbedarfe und Instrumente der Arbeits- und Gesellschaftspolitik

Die Probleme sind klar umrissen. Auf der Betriebsebene, auf nationalen, europäischen und zunehmend weltweit werdenden Arbeitsmärkten entwickeln sich angesichts der tiefgreifend veränderten sozio-ökonomischen Rahmenbedingungen Strukturen, die deutlich von den Sollvorstellungen moderner Industriegesellschaften abweichen, die sich breite Partizipation sowohl an *civil rights* als auch an *social rights* auf ihre Fahnen geschrieben haben. Insbesondere werden die mit sozialen Marktwirtschaften implizierten Zielvorstellungen der *equity* und *efficiency* nachhaltig gefährdet, mit unerwünschten Sekundäreffekten.

Wird nicht gehandelt, werden Rahmenbedingungen nicht neu definiert, so sind weitere Ausgrenzungen größerer Gruppen aus dem Beschäftigungssystem und damit an den Rand der Gesellschaft wahrscheinlich.

Man mache sich die Groteske bewußt: Während die Ressource „menschliche" Arbeitskraft aufgrund durchlässiger nationaler Grenzen und wachsender Wohlstandsgefälle in zunehmender Zahl zur Verfügung steht, bemühen sich die Betriebe und Behörden, sie durch immer effektivere Techniken zu ersetzen, um dann über steigende Abgaben jene für unfreiwilliges Nichtstun zu alimentieren, die sie zuvor wegrationalisiert haben. Diese „Ausgemusterten" bleiben dann, ökonomisch halbwegs gesichert, oft für eine lange Zeit weitgehend ohne sinn- und identitätsstiftende Arbeit, während gleichzeitig viele gesellschaftlich wichtige Aufgaben nicht oder nur unzureichend erledigt werden.

Dies kann keine Politik hinnehmen, die für sich in Anspruch nimmt, die gesellschaftlichen Strukturen und Prozesse zu gestalten. Eine komplex strukturierte Gesellschaft wie die deutsche kann sich ideologisch abgeschottete Positionen nicht leisten. In der gegenwärtigen Phase raschen Wandels vielfältiger sozio-ökonomischer Beziehungsgeflechte muß eine lernende Gesellschaft das Leitbild sein: eine Gesellschaft, die allerdings Lernen systematisch und strukturiert betreibt, dabei Risiken einzugehen bereit ist und diese verantwortlich kalkuliert, kurzum: Öffnung von Kriterien, Strukturen und Prozessen gesellschaftlichen Handelns.

Mit Flexibilisierung verbinden sich allerdings verschiedene Ziele, und sie sind mit ungleichen Durchsetzungsmöglichkeiten ausgestattet. Für einige Personengruppen eröffnet Flexibilisierung Gestaltungsraum, für andere bedeutet sie Anpassungsdruck. Die bloße Abschaffung oder das „Schleifen" institutioneller Rahmenbedingungen von Arbeitsverhältnissen wäre eine „naive" Deregulierung und letztlich eine unangemessene Vorgehensweise, wie eine Reihe von internationalen Erfahrungen insbesondere in den USA belegt. Die politische Herausforderung liegt in der gesellschaftlichen Verständigung darüber, welche Formen funktionaler Flexibilisierung erprobt werden sollen. Wenn die Lasten der Veränderung nicht einseitig den Gruppen mit geringerem Widerstandspotential zugeschoben würden, wäre damit - zumindest mittelfristig - struktur- und sozialpolitisch suboptimalen Lösungen gegengesteuert.

Strukturen und Prozesse lebenslangen Lernens

Mit hoher Sicherheit heißt ein zukunftsträchtiges Stichwort Qualifikation - und zwar in fachlicher wie in fachübergreifender Hinsicht. Wenn in den Unternehmen Strukturen, Techniken und Aufgabenzuschnitte sich wandeln, so muß zwar einerseits dieser Wandlungsprozeß durch Setzung von sozial förderlichen Rahmenbedingungen gesteuert werden. Es müssen andererseits aber auch Disparitäten zwischen den Strukturen und den Menschen ausgeglichen und dabei menschliche Kompetenzen ständig entwickelt werden.

Die Weiterentwicklung fachlicher und überfachlicher Qualifikation sollte Recht und Pflicht eines jeden einzelnen sein. Für die Teilnahme an Bildungsmaßnahmen mit dem Nachweis erworbener Qualifikation sollten vielfältige und starke Anreize geschaffen werden.

Flexibilität von Ort und Zeit der Arbeit

Darin könnte ein weiterer Weg zur Annäherung der Arbeitsmärkte an die Bedürfnisse und Lebensstile der Menschen bestehen. Hier sind die Möglichkeiten zu nutzen, die neue Techniken bieten. Arbeit in der Organisation und/oder zu Hause in flexiblen Mischverhältnissen, Teilzeitmodelle ganz unterschiedlicher Quantität, verschiedene Positionierungen der Arbeitszeit über den Tag, die Woche, den Monat, das Jahr und auch das Leben wären zu erproben.

Es wäre dringlich, daß Arbeitgebervertreter, Betriebsräte und Gewerkschaften ihre bisherige Praxis wechselseitiger Blockierung aufgeben und gemeinsam Regelungen anstreben.

Grundsätzlich verhandlungsfähig müßten auch die tradierten geschlechtsbezogenen Arbeitsmarktsegregationen sein. Erforderlich ist neben der Verteilung der Erwerbsarbeit auch eine Neuregelung der Haus- und Familienarbeit auf Männer und Frauen. Die sich in den überkommenen Zuschreibungen spiegelnden privaten Machtstrukturen sind jedoch nicht direkt politisch veränderbar. Um so notwendiger sind Anreizsysteme, Belohnung für nicht traditionelle Arrangements.

Verschiedene Arbeitsmärkte

Weiterhin wäre die Differenzierung der Arbeitsmärkte, wenn sie denn nicht aufzuheben ist, wenigstens produktiv zu nutzen. Neben dem herkömmlichen ersten Arbeitsmarkt wäre der zweite gezielt zu subventionieren. Die dort Tätigen wären - dies ist die Form der Grundsubventionierung - mit einem garantierten Mindesteinkommen auszustatten, das auch jenen zusteht, die sich an der Erwerbsarbeit nicht beteiligen können und/oder die sich ganz auf Haus- und Familienarbeit beschränken. Die Tätigkeit auf dem Arbeitsmarkt könnte dann zur Aufbesserung des Mindesteinkommens führen.

Eine staatliche Unterstützung des zweiten Arbeitsmarktes ist eine Notlösung, die den Grenzen der politischen Beeinflußbarkeit des offiziellen Arbeitsmarktes geschuldet ist. Träger der Maßnahmen, die über Beschäftigungsgesellschaften zu realisieren wären, könnten Staat, Länder und Kommunen, aber auch Genossenschaften und möglicherweise private Organisationen sein. Auf jeden Fall aber sollten die Maßnahmen langfristig angelegt werden, damit sich für die dort Tätigen berufliche Perspektiven ergeben können; Übergänge in den ersten Arbeitsmarkt wären zu kanalisieren.

Die herkömmlichen Formen der Arbeitslosenunterstützung und -hilfe wären parallel dazu gründlich zu revidieren. Ziel dabei sollte die Leitvorstellung sein, daß es auch ökonomisch deutlich lohnender sein muß, gesellschaftlich nützliche Arbeit zu verrichten, als mit Arbeitslosengeld zu „privatisieren".

Koordinierte industrielle Beziehungen

Das Experimentieren in der sozialen Realität erfordert neue Formen, Inhalte und Ziele der industriellen Beziehungen. Unterschiedliche Interessenvertretungen - allen voran staatliche Organisationen, Arbeitgeber und Gewerkschaften, nicht nur auf nationaler, sondern auch auf internationaler Ebene - müßten sich in einem „neuen Solidarpakt" zusammenfinden, soziale Experimente planen, Kriterien des Erfolgs aushandeln und das Risiko von Mißerfolg bei Experimenten gemeinsam abfedern. Widersprüche, Engpässe und Enttäuschung wird es weiterhin auf den verschiedenen Arbeitsmärkten geben; sie sollten allerdings künftig politisch, ökonomisch und sozial weniger kostspielig sein. Politische Institutionen könnten und sollten in der Verhinderung bzw. Abfederung großer und sozial asymmetrisch verteilter Risiken ein lohnendes Ziel sehen.

Dieser Beitrag faßt – aus der Sicht der Autoren – die wesentlichen Ergebnisse eines Kollegs der Gottlieb-Daimler- und Karl-Benz-Stiftung zu „Innovation und Beharrung in der Arbeitspolitik" zusammen. Die Autoren danken der Stiftung für die Unterstützung und Dagmar Simon für die Überarbeitung des Manuskripts.

Technologischer Wandel, Bevölkerungsentwicklung und Bildungsbedarf

Winfried Schlaffke

I. Technischer Wandel und veränderte Betriebsstrukturen

Der Wettbewerb verschärft sich. Die Beherrschung, Steuerung und Nutzung der Schlüsseltechniken der dritten industriellen Revolution bestimmen die Erfolge am Weltmarkt von morgen. Bio- und Gentechnik gelten als Schlüssel zur Bewältigung wichtiger Zukunftsaufgaben der Ernährung, der Gesundheit und des Umweltschutzes.

Die Mikroelektronik, die Informations- und Kommunikationstechnik haben die lange Zeit unseren Wohlstand stützenden und mehrenden Technologien der zweiten industriellen Revolution - Chemie, Automobil- oder Maschinenbau - radikal verändert. Wer im Bereich der Schlüsseltechniken der dritten industriellen Revolution Forschungs-, Entwicklungs- und Bildungsaufgaben verschläft, verpaßt die Zukunft, denn der heutige Wettbewerb zwischen der Triade der führenden Wirtschaftszentren der Welt - USA, Japan, Europa - läßt keine Schonzeit zu für Langschläfer auf dem Lorbeer von gestern (Seitz, 1991).

Ein Land, das sich im internationalen Vergleich die höchste Unternehmensbesteuerung, die höchsten Löhne und Lohnnebenkosten, die kürzesten Arbeitszeiten und längsten Urlaube und zudem noch reichlich Fehlzeiten leistet, muß sich etwas einfallen lassen, wenn der Standort Bundesrepublik Deutschland für Investoren interessant bleiben soll (Institut der deutschen Wirtschaft Köln, 1993).

Qualifikation und geistige Wendigkeit sind wesentliche Voraussetzungen, um im europäischen und weltweiten Wettbewerb zu bestehen und um mit Pioniergeist und Innovationskraft moderne Technik weiterzuentwickeln und zu nutzen.

Neue Techniken sind zu einer entscheidenden Triebfeder des wirtschaftlichen Strukturwandels geworden. Sie haben weitreichende Auswirkungen auf die Arbeitsorganisation und die Arbeitsanforderungen. Ganz allgemein kann ein Anstieg der Qualifikationsanforderungen auf allen Ebenen und eine Flexibilisierung der Arbeitsorganisation erwartet werden.

Die Arbeitszeit der Mitarbeiter ist nicht mehr unbedingt an die Laufzeiten der Maschinen gebunden; sie kann daher flexibel genutzt werden. Doch diese Gestaltungsfreiheit verlangt ein hohes Maß von Organisation und Koordination, von Planung und Disposition (Pieper, Strötgen, 1990).

Die Fertigung ist inzwischen so flexibel geworden, daß es zunehmend besser gelingt, individuell gestaltete Produkte in kleinen Stückzahlen zu produzieren, ohne daß horrende Mehrkosten entstehen. Die High-tech-Länder nähern sich in manchen Bereichen allmählich dem Ende des Zeitalters der Massenproduktion und der Großserien. Kunst und Design werden zu entscheidenden Produktionsfaktoren. Kreativität, Phantasiefähigkeit, Gestaltungskraft sind hochgefragte Mitarbeitereigenschaften.

Eine sich mehr und mehr durchsetzende Tendenz der Gegenwart und Zukunft heißt in den Unternehmen: Arbeitsbereicherung, Delegation von Verantwortung, Dezentralisierung, die Zusammenschau von Einzelvorgängen und Vernetzung. Arbeitsplätze werden geschaffen, mit denen sich die Mitarbeiter eher identifizieren können, weil sie Entscheidungs- und Gestaltungsräume bieten (Göbel, Schlaffke, 1987).

Lean Production und Lean Management sind zu Schlüsselworten zukunftsorientierter Betriebsorganisation und moderner Führungskultur geworden: Ein „schlankes" Management, das sich verkleinert und enthierarchisiert hat, sorgt dafür, daß gut qualifizierte Mitarbeiter in Eigenverantwortung planen, organisieren, produzieren und die Qualitätskontrolle übernehmen.

Die Verwissenschaftlichung immer weiterer Arbeits- und Lebensbereiche, der mit Meilenstiefeln erfolgende Marsch in eine Dienstleistungsgesellschaft, in der Software-Entwicklung, Beratung über die Lösung hochkomplexer Problemlagen oder Bildungsarbeit dominieren, vor allem aber die immer raschere Verkürzung der Innovationszyklen verlangen auf allen Ebenen mehr Fachwissen und mehr personale und soziale Kompetenzen. Nur wer den Willen hat, sich neuen Anforderungen zu stellen, wird seinen Platz im Wettbewerb sichern können. Mehr noch: Neugier auf Neues und die Kraft, Zukunft gestalten zu wollen, statt sie passiv zu erleiden, sind entscheidende Schlüsselqualifikationen. Derzeit bringen Unternehmen der Informationstechnologie alle zwei Jahre eine neue Produktgeneration auf den Markt. Damit Unternehmen in diesem fast atemberaubenden Geschwindigkeitswettbewerb bestehen können, muß mehr Manpower und Geld in Bildung, Forschung und Entwicklung gesteckt werden, denn jede neue Produktgeneration soll komplexer, leistungsfähiger und zugleich bedienungskomfortabler werden (Dosenbach u.a., 1992).

- Wo Lean Management, Lean Production, CIM und Just in Time im Vormarsch sind,
- wo die tayloristische Einzelarbeit durch eigenverantwortliche Gruppenarbeit ersetzt wird und wo die Unterschiede zwischen „white collar"- und „blue collar"-Beschäftigten immer mehr verschwimmen,
- wo dezentralisiert und mit immer flexiblerer Fertigung gearbeitet wird,

- wo immer kürzere Innovationszyklen herrschen,
- wo Massenproduktion und Großserienfertigung schwinden,
- wo die Individualisierung und Differenzierung des Produktangebotes und maßgeschneiderte Lösungen verlangt werden,
- wo Produkte nicht mehr für, sondern mit dem Kunden entwickelt werden,

da werden Mitarbeiter gebraucht, die über ein Verbundsystem aus Wissen und Können, Fertigkeiten und Fähigkeiten, sozialen Kompetenzen und Handlungsorientierung verfügen. Fach- und Spezialwissen bleibt unverändert wichtig, gebraucht werden aber auch Breitenqualifikation und Übersichtswissen, Phantasiefähigkeit und Gestaltungskraft, Vernetzungs- und Organisationsfähigkeit, Problemlösungs- und Entscheidungsfähigkeit angesichts komplexer Situationen. Nicht irgendwelche beliebig qualifizierten Kräfte werden gebraucht, sondern Mitarbeiter, die über ein besonderes Verbundsystem aus Fach- und Schlüsselqualifikationen verfügen.

Schlüsselqualifikationen sind besonders wichtig, weil sie als übergreifende überfachliche Qualifikationen nicht so schnell veralten. Es handelt sich um die wichtigen, niemals rosten dürfenden Fähigkeiten zu logischem Denken, zu kooperativem Verhalten, zu Verstehen und Verarbeiten von Informationen, zu Kreativität und Gestaltung.

Schlüsselqualifikationen sind auch ein wichtiges Vehikel, um vom Wissen zum Handeln zu kommen. Zeitgemäß und notwendig ist ein Bildungsbegriff, der Wissen und Können, verantwortetes Wollen und Handeln umfaßt.

II. Demographische Entwicklungen

Wenn man die Unternehmen nach dem Bild des optimalen Mitarbeiters fragt, dann wird das Profil der jungen und breitqualifizierten, der vielsprachigen und auslandserfahrenen, der räumlich mobilen und geistig flexiblen Kraft gezeichnet. Doch Bevölkerung und Bevölkerungsentwicklung stimmen mit diesem Wunschbild nicht überein. Welche demographischen Entwicklungen zeichnen sich ab, wie sehen die Grunddaten aus?

Wirtschaft und Arbeitsmarkt sehen sich mit einer stetig abnehmenden Gesamtbevölkerung konfrontiert. Nach den Ergebnissen der letzten Volkszählung gab es 1987 in den alten Bundesländern 61,1 Mio. Einwohner, das sind nur 0,4 Mio. mehr als 1970 (Schlesinger, 1993). Ab dem Jahr 2011 werden in Deutschland durchschnittlich 500.000 Kinder weniger geboren als Menschen sterben (Sommer, 1992). Zunächst wird die Bevölkerung jedoch infolge der Zuwanderungen deutlich zunehmen und 1995 über 81 Millionen betragen. Den Höhepunkt dieser Entwicklung setzen Demographen mit dem Jahr 1998 an. Zu diesem Zeitpunkt werden in Deutschland 81,2 Millionen Menschen leben und arbeiten.

Danach beginnt ein ständiger Rückgang der Bevölkerung, die im Jahr 2000 bei 81,1 Millionen liegen wird, im Jahr 2030 aber nur noch bei 69,9 Millionen, also 11,6 Prozent weniger als 1989.

Der Anteil alter Menschen an der Gesamtbevölkerung wird zunehmen. Während 1950 der Anteil der über 80jährigen knapp 500.000 (das entspricht einem Prozent der Gesamtbevölkerung) betrug, sind es Anfang der 90er Jahre bereits 2,3 Millionen (3,8 Prozent) und im Jahr 2030 rechnet man mit 3,3 Millionen, das sind fast 7 Prozent der Gesamtbevölkerung.

Die geburtenstarken Jahrgänge bis Mitte der 60er Jahre, der anschließende Einschnitt bis zu den Mitte der 70er Jahre Geborenen und die anschließende Konsolidierung der Geburten auf niedrigem Niveau mit leichten Zunahmen in den 80er Jahren haben aus der klassischen Alterspyramide einen Bevölkerungspilz werden lassen. Die am stärksten besetzten Altersjahrgänge im Jahr 2030 sind die im siebenten Lebensjahrzehnt mit fast 1,2 Millionen Personen pro Altersjahr.

Dagegen ist der Anteil der unter 15jährigen auf knapp 15 Prozent der Gesamtbevölkerung zurückgegangen, das sind ca. 520.000. Im Moment sind 660.000 Personen 20 Jahre alt.

Die Zahlen machen deutlich, daß die Bevölkerung im Jahr 2030 durch einen großen Anteil der über 60jährigen geprägt sein wird. Der hohe Anteil alter Menschen an der Gesamtbevölkerung wirkt sich auch auf die Entwicklung der Erwerbstätigenquote aus.

Geht man davon aus, daß zur erwerbstätigen Bevölkerung alle 20- bis unter 60jährigen zählen, so entfielen 1989 drei Fünftel der Bevölkerung auf diese Altersgruppe. Im Jahr 2010 wird dieser Anteil geschrumpft sein, aber immer noch mehr als die Hälfte betragen. Auf die unter 20jährigen entfällt weniger als ein Fünftel, auf die über 60jährigen dagegen bereits ein Viertel. Im Jahr 2030 ist dann über ein Drittel (24,4 Millionen) älter als 60 Jahre, nur die Hälfte davon (12 Millionen) sind unter 20 Jahre alt und nur 33,5 Millionen zählen zur Altersgruppe zwischen 20 und 60 Jahren. Der Anteil jüngerer Erwerbspersonen nimmt von 55 Prozent im Jahr 1991 auf 42,5 Prozent im Jahr 2010 ab. Die Zahl älterer Menschen wird um 8,3 Millionen (31,5 Prozent) höher liegen als 1989 und die junger Menschen um 5,2 Millionen (30,4 Prozent) niedriger. Der Anteil der Personen mittleren Alters wird um 12,2 Millionen (26,7 Prozent) geringer sein.

1989 kamen auf 100 20- bis unter 60jährige 73 abhängige Personen, d.h. junge und alte Menschen, die nicht erwerbstätig waren.

Im Jahr 2030 wird sich das Verhältnis weiter verschlechtert haben. Auf 100 der mittleren Generation kommen 73 alte

Menschen. Ein Gesamtquotient von 108,5 im Jahr 2030 besagt, daß 100 Personen im erwerbsfähigen Alter für 109 Jüngere oder Ältere aufkommen müssen (Sommer, 1992).

Insgesamt nimmt das Erwerbspersonenpotential der über 40jährigen bis zum Jahr 2010 um 3 Millionen zu, das der Jüngeren sinkt um mehr als 6 Millionen (Schlesinger, 1993).

An dieser Entwicklung hat sich durch die Wiedervereinigung nichts Wesentliches geändert. Zwar weist die ehemalige DDR eine von der Bundesrepublik abweichende und sehr viel günstigere Geburtenentwicklung auf. Jedoch ist auch hier bis zum Jahr 2030 mit einer stetig abnehmenden Bevölkerungszahl zu rechnen, bis sie 13,3 Millionen (zum Vergleich 1989: 16,4 Millionen) beträgt. Der Anteil der in den neuen Bundesländern lebenden Bevölkerung sinkt damit von 20,8 Prozent 1989 auf 19 Prozent im Jahr 2030.

Wirtschaftlich gesehen hat die Bevölkerungsentwicklung ernste Konsequenzen. Das Durchschnittsalter der Arbeitnehmer steigt, Nachwuchssicherung und geforderte Mobilität werden damit zum Problem.

III. Die Aufgaben der Weiterbildung

Die Schere zwischen dem weiter wachsenden Qualifikationsbedarf auf allen Ebenen und den tatsächlich vorhandenen Kompetenzen wird sich weiter öffnen. Daher kommt der Weiterbildung der Bürger ganz generell und der betrieblichen Weiterbildung speziell eine steigende Bedeutung zu (Gaugler, Schlaffke, 1989).

Drei Gründe seien nochmals herausgestellt:

1. Weiterbildung muß helfen, den bisherigen wirtschaftlich-technischen und gesellschaftlich-sozialen Wandel zu verkraften. Bodenschätze und Rohstoffe lassen sich nicht ver-

mehren, wohl aber Wissen und Können, Fertigkeiten und Fähigkeiten. Bildung ist zu einem hochbedeutenden Produktionsfaktor geworden; rasch einsetzbares und umsetzbares Wissen schafft Wettbewerbsvorsprünge.

2. Weiterbildung muß den künftig gebrauchten immer neuen Wissenszuwachs liefern. Sie muß auch Neugier wecken, Altes weiterzuentwickeln und Neues zu entdecken. Sie muß den Menschen aktiv, initiativ und kreativ werden lassen. Weiterbildung kann sich nicht nur mit Erkenntniszugewinn und Erweiterung von Fähigkeiten und Fertigkeiten begnügen, sondern muß auch Handlungsnormen und Werthaltungen vermitteln.
3. Weiterbildung muß dazu beitragen, die Auswirkungen der ausgesprochen ungünstigen Altersstruktur der Bevölkerung abzumildern. Der ältere Arbeitnehmer kann auf Dauer nicht durch Vorruhestand entsorgt werden, sondern sein Wissen und Können müssen so erweitert werden, daß er sich neuen Anforderungen gewachsen fühlt. Hierfür sind besondere Methoden, insbesondere das selbstgesteuerte Lernen und das Lernen am Arbeitsplatz weiterzuentwikkeln.

Die heute schon hohe Bedeutung der betrieblichen Weiterbildung wird noch zunehmen. Sie ist ein wichtiges Mittel zur Sicherung der Unternehmensproduktivität und hat sich zugleich an den konkreten Wünschen, Bedürfnissen und Fähigkeiten des Mitarbeiters zu orientieren. Forderungen, die darauf abzielen, einen genau reglementierten gesetzlichen Anspruch auf Weiterbildung zu begründen, schränken die Flexibilität der Betriebe ein und gefährden letztlich die innovative Funktion der Weiterbildung. Aus der Notwendigkeit der Bedarfsorientierung folgt zugleich, daß die Betriebe vorrangig die Kosten der von ihnen veranlaßten Maßnahmen selbst zu tragen haben (Weiß, 1990). Der geradezu sprunghaft gestiegene Weiterbildungsbedarf macht darüber hinaus jedoch auch verstärkte Anstrengungen des einzelnen erforderlich. Dies gilt um so mehr, als berufliche Weiterbildung immer zugleich auch seine Chancen auf dem Arbeitsmarkt verbessert.

Kritiker der betrieblichen Weiterbildung beklagen den nicht regulierten Zustand, sie rügen Unübersichtlichkeiten, Ungleichbehandlungen und uneinheitliche Qualitätsstandards. Doch im Interesse der Dynamik, Anpassungsfähigkeit und Elastizität des Weiterbildungsmarktes muß er vor bürokratischer Einengung geschützt werden und von staatlichen Interventionen frei bleiben. Der Staat hat Rahmenbedingungen zu setzen, sollte aber seine Aufsichtspflicht auf das Notwendigste beschränken und die Gestaltungsfreiheit der Träger nicht behindern (Schlaffke 1990).

Die unternehmerische Wirtschaft setzt auf Vielfalt und Wettbewerb im Weiterbildungsmarkt, die nicht gegen Chancengerechtigkeit, sondern für sie wirkt. Wettbewerb in der Weiterbildung bedeutet nicht allein Wettbewerb um die bestmögliche Qualifikation der Mitarbeiter. Dieser wiederum trägt wesentlich zur Sicherung und Fortentwicklung ihrer Berufschancen bei und wirkt zugleich zurück auf die Innovationsfähigkeit der Unternehmen. Damit wird Wettbewerb in der Weiterbildung zu einem unverzichtbaren sozialen Element und zu einem produktiven Faktor zur Verbesserung der Produktqualität, die wiederum die Wettbewerbsposition von Unternehmen auf Dauer sichert.

Wer in neue Techniken investiert, ohne zugleich mit Weiterbildung für entsprechende Qualifikationen zu sorgen, vergeudet Kapital und mindert die Leistungsfreude und die Einsatzmöglichkeiten seiner Mitarbeiter (Schlaffke, Schultze-Wolters, 1992).

Einige Unternehmen sind deshalb inzwischen dazu übergegangen, in die Kostenkalkulation für jede geplante technische Investition zugleich einen festen Prozentsatz für Weiterbildung einzuplanen. Nur so kann es gelingen, Weiterbildung nicht nur als Feuerwehr einzusetzen, die angefahren kommt, wenn es bereits brennt und folglich schon Schaden entstanden ist. Konzepte langfristiger Produkt-, Personal- und Bildungsplanung gewinnen zunehmend an Bedeutung. Aus- und Weiterbildung werden stärker aufeinander abgestimmt und müssen zunehmend in integrierten Konzepten miteinander verzahnt werden. Dennoch muß betriebliche Weiterbildung immer in der Lage sein, auch auf kurzfristig auftretende Probleme und Anforderungen zu reagieren, ohne dadurch kurzatmig und zufällig zu werden und zu wirken. Global und strategisch angelegte Langfristkonzepte bedürfen der regelmäßigen kurzfristigen Feinsteuerung.

Weiterbildungsmaßnahmen müssen immer in besonderem Maße teilnehmerorientiert sein. Es kann daher nicht darum gehen, die Teilnehmer auf die Rolle des Nachvollzuges zu beschränken. Statt dessen muß das Ziel der künftigen betrieblichen Bildungsarbeit sein, wo immer dies möglich ist, Selbstlernprozesse zu initiieren und zu begleiten. Dies kann durch die Bereitstellung von Bildungsmaterialien erfolgen, die dem einzelnen ein selbständiges Erarbeiten in individuellen Lernzyklen ermöglichen. Beispiele hierfür sind Leittexte, Fachliteratur, Handbücher, Lernprogramme oder auch der Fernunterricht. Das traditionelle Seminar mit einem Dozenten wird dadurch sicherlich nicht überflüssig werden, wohl aber in seiner Bedeutung und Ausschließlichkeit zurückgedrängt.

IV. Wanderungsverhalten

Bildung ist ein Instrument, um demographische Schwankungen abzumildern. Wanderungen können unter günstigen Umständen ebenfalls dazu beitragen, dem Bevölkerungsschwund

und der Überalterung entgegenzuwirken. Wie sehen die absehbaren Entwicklungen aus?

Die Zuwanderung von Aussiedlern und Ausländern hat seit dem Zweiten Weltkrieg die Bevölkerungsentwicklung in der Bundesrepublik entscheidend beeinflußt. Während der Zuwachs der Bevölkerungszahl im früheren Bundesgebiet in den ersten Nachkriegsjahren hauptsächlich auf der Aufnahme von Vertriebenen beruhte - 1950 waren dies ca. 8 Millionen bzw. 16 Prozent der gesamten Bevölkerung - wird die Bevölkerungsentwicklung seit Mitte der 60er Jahre vor allem durch die Zu- und Abwanderung von Ausländern beeinflußt. Zwischen 1961 und 1989 hat sich die Zahl von 690.000 auf ca. 4,8 Millionen erhöht. Zwischen 1962 und 1989 fanden etwa 1,5 Millionen Aussiedler Aufnahme in den alten Bundesländern (Statistisches Bundesamt, 1992).

In der ehemaligen DDR stieg bis 1948 die Bevölkerungszahl ebenfalls als Folge der Aufnahme von Vertriebenen auf ca. 19 Millionen im Jahr 1948 an, bevor sie bis zum Mauerbau 1961 kontinuierlich auf 17,1 Millionen zurückging. In den 70er Jahren sank die Einwohnerzahl auch durch die Geburtendefizite unter die 17-Millionen-Grenze. Mit der Öffnung der Mauer 1989 setzte ein verstärkter Zuzug in die ehemalige Bundesrepublik Deutschland ein. Am 30.6.1990 hatte die DDR nur noch 16,1 Millionen Einwohner.

Insgesamt haben die grenzüberschreitenden Wanderungen seit Mitte der 80er Jahre stark zugenommen. Allein zwischen 1985 und 1990 hat sich die Zahl der Zu- und Wegzüge mehr als verdoppelt. Besonderen Anteil hieran hatten die Zuzüge, die sich im genannten Zeitraum verdreifacht hatten. Allein zwischen 1989 und 1990 lag die Zunahme bei 15 Prozent (Pohl u.a., 1992). Es mag vielleicht erstaunen, daß 1989 zwei Drittel der Wanderungsbewegungen auf Deutsche und nur ein Drittel auf Ausländer entfiel. Auch 1990 war der Wanderungsgewinn hauptsächlich auf den Zuzug von Deutschen zurückzuführen. 64 Prozent der Zuwanderungen in den alten Ländern entfielen auf Deutsche, nur 35 Prozent auf Ausländer. Von den zugezogenen Ausländern entfiel ein Teil auf Zuzüge aus den EG-Staaten (1989 waren dies 11 Prozent). Überproportional stark waren die Wanderungsgewinne aber aus den osteuropäischen Ländern. 1989 erreichten die Zuwanderungen aus Polen eine Quote von 35 Prozent. Das entspricht dem größten Wanderungsgewinn von Ausländern im früheren Bundesgebiet. Ebenfalls hoch waren die Zuwanderungszahlen aus dem ehemaligen Jugoslawien (+ 25.500), aus der ehemaligen Sowjetunion (+ 22.300) und aus Rumänien (+ 10.700). An außereuropäischen Ausländern wanderten 1989 60.500 Personen zu, darunter 66 Prozent (40.200) aus Afrika (hier besonders aus dem Libanon und aus dem Iran).

Zwischen 1989 und 1990 erhöhte sich die Zahl der Asylbewerber von 121.300 um 59 Prozent auf 193.300. Zu zwei Dritteln kommen sie aus süd- und osteuropäischen Staaten. Bei den rumänischen, jugoslawischen, türkischen und libanesischen Asylbewerbern ist ein starker Zuwachs zu verzeichnen, während die Zahl der Polen von 26.100 im Jahr 1989 auf 9.200 im Jahr 1990 und 3.500 im Jahr 1991 zurückgegangen ist (Pohl u.a., 1992).

Die Zuwanderungszahlen haben Auswirkungen auf den Arbeitsmarkt, weil ein Großteil der Zuwanderer zwischen 15 und 65 Jahre alt ist, also zum Erwerbspersonenpotential gehört. Nach der amtlichen Statistik wurden zwischen 1988 und 1991 ca. 350.000 Ausländer zusätzlich zu den bisher 1,6 Millionen in den Arbeitsmarkt eingegliedert. Barabas u.a. gehen davon aus, daß hierdurch kaum Verdrängungseffekte entstanden sind, weil sowohl die Zahl der Arbeitserlaubnisse an Ausländer um 90 Prozent auf 800.000 zugenommen hat, als auch der Anteil der allgemeinen Arbeitserlaubnisse von 48 Prozent auf 72 Prozent gestiegen ist. „Das bedeutet angesichts der bestehenden Voraussetzungen für die Zuteilungen, daß in knapp drei Viertel aller Fälle ausländische Arbeitnehmer Arbeitsplätze besetzen, für die keine deutschen oder ihnen gesetzlich gleichgestellte ausländischen Arbeitskräfte (vor allem aus der EG) verfügbar waren." (Barabas, 1992)

Aus der ehemaligen DDR bzw. den neuen Bundesländern zogen zwischen 1988 und 1991 900.000 Personen zu, davon allein im Einigungsjahr 1990 365.000 Menschen (Schlesinger, 1993). Schätzungen zufolge wird der Umfang der Binnenwanderungen zwar abnehmen. Im Zeitraum von 1993 bis 1995 rechnet man aber immer noch mit 370.000 Zuzügen und für die Jahre 1996 bis 2000 mit 340.000 Personen (Schlesinger, 1993). Im gleichen Zeitraum nahm das Erwerbspersonenpotential, d.h. der Anteil der für eine Erwerbstätigkeit zur Verfügung stehenden Personen an allen Personen der jeweils betrachteten Gruppe, auf 650.000 Personen zu. Bei den Aussiedlern betrug das Erwerbspersonenpotential 600.000. Insgesamt erhöhte sich die Bevölkerung um 1,2 Millionen. Im gleichen Zeitraum stieg die ausländische Bevölkerung um 1,5 Millionen auf 5,8 Millionen. Das entspricht einem Anteil an der Gesamtbevölkerung von 9 Prozent. Die 880.000 ausländischen Zuwanderer, die keinen Asylantrag stellten, haben ein Erwerbspersonenpotential von ca. 440.000. Für die Asylbewerber wird aufgrund gesetzlicher Regelungen, die in einem Teil des Untersuchungszeitraums noch gültig waren (fünf- bzw. einjähriges Arbeitsverbot) von einem Erwerbspersonenpotential von fast Null ausgegangen (Barabas u.a., 1992).

Für die Zukunft rechnet man mit einem Abebben der Aussiedlerquote bis zum Jahr 2000, aber mit einem bis zum Jahr 2030 andauernden, wenn auch sich im Zeitablauf stark abschwächenden Zuzug von Ausländern. Für das Wanderungsverhalten der deutschen Aussiedler aus osteuropäischen Ländern dürften die wirtschaftlichen Reformen im Osten mitentscheidend sein. Je schneller sich die Lebensverhältnisse bessern und je mehr sich die Westmärkte für Produkte aus dem Osten öffnen, um so geringer wird der Zustrom von Aussiedlern sein. Aufgrund der sich nur langsam verbessernden ökonomischen Lage rechnet man bis zum Jahr 2000 noch mit einer Zuwanderung von 1 Mio. Menschen, die die deutsche Wohnbevölkerung um 1,8 Mio. im Vergleich zu 1991 und um mehr als 2,4 Mio. im Vergleich zu 1990 verstärken wird (Schlesinger, 1993).

Die Binnenwanderung, d.h. Zu- und Fortzüge zwischen den einzelnen Bundesländern soll dagegen bereits Mitte der 90er Jahre ausgeglichen sein. Für die neuen Länder wird für den Zeitraum bis 2030 mit einem negativen Wanderungssaldo gerechnet, dem ein positiver Saldo von 4,94 Millionen in den neuen Ländern gegenübersteht. Von 1990 bis 2030 wird ein Wanderungsüberschuß für das gesamte Deutschland von 4,75 Millionen erwartet, unter ihnen zwei Drittel Ausländer (Sommer, 1992). Bei den Aussiedlern wird ab dem Jahr 2000 ein Wanderungsüberschuß von 50.000 bis 60.000 pro Jahr prognostiziert, vorausgesetzt weder aus Osteuropa noch der Dritten Welt setzen verstärkt Wanderungsströme ein.

V. Der Bildungsbedarf

Insgesamt ist in ganz Deutschland künftig mit einem steigenden Anteil von Ausländern zu rechnen. Der Faktor Zuwanderung wird aber gesamtwirtschaftlich nur dann vorhandene Engpässe ausgleichen können, wenn qualifizierte Kräfte zuwandern oder wenn die Bereitschaft und Fähigkeit zur Weiter- und Höherqualifikation vorhanden ist.

Die starken Zuwanderungen von überwiegend gering qualifizierten Arbeitnehmern aus Südeuropa, wie sie vor gut zwei Jahrzehnten erfolgte, ist heute in diesem Ausmaß nicht mehr zu verkraften, wenngleich im Baubereich, in der Hochsaison der Landwirtschaft und im Hotel- und Gaststättengewerbe weiterhin bezahlbare Arbeitskräfte gebraucht werden. Wenn allerdings heute von der Notwendigkeit gesprochen wird, im grenzenlosen Europa des gemeinsamen Marktes Mobilität der Arbeitnehmer einzufordern, dann sind nicht die Ungelernten gemeint, sondern Wissenschaftler, Ingenieure, Fach- und Führungskräfte. Schwachqualifizierte, Frauen nach der Familienphase, ältere Arbeitnehmer, Ausländer, aber vor allem auch die unter besonderem Anforderungsdruck stehenden Führungskräfte bedürfen besonderer Bildungsanstrengungen.

Angesichts der vielfältigen Unwägbarkeiten und Unsicherheiten über demographische Verläufe und Wanderungsbewegungen bleibt die beste Vorbereitung auf die Zukunft eine solide Bildung der Bürger. Volkswirtschaftliche Wettbewerbsfähigkeit verlangt Bildung. Bildung schafft Innovation, sie ist der notwendige Rohstoff, aus dem Exporterfolge geformt werden können. Mit etwa einem Prozent der Weltbevölkerung erwirtschaftet die Bundesrepublik Deutschland auf kaum zwei Tausendstel der Landfläche der Erde 20 Prozent am Welthandel – natürlich mit Gütern von hoher Humankapital-Intensität.

Als Standortvorteil unseres Landes konnte in der Vergangenheit – neben guter Infrastruktur und weitestgehend gesichertem sozialen Frieden – der „Produktionsfaktor Bildung" genannt werden. „Qualified in Germany" galt als Grundlage und Erfolgskonzept für das „Made in Germany", das sich zu weltmeisterlichen Exporterfolgen aufschwingen konnte.

Mit Bewunderung schaut man in aller Welt vor allem auf die deutsche berufliche Aus- und Weiterbildung, doch die internationale Begeisterung und der Nachahmungseifer werden durch die hohen Kosten gedämpft, die die Unternehmen des Auslandes nicht aufbringen wollen. Mit einer Summe, die die Hälfte des gesamten staatlichen Bildungsbudgets ausmacht, finanzieren die Unternehmen in entscheidender Weise das Bildungssystem. Mit einer Investition der Wirtschaft von mindestens 50 Milliarden DM netto pro Jahr ist – vom Finanzvolumen her – die „Schule der Nation" die Aus- und Weiterbildung geworden. Doch diese Investition lohnt sich, denn die Ausbildungserfolge in überschaubarem Zeitrahmen sind hoch. Die Umsetzung und Anwendung des Gelernten erfolgt wegen der Verzahnung von Theorie und Praxis rasch und zielorientiert. Der Ausgebildete hat nicht mehr Wissen, sondern verfügt in hohem Maße über Fertigkeiten und Fähigkeiten, personale und soziale Kompetenzen, die wir Schlüsselqualifikationen nennen. Die Bedarfsorientierung entspricht – im Vergleich zu anderen Bildungsbereichen – in hohem Maße der Nachfrage, deshalb konnte die Jugendarbeitslosigkeit in Deutschland immer besonders gering gehalten werden.

Im internationalen Bildungs-Vergleich bedeuten die Differenziertheit und die Zweigleisigkeit unseres Bildungssystems – zum einen der Weg durch die differenzierte Hochschullandschaft, zum anderen der Weg durch vielgestaltig profilierte Schulformen und die anschließende berufliche Aus- und Weiterbildung – einen bedeutenden Standortvorteil. Diese Stärke muß erhalten bleiben. Doch die zu beobachtenden Entwicklungen in unserem Bildungswesen geben zu Sorgen Anlaß. Viel zu viele Schüler und Studenten fahren heute in ihnen unangemessenen Bildungsabteilen und Bildungszügen. Es droht die Gefahr, daß immer mehr junge Menschen als Abbrecher, als Abgeschobene und als Frustrierte auf die Arbeitswelt zukommen.

Es müssen daher Anstrengungen unternommen werden, die unterschiedlichen Profile für unterschiedliche Begabungen in unserem Bildungswesen zu erhalten. Unser Nachwuchs muß auf den Wegen abgeholt und gefördert werden, die sie mit Interesse und Leistungsfreude bewältigen können. Es muß zum Beispiel gelingen, die Hauptschule wieder attraktiv zu machen. Dazu gehört, sie nicht pausenlos als „Restschule" darzustellen – immerhin kommen bundesweit 36 Prozent aller Lehrlinge aus der Hauptschule –, sondern sie als zukunftsträchtiges Angebot mit Dauerexistenz zu profilieren. Zur Reform der Hauptschule gehört es, sie mit einem attraktiven und berufsnahen Bildungsprofil auszustatten, neue Wege der Didaktik und Methodik - besonders auf dem Gebiet des Fremdsprachenangebots - zu gehen. Um die Hauptschule wieder zu einem Markenzeichen zu machen, werden überproportionale Investitionen, engagierte und befähigte Lehrer gebraucht, die ihre Schüler besonders intensiv und motivierend betreuen.

Auch die Wirtschaft muß weitaus mehr als bisher dafür tun, die Gleichwertigkeit von allgemeiner und beruflicher Bildung sinnfällig unter Beweis zu stellen. Sie muß dafür sorgen, daß die Aufgaben und Anforderungen des Berufes wieder einen zufriedenstellenden und motivierenden Wert an sich bekommen. Die Attraktivität der Ausbildungsberufe darf nicht nur in aufgestellten Karriereleitern für wenige oder in Durchstiegsmöglichkeiten in die Hochschule liegen, sondern der erreichte Platz in der Arbeitswelt muß in sich selbst lohnend sein.

Die entscheidende Aufgabe der Unternehmen ist jedoch eine langfristige Personalentwicklungsarbeit für ihre Fachkräfte. Aus- und Weiterbildung müssen in einem Gesamtkonzept verzahnt werden. Leistungsabhängige Entwicklungsmöglichkeiten sind aufzuzeigen.

Um Zukunftssicherung und Wettbewerbsfähigkeit des Wirtschaftsstandortes Bundesrepublik Deutschland zu erhalten, müssen die Effizienz und Leistungsfähigkeit der Hochschulen gesteigert werden (Fels, Schlaffke, 1993). Die vor uns liegenden Aufgaben können nicht mit Hochschulen gemeistert werden, denen es - aus welchen Gründen auch immer - an Innovationskraft, Effizienz und Niveau mangelt. Ein Drittel Parkstudenten, Studienfachwechsler und Abbrecher sind ebenso wenig zu verantworten, wie jene 30 Prozent der Studenten, die sich ohne Brückenkurse für unfähig halten, den Vorlesungen zu folgen.

Nicht die Masse beliebiger akademischer Abschlüsse macht die Wandlungs- und Wettbewerbsfähigkeit einer Gesellschaft und Volkswirtschaft aus, sondern die richtigen Leute am richtigen Platz. Sie müssen - nach ihrem Leistungsvermögen ohne Unterforderung und Überforderung - mit Engagement die ihnen gemäßen Aufgaben erfüllen.

Die heute angestrebte und auch vorhandene Qualität des Arbeitslebens - mit ihrer Vielfalt von Gestaltungsmöglichkeiten, Dispositionsspielräumen für selbständige Arbeitsorganisation und Qualitätskontrolle und mit einem partnerschaftlichen Führungsstil - läßt sich nur mit gutqualifizierten, verantwortungsbereiten Kräften verwirklichen. Wenn diese fehlen, ist nicht nur der Rückfall in den Taylorismus mit allen seinen negativen Begleiterscheinungen unvermeidlich - sondern auch die Wettbewerbsfähigkeit des Wirtschaftsstandortes Bundesrepublik Deutschland ist äußerst gefährdet.

Literatur

Barabas, György; Gieseck, Anne; Heilemann, Ullrich; v. Loeffelholz, Hans Dietrich: Gesamtwirtschaftliche Effekte der Zuwanderung 1988 bis 1991, in: RWI-Mitteilungen, 43, Heft 2, 1992.

Dosenbach, Fred H. u.a.: Bildungskrise? - Bildungskrise! Konzept zur Gegensteuerung (= Beiträge zur Gesellschafts- und Bildungspolitik 181), Köln 1992.

Fels, Gerhard; Schlaffke, Winfried (Hrsg.): Standort D: Bildung, Kölner Texte und Thesen Nr. 11, Köln 1993.

Gaugler, Eduard; Schlaffke, Winfried: Weiterbildung als Produktionsfaktor (= Beiträge zur Gesellschafts- und Bildungspolitik des Instituts der deutschen Wirtschaft 145), Köln 1989.

Göbel, Uwe; Schlaffke, Winfried (Hrsg.): Die Zukunftsformel: Technik, Qualifikation, Kreativität, Köln 1987.

Höhn, Charlotte; Mammey, Ulrich; Wendt, Hartmut: Bericht 1990 zur demographischen Lage: Trends in beiden Teilen Deutschlands und Ausländer in der Bundesrepublik, in: Zeitschrift für Bevölkerungswissenschaft 16, Heft 2, 1990.

Institut der deutschen Wirtschaft Köln (Hrsg.): Industriestandort Deutschland, Köln 1993.

Kühlewind, Gerhard: Zum Zusammenhang zwischen Erwerbstätigkeit und Generationenvertrag - Eine langfristige Betrachtung, in: Deutsche Rentenversicherung, Heft 4-5, 1991.

Mertens, Dieter: Demographie und Arbeitsmarkt, Aspekte und Perspektiven, Schriftenreihe der Klaus-Dieter-Arndt-Stiftung e.V., Heft 15, Bonn 1989.

Pieper, Ansgar; Strötgen, Josef: Produktive Arbeitsorganisation - Handbuch für die Betriebspraxis, Köln 1990.

Pohl, Katharina; Störtzbach, Bernd; Wendt, Hartmut: Die demographische Lage in Deutschland und in der Europäischen Gemeinschaft, in: Zeitschrift für Bevölkerungswissenschaft 18, Heft 1, 1992.

Rürüp, Bert: Immer älter bei abnehmender Zahl, in: Grundstein, Heft 3, 1993.

Schlaffke, Winfried; Schultze-Wolters, Gisa (Hrsg.): Weiterbildung - Säule der Unternehmensentwicklung (= Kölner Texte und Thesen Nr. 4), Köln 1992.

Schlaffke, Winfried: Ordnungspolitische Positionen des Instituts der deutschen Wirtschaft Köln, zur Weiterbildung, in: Winfried Schlaffke und Reinhold Weiß (Hrsg.), Tendenzen betrieblicher Weiterbildung - Aufgaben für Forschung und Praxis, Köln 1990.

Schlesinger, M.: Deutschland 2000 und 2010 - Prognosen zur Bevölkerungs- und Wirtschaftsentwicklung, Prognos Deutschland Report Nr. 1, Basel 1993.

Seitz, Konrad: Die japanisch-amerikanische Herausforderung, Deutschlands Hochtechnologie-Industrien kämpfen ums Überleben, München 1991.

Sommer, Bettina: Entwicklung der Bevölkerung bis 2030, in: Wirtschaft und Statistik, Heft 4, 1992.

Statistisches Bundesamt (Hrsg.): Datenreport 1992, Zahlen und Fakten über die Bundesrepublik Deutschland, Bonn 1992.

Weiß, Reinhold: Die 26-Milliarden Investition - Kosten und Strukturen betrieblicher Weiterbildung (= Berichte zur Bildungspolitik des Instituts der deutschen Wirtschaft Köln), Köln 1990.

Wingen, Max: Die demographische Entwicklung in Deutschland: Herausforderungen an die betriebliche Personalpolitik, Rundschreiben der BDA, Abt. VII/16, Köln 1991.

Zukunft der Erwerbsarbeit unter den Bedingungen demographischen Wandels

Der sozialdemokratische Denkansatz

Karlheinz Blessing

Seit dem Berliner Grundsatzprogramm der SPD gehört „die Zukunft der Arbeit und der freien Zeit" neben der Gleichstellung der Frau in Beruf und Gesellschaft, der ökologischen Erneuerung der Industriegesellschaft und des Ausbaues des demokratischen und sozialen Rechtsstaates zu den großen Themen sozialdemokratischer Reformpolitik.

Im Programm wird nicht nur die Bedeutung der Erwerbsarbeit unterstrichen und in der Tradition der Arbeiterbewegung die Humanisierung, Qualifizierung und Demokratisierung der Arbeitswelt gefordert. Auch die Essentials der breiten sozialwissenschaftlichen und politischen Diskussion der achtziger Jahre zur Zukunft der Arbeit wurden aufgenommen. Dies gilt vor allem für den Gedanken der Arbeitszeitverkürzung als ein entscheidender strategischer Beitrag zu Vollbeschäftigung und Zeitsouveränität; daneben aber auch für die gleichrangige Bewertung jeder Form von Arbeit, denn nicht nur Erwerbsarbeit, auch Hausarbeit, Familienarbeit, Eigenarbeit, soziale Selbsthilfe, Kreativität und Muße der Freizeit sollen möglichst selbstbestimmt und je nach Fähigkeiten gleich verteilt werden.

Dies wird in erster Linie im Hinblick auf die Verteilung der Arbeit zwischen Männern und Frauen formuliert, sollte aber auch zwischen Alten und Jungen gelten. In einem Abschnitt zu den Älteren heißt es u.a.: „Das Älterwerden wird heute anders erlebt als früher. Die Entwicklung neuer Lebensperspektiven endet nicht mit dem Ausscheiden aus dem Berufsleben... Damit sich eine sinnvolle Aufgabenteilung und Kooperation zwischen den Generationen entwickeln kann, muß die starre Trennung zwischen Ausbildungs-, Berufs- und Ruhestandszeiten aufgebrochen werden".

Sicher besitzt diese sozialdemokratische Zielsetzung, für alle zwischen bezahlter Erwerbsarbeit und unbezahlter Arbeit das richtige Maß zu finden und Erwerbsarbeits- und Eigenarbeitschancen unter Einbeziehung der individuellen Bedürfnisse gerecht zu verteilen, visionäre Züge. Aber wie wäre ohne diesen Denkansatz eine wirkliche Gleichberechtigung zwischen den Geschlechtern, die schließlich ein zentraler Identitätspunkt sozialdemokratischen Wollens ist, eigentlich vorstellbar? Mehr noch zeichnet sich heute über diese normative Begründung hinaus angesichts der objektiven Zukunftstrends von Arbeit und demographischem Wandel ab, daß eine bewußte Gestaltung der Zukunft der Arbeit geradezu zu einer Notwendigkeit der Bewältigung des sozialen Wandels geworden ist.

Auszugehen ist von zwei epochalen Entwicklungsprognosen, die u.a. Hans-Ulrich Klose in seinem Beitrag für diesen Band näher mit Zahlen und Fakten belegt hat:

1. Die Erwerbsarbeit wird in den nächsten 15-30 Jahren eher abnehmen. Auch unter den Bedingungen weiteren Wachstums wird verschärfte internationale Konkurrenz und beschleunigter Strukturwandel dazu führen, daß der Arbeitskräftebedarf wachsender Branchen, vor allem der Hightech-Industrien und des Dienstleistungssektors nicht in dem Maße zunehmen wird, in dem andere Branchen schrumpfen und Arbeitsplätze verlieren.

2. Infolge des demographischen Wandels, also des deutlichen Anstiegs des Durchschnittsalters der Bevölkerung, ergeben sich zwei strukturelle Umbrüche: Zum einen wird das Erwerbspersonenpotential deutlich altern und zum anderen wird sich bei Fortsetzung der Verjüngung der Altersgrenze des Ausscheidens aus der Erwerbsarbeit das Renten- bzw. Pensionsalter verlängern und gesellschaftlich an Bedeutung gewinnen.

Auf diese beiden umwälzenden Prozesse hat sich Politik und Wirtschaft mittelfristig einzustellen. Bereits heute in den neunziger Jahren ist es notwendig, über die Zukunft der Erwerbsarbeit nachzudenken. Denn ohne politische Entscheidungen wäre es wahrscheinlich, daß sich ein höchst problematischer – hier idealtypisch zugespitzter – Entwicklungspfad durchsetzen wird:

1. Die Abnahme der Erwerbsarbeit könnte zu einer immer weiter gespaltenen Gesellschaft führen, in der eine kleiner werdende Anzahl von Besitzern „normaler", relativ abgesicherter und tariflicher Arbeitsplätze einer zunehmenden Zahl von randständigen und zeitlich befristeten Arbeitsplatzbesitzern, Erwerbslosen und Marginalisierten gegenübersteht. Dies würde auf eine Verschärfung bisheriger Differenzierungslinien im Rahmen sozialstruktureller Modernisierung hinauslaufen und könnte gar in US-amerikanischen Verhältnissen münden. Dort hat John Kenneth Galbraith vor der Clinton-Wahl eine hochprivilegierte „Spitze" von einem gesicherten und in sich meritokratisch hierarchisierten „Kern" und einem „Rand" prekärer Soziallagen und entwerteter Berufspositionen unterschieden.[1] Daß bei einer solchen gesellschaftlichen Spaltung ein großer Teil der Älteren zu den Deklassierten gehört, kann man auch Studien zum bundesdeutschen Sozialstrukturwandel, etwa von M. Vester, P. v. Oertzen u.a., entnehmen. Besonders häufig neigen dort Rentner, häufig alleinlebend, mit

traditionell geringer Qualifikation und aus bescheidenen Verhältnissen stammend, zu enttäuscht-apathischen oder enttäuscht-aggressiven Politikstilen.[2]

Gegenüber diesem Negativszenario gehört es zu den sozialdemokratischen Grundüberzeugungen, daß sich soziale Gerechtigkeit und demokratische Integration bei insgesamt schrumpfender Erwerbsarbeit nur durch eine gerechtere Verteilung der Arbeit herstellen lassen.

2. Die Auseinanderentwicklung von einer immer älter werdenden deutschen Bevölkerung und von sich zunehmend verjüngenden Unternehmensbelegschaften hat auf Dauer keine Perspektive. Daß Unternehmen betriebliche Innovationsschübe über die Verjüngung der Belegschaft organisieren, daß immer mehr Menschen im noch relativ jungen Alter von etwa 50 Jahren ans Ende ihres Berufslebens geraten und keine Chance mehr auf Neueinstellung haben, daß die Quote der Frühverrentungen aufgrund beschäftigungspolitischer Maßnahmen wie vor allem dem Vorruhestand in Ostdeutschland und aufgrund des gesundheitlichen Verschleißes steigt – all dies stößt jetzt angesichts des demographischen Wandels an Grenzen: Bereits zur Jahrtausendwende wird sich die Altersschere öffnen und die älteren Arbeitskräfte ab 50 Jahren werden tendenziell die Anzahl der Jüngeren unter 30 bis 35jährigen übersteigen. Zudem ist die zunehmende Ausdehnung der Ruheständlerzeit weder im Interesse der Gesellschaft, die auf Stärken des Alters (Erfahrung, Strukturierung von Wissen, soziale Kompetenz, logisches Denken) angewiesen ist, noch von allen Beschäftigten gewünscht und angesichts der Finanzkrise des Staates und der sozialen Sicherungssysteme kaum grenzenlos finanzierbar.

Die Lage ist tatsächlich so, wie in einem demnächst erscheinenden Beitrag von M. Dierkes u.a. geschildert: „Die Organisation der Erwerbsarbeit in Deutschland hat sich in einigen zentralen Dimensionen von den Bedürfnissen der Menschen entfernt. Millionen suchen Arbeit, während andere über Streß und den wachsenden Zwang zu Überstunden und die Last zur Verantwortung stöhnen".[3] Gegenüber dieser Problembeschreibung geht es im sozialdemokratischen Szenario um eine Neuorganisation von Erwerbsarbeit und Arbeitszeiten. Gerade auch ausgehend vom Prozeß des demographischen Wandels ist über Notwendigkeiten und Chancen der Modernisierung und Humanisierung des Arbeitslebens ein intensiverer Diskurs zwischen Wirtschaft, Wissenschaft und Politik anzuregen.

Im folgenden sollen einige Eckpunkte einer solchen *konkreten Utopie,* wie die Erwerbsarbeit der Zukunft besser und gerechter organisiert werden kann, thesenartig angesprochen werden.

1. Der grundlegende Ansatz besteht darin, an die Stelle sich ungesund ausdehnender Erwerbsarbeit für die einen und den fast totalen Ausschluß von der Erwerbsarbeit für die anderen, eine *Bedeutungsminderung von Erwerbsarbeit für jeden* durchzusetzen. Die Teilnahme am Arbeitsmarkt muß zwar für alle möglich sein; aber nicht mehr alles, also materielle Sicherung, sozialer Status, zeitliche und kulturelle Strukturierung des Lebens, sollte primär über die Erwerbsarbeit definiert werden. Die nach dem bisherigen Trend zwiespältige „Entstandardisierung der Erwerbsarbeit" (Ulrich Beck) und deren relativer gesellschaftlicher Bedeutungsverlust wird zu einer erstrebenswerten Perspektive,

(a) wenn ein subsistenzsicherndes Mindesteinkommen die weitgehend selbstbestimmte Entscheidung darüber ermöglicht, wieviel Erwerbsarbeit und marktbezogene Güter und Dienstleistungen der einzelne bevorzugt, bzw. wieweit er den Eigenarbeits-Anteil ausdehnen will;

(b) wenn es genügend sozial gesicherte Zugangsmöglichkeiten zur Erwerbsarbeit für alle gibt, so daß nicht der Mechanismus von Ausschluß und Arbeitslosigkeit regiert, sondern ein breites Spektrum von auf Tage, auf Monate, auf Jahre und (dies ist im Zusammenhang des demographischen Wandels besonders wichtig:) auf Lebensabschnitte bezogener Optionen eigener Wahlfreiheit Vorrang hat;

(c) wenn eben nicht mehr materielle Zwänge oder ideologische Muster der „Erwerbsarbeitsgesellschaft" reale Hürden oder Denkblockaden errichten, denn Sozialstatus und Chancen selbstbestimmten Lebens müßten auch über Hausarbeit, soziale Selbsthilfearbeit, Sorgearbeit und andere Formen des Engagements für die Gemeinschaft gewonnen werden können.

2. Eine *größere Flexibilität der Arbeitszeit* ist nicht nur im Interesse der Wettbewerbsfähigkeit von den Unternehmen erwünscht, sie ist entscheidend, um den Beschäftigten neue Freiheitsräume zu eröffnen. Unter den Bedingungen, daß die Bedürfnisse der Arbeitnehmer mindestens genau so wichtig sind wie die Erfordernisse betrieblicher Flexibilität, daß über ein neues Arbeitszeitrecht der soziale Schutz der Arbeitnehmer gewährleistet wird und daß flexiblere und differenzierte Arbeitszeiten auf der Einkommensseite berücksichtigt werden, sind Arbeitszeitverkürzung, Teilzeitarbeit, Arbeitszeitdifferenzierung und -flexibilisierung entscheidende Voraussetzungen für jeden stärker selbstbestimmten Lebensentwurf. Die „Individualisierung der Lebenslagen".[4] wird gegenüber sozial vorgegebenen Biographien immer bedeutender. Das individuelle, in Phasen des Lebensalters jeweils unterschiedliche, Mischungsverhältnis von Erwerbsarbeit, Eigenarbeit und Muße erweist sich - neben zur Verfügung stehenden finanziellen Mitteln und der kulturell-intellektuellen Kompetenz - als Grundlage dafür, wieweit es gelingt, selbstreflexiv eine erfolgreiche Biographie herzustellen.

3. Die Erwerbsarbeit der Zukunft muß die rigide Dreiteilung der Lebensphasen in Ausbildung, Arbeitsleben und Ruhestand

überwinden. Zielsetzung ist ein *lebenslanges Nebeneinander von Lernen und Arbeiten,* von - möglichst tarifvertraglich abgesicherten - Phasen der Weiterbildung und der Beschäftigung. Die Altersgrenze ist zu öffnen, sie sollte sich flexibler an den sich individualisierenden Bedürfnissen der Menschen selbst orientieren. V.Volkholz stellte aus der Sicht der Erwerbstätigen die folgenden differenzierten Fragen: „a) Muß ich - aus Gründen des Lebensunterhalts und der Rentensicherung - bis zum 65. Lebensjahr arbeiten?; b) Darf ich arbeiten, d.h. gibt es für mich Arbeit?; c) Kann ich - aus gesundheitlichen, qualifikatorischen Gründen - bis zum 65.Lebensjahr arbeiten?; d) Will ich so lange arbeiten?".[5] Hier sind unterschiedliche Optionen zu eröffnen: Auf der einen Seite muß sich die Politik darauf einstellen, daß eine größer werdende Minderheit aufgrund von langfristigen Sparplänen und einer wachsenden Anzahl von Erbfällen im letzten Lebensdrittel autonom entscheiden kann, ob sie der Erwerbsarbeit nachgehen will oder nicht. Auf der anderen Seite müssen sozial- und arbeitsmarktpolitische Politikmuster geändert werden, um der Zunahme der älteren Arbeitslosen, deren Lebensverhältnisse sich als potentielle Frührentner und Langzeit-Arbeitslose extrem zu verschlechtern drohen, entgegenzuwirken.

4. Daß die Reform der Arbeitswelt selbst dringend notwendig ist, darauf verweist bereits die abnehmende Zahl derjenigen, die überhaupt noch das Rentenalter erreichen. Es macht keinen Sinn, den ab 2010 als dramatisch prognostizierten Mangel einheimischer Arbeitskräfte dadurch kompensieren zu wollen, daß die Deutschen wieder länger arbeiten sollen, wenn gleichzeitig die Zahl von Frühinvaliden und -verrentungen steigt. Die *Erwerbsarbeit selbst muß altersgerecht* werden und darf sich nicht ausschließlich an dem jungen, gesunden und leistungsstarken Arbeitnehmertypus orientieren. Dazu gehört, daß der gesundheitliche Verschleiß durch Erwerbsarbeit nicht in dem

Maße wie bisher geduldet werden darf, über eine Verschärfung von Arbeitsschutzbestimmungen im industriellen Sektor ist hier ebenso nachzudenken wie über Streßminimierung in Leitungs- und Managementfunktionen. Nicht allein der Staat, auch die Tarifpartner sollten Initiative zu betrieblicher Neuorganisation entfalten, um Arbeitsplätze nach altersbedingten Funktionsstärken und -schwächen zu differenzieren. Zur Erhaltung von Gesundheit und zur Optimierung der Leistungsfähigkeit sind entsprechende lebenslaufspezifische Arbeitsplatztypen zu schaffen.

Fazit: Worum es im Kern geht, hat jüngst Oskar Lafontaine[6] in die folgenden Worte gekleidet: „Es wird darauf ankommen, für alle zwischen bezahlter und unbezahlter Arbeit das richtige Maß zu finden, und allen, Frauen und Männern, Älteren und Jüngeren, die gleiche Lebensqualität und die gleichen Arbeitschancen zu geben".

Für die Bewältigung des demographischen Wandels ist es eine entscheidende Voraussetzung, daß die auf das Lebensalter bezogenen Fragmentierungen von Erwerbsarbeitschancen zurückgedrängt werden. Über die Bedeutungsminderung der Erwerbsarbeit, über eine größere Flexibilität von Arbeitszeit, über Qualifizierungsprogramme, die das Wissen der älter werdenden Arbeitnehmer laufend aktualisieren und über eine Erwerbsarbeit, die aus altersinvarianten Arbeitsplätzen besteht, ist dies möglich.

Über die mittelfristige Aufgabe der Bewältigung des demographischen Wandels hinaus weist uns die Zahl von derzeit 6 Millionen Arbeitslosen in Deutschland, denen Wirtschaft und Politik weitgehend ratlos gegenüberstehen, darauf hin, daß wir auch kurzfristig über neue und unkonventionelle Wege nachzudenken haben. Der Pfad zunehmender Segmentierung und Abkopplung, der die soziale Einheit Deutschlands verhindert, zu neuem Rechtsradikalismus und einer Gefährdung der demokratischen Integration führt, muß durchbrochen werden.

Anmerkungen

1 Vgl. John Kenneth Galbraith, Die Herrschaft der Bankrotteure. Der wirtschaftliche Niedergang Amerikas, Hamburg 1992.
2 Vgl. Karlheinz Blessing (Hg.), SPD 2000. Die Modernisierung der SPD, Marburg, Berlin 1993, S. 97.
3 Meinolf Dierkes, Hedwig Rudolph, Lutz v. Rosenstiel, Die Zukunft der Arbeit: Innovationspotential und Beharrungstendenzen in Arbeitsmärkten und Arbeitsstrukturen Ms. 1993.
4 So bereits Mitte der 80er Jahre Ulrich Beck, Risikogesellschaft. Auf dem Weg in eine andere Moderne. Frankfurt/M. 1986, S. 205ff.
5 Volker Volkholz, Neue und alte Konfliktlinien in der Erwerbsarbeit der Zukunft, Ms. der Gesellschaft für Arbeitsschutz- und Humanisierungsforschung mbH, Januar 1993, S. 2f.
6 Referat auf der Fachtagung der SPD Saar am 21.11.1992 „Arbeit und Wirtschaft im demographischen Wandel". Veröffentlicht in der Schriftenreihe der SPD Saar Nr. 1/93

Gesteuerte Einwanderung als Zukunftsinvestition?

Franz Schoser

Wer seinen Blick nach vorne richtet, darf die Gegenwart und die Vergangenheit nicht aus den Augen verlieren. So wie der Rückgang der Geburten in Deutschland eine Bevölkerungslücke hat entstehen lassen, die weiter wachsen wird, sah sich Deutschland in den letzten Jahrzehnten fast genauso einer Arbeitskräftelücke gegenüber.

In den Jahren 1955 bis 1973 gab es einen spürbaren Mangel an Arbeitskräften in Deutschland. Die deutsche Wirtschaft hat in diesen Jahren das Potential an ausbildungswilligen Gastarbeitern durch aktive Anwerbung im Ausland genutzt, um diesen Mangel an inländischen Arbeitskräften auszugleichen.

Das Ergebnis war, daß bereits Ende 1955 rd. 80.000 Gastarbeiter in der damaligen Bundesrepublik beschäftigt waren. Bis 1973 stieg diese Zahl auf 2,6 Mill. Knapp 12 % aller Beschäftigten in Deutschland waren damals Ausländer. Ausländische Arbeitnehmer sind seit langem Teil der deutschen Wirtschaft, und zwar in Ausbildung, in der Produktion bis hin zum Management.

Man muß daran erinnern, daß sich die Integration dieser Menschen im großen und ganzen problemlos vollzogen hat. Was in der Vergangenheit stattgefunden hat, war keine gesteuerte Einwanderung. Es war auch keine gesellschaftlich motivierte „Investition". Zunächst ging es darum, einen akuten Arbeitskräftemangel zu beheben. An Langzeitwirkungen einer solchen Anwerbungspolitik dachte früher kaum jemand. Fast unbemerkt waren es die Betriebe, die damals zum Ausgangspunkt der Integration wurden. Es bedurfte keiner breit angelegten politischen Aktionen.

Weder die Wirtschaft noch die Politik haben sich seinerzeit ernsthaft mit der Frage befaßt, ob durch die Beschäftigung von Gastarbeitern später einmal ein Integrationsproblem ganz anderer Art entstehen könnte: Daß sozusagen aus der Anwerbung von Gastarbeitern eine nicht mehr steuerbare Zuwanderung von ausländischen Familien entstehen würde.

Eine Zäsur in dieser Entwicklung war der 1973 von der Bundesregierung verfügte Anwerbestop. Heute liegt die Zahl der ausländischen Beschäftigten mit rd. 1,9 Mill. um rd. 700.000 niedriger als zur Zeit des Anwerbestops und entspricht rd. 8 % aller beschäftigten Arbeitnehmer in Deutschland.

Ein Blick auf den Arbeitsmarkt zeigt, daß Türken mit zur Zeit 630.000 gut 1/3 aller ausländischen Beschäftigten stellen. Die nächst größere Gruppe mit 325.000 (knapp 1/5) kommt aus dem ehemaligen Jugoslawien, gefolgt von Italienern mit 171.000 (knapp 1/10). Deutlich geringer ist die Zahl der in Deutschland arbeitenden Griechen (105.000), der Spanier (60.000) und der Portugiesen (47.000).

Auch der Anteil der ausländischen Bevölkerung mit 5,5 Mill. macht gegenwärtig rd. 8 % der Gesamtbevölkerung aus. Dies ist deshalb bemerkenswert, weil die Ausländerbevölkerung in den Jahren nach dem Anwerbestop um rd. die Hälfte zugenommen, die Zahl der ausländischen Beschäftigten dagegen um rd. 35 % abgenommen hat. Die Gastarbeiter der 50er und 60er Jahre sind zumeist nicht nur in Deutschland geblieben, sondern haben darüber hinaus ihre Familien nach Deutschland geholt.

Die Struktur der deutschen Arbeitskräftenachfrage hat bewirkt, daß die Ausländerbeschäftigung sehr unterschiedlich ist und in einzelnen Wirtschaftsbereichen über dem Durchschnitt von 8 % liegt. Im Baugewerbe beträgt die Ausländer-

Tabelle 1: Ausländerbevölkerung und Ausländerbeschäftigung seit 1973

Jahr	Ausländische Bevölkerung am 30. September		Beschäftigte ausländische Arbeitnehmer	
	absolut	in Prozent der Gesamt-bevölkerung	absolut	in Prozent der Gesamtzahl der beschäftigten Arbeitnehmer
1973	3.966.200	6,4	2.595.000	11,9
1974	4.127.366	6,7	2.286.625	10,9
1975	4.089.594	6,6	2.038.779	10,1
1976	3.948.337	6,4	1.920.895	9,5
1977	3.948.278	6,4	1.869.053	9,3
1978	3.981.062	6,5	1.864.051	9,1
1979	4.143.836	6,7	1.947.475	9,3
1980	4.453.308	7,2	2.015.593	9,5
1981	4.629.779	7,5	1.917.239	9,1
1982	4.666.917	7,6	1.808.981	8,8
1983	4.534.863	7,4	1.709.085	8,4
1984	4.363.648	7,1	1.608.061	7,8
1985	4.378.942	7,2	1.586.603	7,6
1986	4.512.679	7,4	1.600.216	7,5
1987	4.630.218	7,6	1.610.847	7,5
1988	4.489.105	7,3	1.656.010	7,7
1989	4.845.882	7,7	1.730.821	7,9
1990	5.241.801	8,2	1.837.727	8,0
1991	5.882.267	9,1	1.972.874	8,3

Quellen: Sonderstatistik der Bundesanstalt für Arbeit, Arbeitsmarkt in Zahlen, 20.1.1993. Institut der deutschen Wirtschaft Köln, 1993.

quote knapp 10 %; im verarbeitenden Gewerbe liegt sie über 10 %, speziell im Automobilbau bei fast 13 %. Was sicherlich auch der Augenschein schon hergibt: ein hoher Prozentsatz ausländischer Arbeitnehmer ist im Gaststätten- und Beherbergungsgewerbe beschäftigt. In diesen Bereichen erreicht der Ausländeranteil zum Teil über 25 %.

Die hohe Zahl der ausländischen Arbeitnehmer in den o.g. Bereichen läßt im Grunde Rückschlüsse zu über die Qualifikation der Menschen, die aus dem Ausland nach Deutschland kommen. Es dürften überwiegend zunächst ungelernte Arbeitskräfte gewesen sein.

Die immer größer werdende Zahl von ausländischen Auszubildenden läßt wiederum den Schluß zu, daß sie sich durch eine betriebliche Ausbildung in das Berufsleben integrieren wollen: Allein die Ausbildungsbetriebe des IHK-Bereiches in den alten Bundesländern verzeichneten 1991 einen Zuwachs ausländischer Auszubildender um 12,5 %. Am Jahresende 1991 lag ihre Zahl im IHK-Bereich bei knapp 50.000, was einem Anteil an der Gesamtzahl der Auszubildenden von 7,5 % entsprach.

Tabelle 2: Ausländische Auszubildende 1989 bis 1991 nach Berufsgruppen und Staatsangehörigkeit*

Land der Staatsangehörigkeit	insgesamt			davon am 31.12.1991	
	am 31.12.89	am 31.12.90	am 31.12.91	in kaufm. Berufen	in industriell-techn. Berufen
Italien	3.711	4.218	4.573	2.490	2.083
Griechenland	1.611	1.930	2.350	1.251	1.099
Spanien	1.476	1.575	1.616	936	680
Portugal	890	949	1.082	563	519
Türkei	15.852	20.050	22.254	6.773	15.481
Jugoslawien	6.094	8.147	9.863	4.890	4.973
Sonstige	5.233	7.006	7.770	4.272	3.498
Insgesamt	34.867	43.875	49.508	21.175	28.333

* Alte Bundesländer

Quelle: DIHT, Berufsbildung, Weiterbildung, Bildungspolitik 1991/92

Ein Jahr später registrierten die Ausbildungsbetriebe bereits 53.700 ausländische Jugendliche in ihren Mitgliedsunternehmen im Westen Deutschlands. Damit stieg der Ausbildungsanteil der Ausländer Ende 1992 auf 7,8 % - gegenüber 2,9 % noch im Jahre 1987. Das ist eine enorme Erhöhung.

Sowohl von seiten der Unternehmen als auch von seiten der betroffenen Jugendlichen nimmt offenbar das Interesse immer mehr zu, sich zu qualifizieren und dadurch im Berufsleben einen entsprechenden Platz zu finden. Die jungen Ausländer haben sich mehr und mehr die Auffassung ihrer deutschen Kollegen zu eigen gemacht, daß berufliche Qualifikation der Schlüssel zu Einkommen und Aufstieg und damit zur sozialen Integration ist.

Von daher ist die Berufs- und Weiterbildung der wichtigste Beitrag, den die Wirtschaft zur Integration von Ausländern leistet. Bewährt hat sich dabei vor allem das duale Ausbildungssystem und die Weiterbildung. Die deutsche Wirtschaft hat ein breitgestreutes, gut zugängliches und auf die praktischen Belange zugeschnittenes Angebot an beruflicher Bildung, insbesondere auch zur Anpassungs- und Aufstiegsfortbildung. Durch die Ausbildung im Betrieb besteht die Möglichkeit nicht nur der sozialen Integration, sondern auch der Verbesserung der bildungsmäßigen Voraussetzungen. Gravierende Sprachdefizite und fehlende Motivation kann allerdings die Wirtschaft nicht beseitigen. Die Initiative, diesem Nachteil abzuhelfen, muß primär von den ausländischen Arbeitnehmern selbst kommen.

Dabei ist es keineswegs so, daß die Ausbildungskapazitäten der IHK-Unternehmen in den alten Bundesländern erschöpft seien. Immer noch ist dort das Angebot an Ausbildungsplätzen höher als die Zahl der Interessenten. Für ausländische Qualifizierungswillige steckt also auch hier noch viel Integrationspotential.

Rund 60 % der ausländischen Auszubildenden lassen sich

in technischen Berufen ausbilden, die restlichen richten sich mehr auf eine kaufmännische Ausbildung aus. Zunehmend jedoch verlagern sich die Qualifikationswünsche hin zum kaufmännischen Bereich. Das Berufswahlverhalten der jungen Ausländer gleicht sich also allmählich dem der Deutschen an. Auch dadurch tragen sie selbst zur ihrer gesellschaftlichen Integration bei.

Bewährt hat sich aber auch das deutsche Wirtschaftsrecht, das keinen Unterschied macht zwischen aus- und inländischen Existenzgründern: Staatsbürger der EG-Mitgliedstaaten haben die uneingeschränkte Möglichkeit zur Gründung einer wirtschaftlichen Existenz. Sie haben einen Rechtsanspruch auf die Erteilung einer Aufenthaltserlaubnis. Sie gelten - wie Deutsche - als bevorrechtigte Arbeitnehmer. Für Ausländer aus Nicht-EG-Staaten liegt eine Erschwernis gegenüber den EG-Bürgern nur darin, daß sie eine Aufenthaltserlaubnis zuerst beantragen müssen.

In der Praxis gilt, daß sich Ausländer, die sich in Deutschland seßhaft machen und eine unabhängige wirtschaftliche Existenz gründen wollen, kaum Behinderungen ausgesetzt sehen: In Deutschland leben zur Zeit rd. 150.000 ausländische Selbständige - vorwiegend Händler und Gastronomen. Rund 100.000 von ihnen stammen aus den Mittelmeerländern. Gegenüber 1970 mit 51.000 ausländischen Selbständigen hat sich damit diese Zahl verdreifacht. Ihr Anteil an den selbständig und freiberuflich Tätigen in Deutschland ist seit 1970 mit damals 1,6 % ständig gestiegen und erreichte 1988 mehr als 5 %.

Waren es in den 60er Jahren hauptsächlich Italiener und Jugoslawien, die sich eine selbständige Existenz aufbauten, so prägten in den 70er Jahren vor allem die Griechen diese Entwicklung. Türken lassen dagegen erst seit 1980 eine verstärkte Tätigkeit als Freiberufler erkennen. Regionale Schwerpunkte vor allem türkischer Unternehmertätigkeit sind Nordrhein-Westfalen und der Westteil Berlins.

Ausländische Selbständige in Deutschland sind selbst Arbeitgeber und beschäftigen wiederum auch Ausländer. So kommt es sogar zu kumulativen Wirkungen. Auch stellen sie Ausbildungsplätze bereit: So bekundeten vor wenigen Jahren fast zwei Drittel der ausländischen Unternehmer in Nordrhein-Westfalen ihre Bereitschaft zur Ausbildung.

Die ausländischen Selbständigen haben sich zum Teil zu Gruppierungen entwickelt, sie haben in den letzten Jahrzehnten ihre eigenen Nischen und ihre eigene Betätigung gesucht und prägen so das Wirtschaftsbild in einigen Bereichen ganz maßgeblich. Es gehört heute in Deutschland zum Alltag, beim Griechen und beim Italiener essen zu gehen. Man denkt eigentlich gar nicht darüber nach, daß man bei einem Ausländer zu Gast ist.

Ohne diesen hohen Anteil ausländischer Erwerbstätiger wäre die Wirtschaft in Deutschland nicht funktionsfähig. Die hohe Zahl selbständiger Ausländer sichert die Wirtschaft und den Wohlstand in Deutschland. Man wird sogar sagen können, daß Ausländer unverzichtbar sind für die Wirtschaft: Mit über 200 Mrd. DM erwirtschaften sie gegenwärtig knapp 8 % des deutschen Bruttosozialproduktes. Ihre Beitragszahlungen zur Rentenversicherung in Höhe von knapp 8 % des Gesamtvolumens entsprechen ziemlich genau ihrem Anteil an der arbeitenden Bevölkerung. Gleichzeitig erhalten sie Leistungen aus den Sozialversicherungen, die mit rd. 2 % wesentlich darunter liegen. Für die öffentlichen Kassen ergibt sich für die letzten Jahre dadurch ein Gewinn von rd. 40 Mrd. DM.

Auch wenn diese Zahlen ständigen demographischen Schwankungen unterworfen sind, kann doch damit gerechnet werden, daß sich diese Relation in absehbarer Zeit nicht umkehren wird. Noch auf längere Sicht wird die unterschiedliche Altersstruktur zwischen Ausländern und Inländern einen

Schaubild 1: Bevölkerungsentwicklung in der Bundesrepublik

Stand 31.12.1990

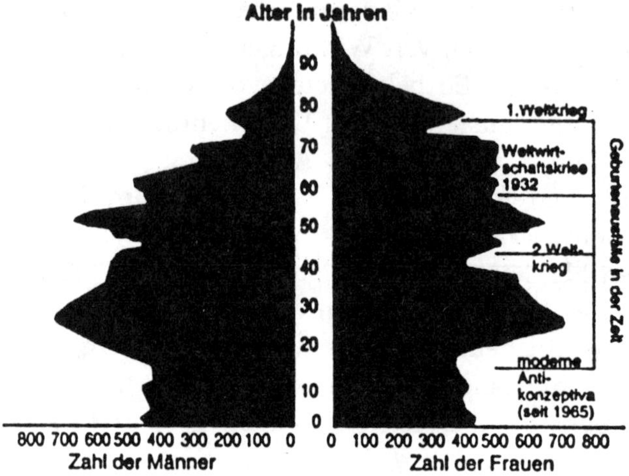

Angaben in Tsd.

Jahr 2000

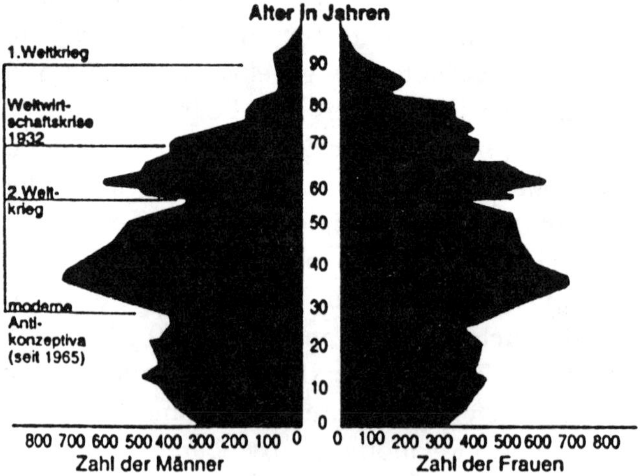

Angaben in Tsd.

Deutschland, ohne Wanderung gegenüber dem Ausland

Jahr 2030

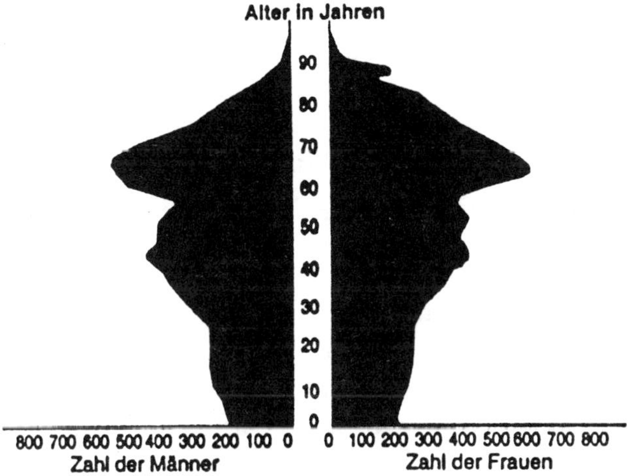

Angaben in Tsd.

Jahr 2050

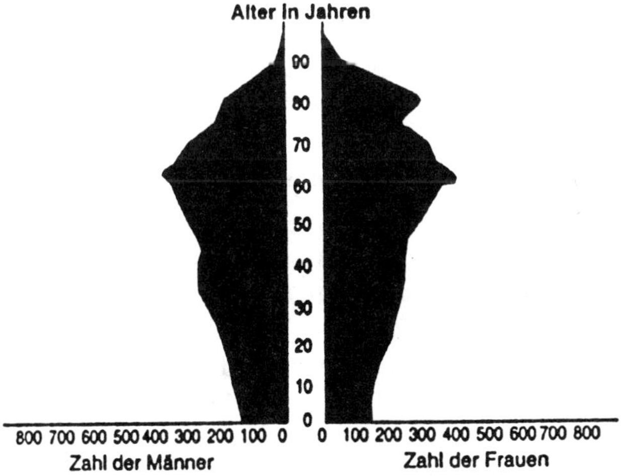

Angaben in Tsd.

Annahme: Fertilität und Mortalität des Basisjahres 1990 konstant.

Quelle: Herwig Birg, BAG Han delsmagazin, 6/93

erheblichen Teil dazu beitragen, die Wirkungen der demographischen Verschiebung in Deutschland abzufedern.

Die seit langem niedrige Geburtenrate in Deutschland und die steigende Lebenserwartung bewirken zusammen eine demographische Alterung der deutschen Gesellschaft. Das Verhältnis der Zahl der über 60jährigen zur Zahl der Erwerbstätigen steigt spürbar. Die auch künftige Zuwanderung von Ausländern kann dieses Verhältnis korrigieren helfen in dem Sinne, daß die Sozialversicherungssysteme bestandsfähig bleiben.

Nach allem ist unbestritten: Die deutsche Wirtschaft braucht auch in den nächsten Jahrzehnten die Unterstützung ausländischer Arbeitskräfte. Gleichwohl: Vor dem Hintergrund eines Sockels von rd. 3,5 Mill. Arbeitslosen in Deutschland kann die deutsche Wirtschaft gegenwärtig die Zuwanderung von außerhalb weniger gut aufnehmen, als dies noch in Zeiten der guten Konjunktur der Fall war – in den letzten Jahren sind von der deutschen Wirtschaft rd. 3 Mio neue Arbeitsplätze geschaffen worden. Im Gegenteil, die tiefgreifende Rezession in Deutschland wird zunächst die Beschäftigtenzahlen sogar zurückgehen lassen.

Verschärfend kommt hinzu, daß auch der einheimische Arbeitsmarkt über erhebliche Reserven verfügt. Mit der Schaffung von besseren Bedingungen für Vereinbarkeit von Familie und Beruf – wie die stärkere Nutzung von Teilzeitarbeit und die Verbesserung des Angebots von Kindergartenplätzen – werden vor allem Frauen in noch weit größerem Maße auf den deutschen Arbeitsmarkt drängen.

Schließlich ist seit Juni 1991 Asylbewerbern die grundsätzliche Erlaubnis gegeben, in Deutschland eine Arbeit aufzunehmen. Die Bundesanstalt für Arbeit beziffert die 1992 erstmals an Asylsuchende erteilte Arbeitserlaubnis auf 83.000. Bis heute sind – nach der Statistik der Bundesanstalt für

Arbeit - rd. 140.000 Asylbewerber im Besitz einer solchen Erlaubnis.

Die Wirtschaft in Deutschland bedarf in der gegenwärtigen schwierigen wirtschaftlichen Lage der Unterstützung der Lohn- und Einkommenspolitik. Die unverantwortlich hohen Tarifabschlüsse des vergangenen Jahres sind ein wesentlicher Grund für das Ausmaß dieses Beschäftigungsrückganges. Für die kommenden Jahre wird es nichts zu verteilen geben, vielmehr müssen auch die Tarifvertragsparteien sich dem Diktat des Sparens beugen. Mehrjährige Nullrunden bei den Lohnverhandlungen und längere Arbeitszeiten dürfen heute kein Tabu mehr sein.

Gleiches gilt für die Finanzpolitik. Die öffentlichen Haushalte müssen ihre Ausgaben drastisch zurückführen. Je eher die Unternehmenstätigkeit in Deutschland durch moderate Lohn- und Finanzpolitik wieder unterstützt wird, um so eher und umfangreicher gelingt den Unternehmen die Schaffung von zusätzlichen Arbeitsplätzen.

Es ist daher weniger eine Frage der Politik an die Wirtschaft, ob Zuwanderer in Deutschland gebraucht werden, sondern vielmehr eine Frage der Wirtschaft an die Politik. Es ist letztlich eine politische Entscheidung, ob man eine Fortsetzung des derzeitigen Zustroms von Ausländern hinnehmen mag. Es ist dies weniger - anders als noch zu Zeiten der Anwerbung von Gastarbeitern - eine Frage, wieviele ausländische Arbeitnehmer die deutsche Wirtschaft für die Produktion braucht. Es ist vielmehr die Frage an die Politik, wieviele Ausländer die Gesellschaft in Deutschland gegenwärtig verträgt, wie sehr die Integrationsfähigkeit der Gesellschaft noch strapaziert werden kann.

Die Erfahrungen aus den zurückliegenden Jahren zeigen, daß die wirtschaftlich motivierte Anwerbung ausländischer Arbeitnehmer eine gute Zukunftsinvestition war. Sie hat geholfen, einen großen Mangel an Arbeitskräften zu beheben.

Sie bewirkte, daß die demographische Lücke in der deutschen Bevölkerung geschlossen wurde und der Kollaps der Sozialversicherungssysteme ausblieb.

Seit Anfang der 90er Jahre ist jedoch zu fragen, ob diese guten Wirkungen fortgeschrieben werden können. Es ist zu fragen, ob die Zuwanderung nicht eine Größenordnung erreicht, die mehr und mehr Nachteile bringt:

So verschaffen sich durch intensive Nutzung des in der Welt einzigartigen deutschen Asylrechts Zuwanderer Zutritt nach Deutschland, ohne zwingend die eigene Qualifikation zum Maßstab der Wanderung zu machen. Des weiteren bringt es die deutsche Wiedervereinigung mit sich, daß Arbeit seither überreichlich zur Verfügung steht, während Kapital knapper geworden ist. Schließlich nimmt durch die gleichzeitige Umwälzung in Osteuropa die Mobilität derjenigen Menschen zu, die sich mit Blick auf eine Beschäftigung zuhause in aussichtsloser Lage befinden.

Die Wanderungsbewegungen nach Deutschland werden daher vermutlich so gewaltig sein, daß der ehemals positive Effekt der ungesteuerten Zuwanderung stärker wird, als es mit einer Zukunftsinvestition verträglich wäre. Es muß vielmehr befürchtet werden, daß er ins Gegenteil umschlägt und zu einer sozialen Belastung wird: Die Integration auf dem Arbeitsmarkt wird schwieriger, der Wohnraum noch knapper werden.

Von daher ist heute nur eine gesteuerte Zuwanderung eine gute Zukunftsinvestition. Es dürfte aber schwer werden, tragbare Regelungen und überzeugende Auswahlkriterien für die Steuerung von Zuwanderung zu bestimmen. Was sollte ausschlaggebend für die Aufnahme in Deutschland sein: Alter, Geschlecht, Ausbildung oder Nationalität?

Die Politik hat erste Schritte einer Steuerung unternommen: Zum einen wurde zur Jahresmitte der Asylkompromiß verabschiedet. Er soll Deutschland künftig besser in die Lage versetzen, dem Mißbrauch der Asylregelung zu begegnen. Insbesondere soll er es Deutschland ermöglichen, den Erfordernissen des sogenannten Schengener Abkommens gerecht zu werden. Zum anderen folgt aus der Novellierung des Vertriebenengesetzes von 1953 - wie sie mit dem Kriegsfolgebereinigungsgesetz von Dezember 1992 vorgenommen wurde -, daß für die nächste Zeit jährlich nicht mehr als 225.000 Aussiedler nach Deutschland kommen dürfen.

Es wird sich zeigen müssen, inwieweit diese Versuche der Politik, die Zuwanderung zu steuern - sei es über Bekämpfung von Mißbrauch, sei es über die Einführung von Quoten - Erfolg haben werden. Zweifel sind sicherlich angebracht. Es ist nicht auszuschließen, daß trotz der oben erwähnten Versuche der Steuerung - insbesondere die Eindämmungseffekte des neuen Asylrechts sind sehr umstritten - Deutschland für einen längeren Zeitraum von rd. 400.000 Einwanderen pro Jahr ausgehen muß. In dieser Zahl noch nicht enthalten wären all diejenigen, die zusätzlich aus den EG-Nachbarländern nach Deutschland kommen werden. Die EG-Zuwanderung ist ein nicht abschätzbarer Faktor, da Freizügigkeit und Niederlassungsfreiheit innerhalb der EG herrschen.

Frauenerwerbstätigkeit im demographischen Wandel

Ursula Engelen-Kefer

„Geburtenrückgang", „alternde Gesellschaft", „Facharbeitermangel" – diese und ähnliche Schlagworte kennzeichnen die Diskussion über die demographische Entwicklung der nächsten Jahrzehnte. Alle neueren Prognosen gehen von einer demographisch bedingten Verknappung von Arbeitskräften, insbesondere von qualifizierten Arbeitskräften, aus. In diesem Zusammenhang gewinnt die Frage nach der künftigen Entwicklung der Frauenerwerbstätigkeit zunehmende Bedeutung.

Um Aussagen über kommende Entwicklungstendenzen treffen zu können, ist eine Bestandsaufnahme erforderlich. Wie hat sich die Erwerbsbeteiligung der Frauen in den letzten Jahrzehnten entwickelt? Sind Veränderungen im Erwerbsverhalten zu verzeichnen? Wie ist heute die Struktur der Frauenerwerbstätigkeit? Wo liegen die Probleme?

Durch die Vereinigung der beiden deutschen Staaten hat sich die Ausgangssituation in vielfacher Hinsicht gewandelt. Eine der auffälligsten Differenzen zwischen den östlichen und den westlichen Bundesländern waren und sind die Unterschiede im Stellenwert der Frauenerwerbstätigkeit. Der Umbruch am Arbeitsmarkt hat insbesondere für die Frauen in den neuen Bundesländern einschneidende Konsequenzen. Welche Veränderungen zeichnen sich ab? Wird eine Angleichung der Frauenerwerbsquoten in den alten und in den neuen Bundesländern erfolgen? Welche Handlungsanforderungen an die Politik ergeben sich durch die veränderten Voraussetzungen?

1. Frauenerwerbstätigkeit in den alten Bundesländern

1.1 Erwerbsbeteiligung

Die Erwerbsbeteiligung der Frauen hat sich in den alten Bundesländern wie in anderen westlichen Industriestaaten in den vergangenen Jahren deutlich erhöht. Die Frauenerwerbsquote ist kontinuierlich, wenn auch langsamer als in anderen Ländern angestiegen: im internationalen Vergleich lag die Bundesrepublik Ende der 80er Jahre mit einer Frauenerwerbsquote von ca. 55 % etwa im unteren Mittelfeld. Weit höher rangierte Schweden mit einer Erwerbsquote von ca. 80 %, aber auch beispielsweise in Dänemark, Norwegen, den USA, Großbritannien und Frankreich war und ist die Erwerbsbeteiligung der Frauen größer als in Westdeutschland.

Die Zunahme der Frauenerwerbstätigkeit ist eine langfristige Entwicklung, der vielfältige Ursachen zugrunde liegen. Neben demographischen Faktoren, wie dem Eintreten der geburtenstarken Jahrgänge in das Erwerbsleben, werden auch sozio-ökonomische Veränderungen wirksam wie der Wandel der Wirtschaftszweigstruktur und die Ausweitung des Dienstleistungssektors. Von besonderer Bedeutung für die Erwerbsbeteiligung von Frauen sind sozio-kulturelle Entwicklungen der letzten Jahrzehnte, die sich z.B. in Verbesserungen des Bildungsniveaus und vor allem in Veränderungen des Erwerbsverhaltens zeigen.

Seit 1970 erhöhte sich der Anteil der Frauen an allen sozialversicherungspflichtig Beschäftigten in den alten Bundesländern von 36,4 % auf 41,7 % im Jahre 1992. Die Frauenerwerbsquote – das heißt, der Anteil der erwerbstätigen und der arbeitslos gemeldeten Frauen an allen Frauen im erwerbsfähigen Alter von 15-65 Jahren - stieg von 46,2 % im Jahre 1970 auf 58,4 % 1991.[1]

Der Beschäftigungszuwachs der letzten Jahre kam wesentlich der Frauenerwerbstätigkeit zugute: zwischen 1983 und Mitte 1992 nahm die Zahl der sozialversicherungspflichtig Beschäftigten um ca. 3,4 Mio. zu, 1,9 Mio. oder 57 % von ihnen waren Frauen. Der Zuwachs der Frauenerwerbstätigkeit beruht weitgehend auf einer Ausdehnung der Teilzeitarbeit (Buttler/Bellmann 1988). Etwas mehr als die Hälfte (51 %) der neuen Frauenarbeitsplätze zwischen 1991 und 1992 entfiel auf sozialversicherungspflichtige Teilzeitbeschäftigung. Langfristig wurde der Anstieg der Frauenerwerbstätigkeit insbesondere durch die überdurchschnittliche Beschäftigungszunahme im strukturell expandierenden und relativ konjunkturunabhängigen Dienstleistungssektor begünstigt, in dem Frauen mehr als die Hälfte der Beschäftigten stellen(1992: 56,5 %).

Ein wichtiger Faktor, der zur höheren Erwerbsbeteiligung der Frauen in den letzten Jahren beigetragen hat, ist der Abbau von Qualifikationsdefiziten. Die Bildungsexpansion seit den 60er Jahren ist zu einem großen Teil auf das Konto der Mädchen und Frauen gegangen. Heute liegt das Schulabschlußniveau der Mädchen in der Regel über dem der Jungen. Das berufliche Abschlußniveau der jungen Frauen zwischen 20 und 25 Jahren liegt nur noch wenig unter dem der jungen Männer der gleichen Altersgruppe. Insgesamt haben knapp 70 % aller weiblichen und 80 % aller männlichen Erwerbspersonen eine abgeschlossene Berufsausbildung. Neuere Untersuchungen belegen, daß der Anteil der erwerbstätigen Frauen mit steigender Qualifikation zunimmt (Engelbrech 1992).

Die steigende Frauenerwerbsbeteiligung in Westdeutschland ist aber in erster Linie auf Veränderungen im Erwerbsverhalten der Frauen zurückzuführen. Im Vergleich zu den 50er und 60er Jahren hat die Erwerbsorientierung der Frauen zugenommen. Heute sind vor allem mehr verheiratete Frauen und Mütter berufstätig oder möchten berufstätig sein. Mehr Frauen als früher versuchen, im zeitlichen Nebeneinander Beruf und Familie zu verbinden. Das herkömmliche „entweder Beruf oder Familie" und das „Drei-Phasen-Modell" werden zunehmend von einem „doppelten Lebensentwurf" abgelöst, der sowohl Erwerbsarbeit als auch Familie einschließt (Maier 1992).

Besonders auffällig ist der hohe Zuwachs der Erwerbsquote bei verheirateten Frauen im mittleren Lebensalter mit Kindern. Erwerbsverlaufsuntersuchungen zeigen, daß junge Frauen heute im Vergleich zu den 70er Jahren nach Abschluß der Berufsausbildung verstärkt eine Berufstätigkeit anstreben. Jüngere Frauen unterbrechen ihre Erwerbstätigkeit seltener und später als Frauen in der Vergangenheit, die Dauer der Unterbrechungen wird kürzer. Im Gegensatz zu den 50er und 60er Jahren ist der Grund für eine Berufsunterbrechung in der Regel nicht mehr die Eheschließung, sondern die Geburt eines Kindes. Auch ältere Frauen kehren nach einer längeren Unterbrechung verstärkt in den Beruf zurück (Engelbrech 1987).

Trotz der zunehmenden Erwerbsorientierung ist aber immer noch ein großer Teil der Frauen – zumindest in bestimmten Lebensabschnitten – nicht erwerbstätig bzw. wechselt in Teilzeitarbeit. Nach Ergebnissen des sozio-ökonomischen Panels waren im Jahre 1989 ca. 50 % der über 35-jährigen Frauen nicht berufstätig (DIW 1993). Dies sind nicht alles Frauen, die nie berufstätig waren oder die endgültig aus dem Erwerbsleben ausgeschieden sind, sondern viele von ihnen sind auch Berufsunterbrecherinnen. Jede dritte Arbeitnehmerin (33,8 %) übt eine Teilzeitarbeit aus, mehr als die Hälfte der erwerbstätigen Mütter arbeitet in einer Teilzeitbeschäftigung. Demgegenüber arbeiten lediglich 2,2 % aller Männer und Väter weniger als 35 Stunden pro Woche. Die Zahl der Frauen in ungeschützten, geringfügigen Beschäftigungsverhältnissen, die keiner sozialversicherungsrechtlichen Absicherung unterliegen, hat in den letzten Jahren erheblich zugenommen und steigt weiter. Heute muß von mehreren Millionen Frauen mit Arbeitszeiten unterhalb der Sozialversicherungsgrenzen ausgegangen werden.

Die Vereinbarung von Familienpflichten und Berufsarbeit ist in unserer Gesellschaft, in der die Frauen nach wie vor überwiegend für die Erfüllung der familiären Aufgaben zuständig sind, noch immer fast ausschließlich ein Frauenproblem. Auch neuere Untersuchungen belegen, daß Männer und Väter sich nur geringfügig an der Bewältigung des Alltagslebens beteiligen (Notz 1992). Die Bundesrepublik gehört zu den Ländern in der EG, die am schlechtesten mit Kinderbetreuungseinrichtungen ausgestattet sind. Unter diesen Voraussetzungen ist Teilzeitarbeit für Frauen häufig die einzig realistische Möglichkeit, weiterhin berufstätig zu bleiben, während die Kinder noch klein sind. Die Ausweitung der Teilzeitarbeit und die hohe Zahl Teilzeitarbeit-suchender Frauen ist aber auch ein deutliches Indiz für die zunehmende Erwerbsorientierung und den „doppelten Lebensentwurf" von Frauen. Allerdings ist gerade die Teilzeitarbeit oft mit erheblichen Nachteilen für die berufliche Position der Beschäftigten und mit negativen Auswirkungen auf ihre soziale Absicherung behaftet (Bäcker/Stolz-Willig 1990).

1.2 Gespaltener Arbeitsmarkt

Die gestiegene Erwerbsbeteiligung und die bessere Qualifikation der Frauen haben nicht zu einer Aufhebung der geschlechtsspezifischen Spaltung des Arbeitsmarktes und der Benachteiligung von Frauen im Erwerbsleben geführt. Weibliche Erwerbsarbeit konzentriert sich nach wie vor auf wenige

Branchen und Berufsfelder. Die überwiegende Mehrzahl der Frauen - 1992 waren es über 7 Mio. - arbeitet im Dienstleistungsbereich (Frauenanteil an den sozialversicherungspflichtig Beschäftigten 1992: 56,5 %) und hier vor allem in Handel (54,6 %), bei Banken und Versicherungen (53 %) und im Gesundheitswesen. Wichtigste weibliche Tätigkeitsfelder sind Verkaufen, Reinigen, kaufmännische Tätigkeiten, Kranken- und Altenpflege und andere personenbezogene Dienstleistungsarbeit (z.B.Friseurinnen). Industriezweige mit hoher Frauenbeschäftigung sind vor allem die seit Jahren schrumpfende Textil- und Bekleidungsindustrie, aber auch z.B. die elektrotechnische Industrie (34,1 %) und die feinmechanische und optische Industrie (46,4 %).

Typische Frauenarbeitsplätze sind häufig durch geringe Qualifikationsanforderungen, schlechte Arbeitsbedingungen und niedrige Bezahlung charakterisiert. Die beruflichen Aufstiegschancen von Frauen sind schlechter als die der Männer. Weniger Frauen als Männer sind in qualifizierten und leitenden beruflichen Positionen vertreten, die Anzahl der Frauen nimmt mit steigender Höhe der Position ab. Je „weiblicher" Berufe sind, desto geringer ist das Einkommen. 1991 lagen die durchschnittlichen Verdienste vollzeitbeschäftigter weiblicher Angestellter immer noch 35 % unter denen ihrer männlichen Kollegen, bei den Arbeitereinkommen betrugen die Differenzen knapp 30 % (Schäfer 1992).[2] In der weiblichen Domäne Teilzeitarbeit und insbesondere in den ungeschützten Beschäftigungsverhältnissen vervielfachen sich die Benachteiligungen der Frauenerwerbsarbeit.

Die berufliche Segregation beginnt bereits vor dem Berufseinstieg. Trotz der Angleichung des Qualifikationsniveaus der Frauen an das der Männer und auch wenn sich das Spektrum der Ausbildungsgänge, in denen Mädchen vertreten sind, in den letzten Jahren erweitert hat, werden Mädchen nach wie vor nur in wenigen Berufen ausgebildet. Die Beteiligung von Frauen an der Ausbildung in „Männerberufen" ist seit 1977 gestiegen: immerhin haben Frauen inzwischen in 54 von 186 einst männlich dominierten Ausbildungsgängen Fuß gefaßt. Der Frauenanteil liegt aber immer noch unter 10 % und war 1991 erstmals leicht rückläufig (IAB-Kurzbericht 4/93). Bei der Hochschulausbildung stagniert der Frauenanteil seit Jahren bei ca. 40 %. Auch hier steigt allmählich die Zahl der Frauen in traditionell „männlichen" Studiengängen wie Wirtschaftswissenschaften oder Ingenieurwissenschaften. Die überwiegende Mehrzahl der Studentinnen konzentriert sich allerdings weiterhin in „weiblichen" Disziplinen wie Pädagogik, Literatur- und Sprachwissenschaften - die sich häufig durch ungünstige Berufschancen auszeichnen (Engelen-Kefer 1989).

Die geschlechtsspezifisch unterschiedliche Einmündung in den Beruf setzt sich im weiteren Berufsverlauf fort. Besonders nachteilig wirken sich für Frauen Berufsunterbrechungen und Reduzierungen von Arbeitszeiten aus. Sie sind in der Regel mit beruflichem Abstieg, Dequalifizierung und erheblichen Einkommensverlusten verbunden. Die Berufsrückkehr bzw. die Rückkehr auf Vollzeitarbeitsplätze gestaltet sich häufig schwierig. Doch frauenspezifische Erwerbsverläufe oder noch bestehende Qualifikationsdefizite sind keineswegs die alleinige Ursache für die schlechtere Stellung von Frauen auf dem Arbeitsmarkt: selbst bei gleicher Ausbildung werden Frauen häufiger als Männer unterhalb ihres Qualifikationsniveaus eingesetzt, selbst bei guter Qualifikation und kontinuierlichem Berufsverlauf steigen sie bedeutend seltener und langsamer in bessere berufliche Positionen auf als Männer. Dementsprechend entwickeln sich Diskrepanzen zwischen männlichen und weiblichen Einkommen, die im Laufe der Zeit zunehmen. Bei betrieblichen Personalentscheidungen spielt das Geschlecht als Auswahlkriterium immer noch eine bedeutende Rolle (Engelbrech 1992).

Frauen sind von Arbeitslosigkeit überdurchschnittlich stark betroffen, wenngleich sich die Differenz in der letzten Jahren verringert hat. Seit Anfang der 70er Jahre liegt die Arbeitslosenquote der westdeutschen Frauen (1992: 7,2 %) über der der Männer (1992: 6,2 %). Bei einem Beschäftigtenanteil von 41,7 % lag ihr Anteil an den Arbeitslosen 1992 bei 46 %. Frauen sind durchschnittlich länger arbeitslos als Männer, ihre Wiederbeschäftigungschancen sind schlechter.

Der hohe Anteil der Frauen an den Arbeitslosen ist jedoch nicht nur ein Zeichen für die schlechteren Chancen von Frauen, einen neuen Arbeitsplatz zu finden, wenn sie einmal arbeitslos geworden sind. Er ist zugleich auch ein Indiz dafür, daß der Arbeitsmarkt die steigende Nachfrage von Frauen nach Arbeitsplätzen nicht erfüllen kann und daß Frauen im Vergleich zu früher seltener in der „Stillen Reserve" verschwinden. Insofern ist er auch ein Indikator für die Stabilität des Erwerbsverhaltens von Frauen.

Mit der offiziellen Arbeitslosenstatistik wird das Ausmaß der Frauenarbeitslosigkeit noch nicht vollständig erfaßt. Zusätzlich ist von einer „stillen Reserve" von schätzungsweise 600.000 bis 1 Million Frauen auszugehen, die nicht arbeitslos gemeldet sind, aber trotzdem Arbeit suchen. Nach Befragungsergebnissen sind Erwerbswünsche von Frauen auch noch weiter über den Personenkreis hinaus, der mit der Definition der „Stillen Reserve" erfaßt wird, verbreitet (Brinkmann 1991). Bei Zukunftsprojektionen und arbeitsmarktpolitischen Konzepten müssen auch diese Erwerbswünsche einbezogen werden.

2. Frauenerwerbstätigkeit in den neuen Bundesländern

2.1 *Erwerbsbeteiligung und Arbeitsmarktsituation*

In der DDR lag die Frauenerwerbsquote bereits seit vielen Jahren deutlich über dem Niveau in der früheren Bundesrepublik. Ende der 80er Jahre erreichte sie einen Stand von mehr als 80 %[3] und nahm damit auch im internationalen Vergleich eine Spitzenposition ein. Seit Anfang der 70er Jahre stellten Frauen knapp die Hälfte der Beschäftigten. Besonders auffällig war die hohe Erwerbsquote der Mütter.

Vor der deutschen Vereinigung war die kontinuierliche Vollzeiterwerbstätigkeit von Frauen in der DDR Normalität, sie wurde in der Regel nur kurzfristig wegen der Geburt eines Kindes und für die Dauer des „Babyjahres" unterbrochen. Auch in der ehemaligen DDR waren ca. 27 % der Frauen teilzeitbeschäftigt - im Unterschied zur Bundesrepublik, wo Teilzeitarbeit überwiegend eine Arbeitszeitform jüngerer Frauen ist, um Berufs- und Familienpflichten besser miteinander vereinbaren zu können, arbeiteten dort vor allem ältere Frauen vor dem Ruhestand „verkürzt". Der zeitliche Umfang der Teilzeitarbeit lag im Durchschnitt höher als im Westen.

Die Integration der Frauen in den Erwerbsprozeß und die Verbesserung ihrer Qualifikation waren vom Staat aus ökonomischen und aus politischen Gründen vorangetrieben und durch unterschiedliche Maßnahmen zur Frauenförderung unterstützt worden. Der hohe Grad der Erwerbstätigkeit von Müttern wurde durch ein flächendeckendes System von Kinderbetreuungseinrichtungen ermöglicht. Flankierende sozialpolitische Regelungen, die beispielsweise weitgehende Freistellungsrechte vorsahen, erleichterten Frauen die Vereinbarung von Berufs- und Familienpflichten. Allerdings waren diese einseitig auf Frauen bzw. Mütter ausgerichtet und stabilisierten somit die auch in der DDR weiter bestehende geschlechtsspezifische Arbeitsteilung in den Familien. Vor dem Hintergrund der langen Arbeitszeiten von 43 3/4 Wochenstunden und angesichts der insgesamt schwierigen Versorgungslage ging die Lösung des „Vereinbarkeitsproblems" faktisch weitgehend zu Lasten der Frauen. Hinzu kam, daß die einseitige Inanspruchnahme der Freistellungsregelungen durch Frauen dazu führte, daß sie als „unzuverlässige" Arbeitskräfte galten; dies wirkte sich bereits in der DDR und erst recht beim Übergang zur Marktwirtschaft nachteilig auf ihre Stellung im Erwerbsleben aus (Ochs 1990).

Auch in der ehemaligen DDR gab es einen geschlechtsspezifisch gespaltenen Arbeitsmarkt. Es gab „männliche" und „weibliche" Ausbildungen und Berufsbereiche, die denen in der Bundesrepublik strukturell ähnlich waren. So arbeiteten beispielsweise überdurchschnittlich viele Frauen im Handel, im Bildungs-, Gesundheits- und Sozialwesen und in den öffentlichen Verwaltungen. In der Industrie konzentrierte sich die Frauenbeschäftigung auf einige Wirtschaftszweige wie die Textil- und Bekleidungsindustrie, die elektrotechnische und elektronische Industrie, die Schuhindustrie oder die Nahrungsmittelindustrie. Auch in der DDR war Frauenerwerbsarbeit mit erheblichen Benachteiligungen verbunden: überproportional viele Frauen waren unterhalb ihres Qualifikationsniveaus beschäftigt, ihre beruflichen Aufstiegschancen waren geringer als die der Männer, die Verdienste der Frauen lagen durchschnittlich ca. 25 % unter den männlichen Verdiensten (Winkler 1990).

Im Vergleich zur alten Bundesrepublik hatten Frauen in der DDR eine relativ bessere Position am Arbeitsmarkt. Ende der 80er Jahre verfügten 94 % der Frauen über eine abgeschlossene Berufsausbildung, ihr berufliches Spektrum war breiter als das der Frauen im Westen, und mehr Frauen arbeiteten in traditionell männlich dominierten Berufsbereichen und Positionen.[4] Insgesamt war in allen Wirtschaftszweigen ein höherer Prozentsatz qualifiziert ausgebildeter Frauen beschäftigt als in Westdeutschland. Fast 30 % der Beschäftigten in leitenden Positionen waren Frauen - wenn sie sich auch vorwiegend auf untere und mittlere Leitungsfunktionen beschränkten und in Bereichen mit hohen Frauenanteilen konzentriert waren.

Eine wirkliche Gleichstellung zwischen Männern und Frauen im Erwerbsleben und in der Gesellschaft existierte in der DDR allerdings auch nicht - die fortbestehende geschlechtsspezifische Spaltung des Arbeitsmarktes, die andauernde traditionelle Arbeits- und Rollenteilung zwischen den Geschlechtern und die Fortdauer der Benachteiligung von Frauen waren und sind entscheidende Faktoren, die im Zuge der Umstrukturierung am ostdeutschen Arbeitsmarkt zusätzlich zu Ungunsten der Frauen ausschlagen.

2.2 *Umbrüche am Arbeitsmarkt*

Als Folge der Herstellung der wirtschaftlichen und sozialen Einheit zwischen den beiden deutschen Staaten haben sich in den neuen Bundesländern einschneidende Veränderungen am Arbeitsmarkt vollzogen. Sie betreffen die Frauen in besonderer Weise: auf verschiedenen Ebenen findet eine massive Verdrängung der Frauen vom Arbeitsmarkt statt.

Der dramatische Anstieg der Arbeitslosigkeit in Ostdeutschland geht wesentlich zu Lasten der Frauen. Ihr Anteil an den registrierten Arbeitslosen ist seit 1990 kontinuierlich gestiegen und betrug im Jahresdurchschnitt 1992 63,4 % (1991: 58,1 %). Damit stellten Frauen fast zwei Drittel aller Arbeitslosen, während ihr Beschäftigtenanteil von ehemals knapp 50 % auf 46,3 % gesunken war. Die Arbeitslosenquote der Frauen lag mit 19,6 % im Jahre 1992 (1991: 12,3 %) fast doppelt so hoch wie die der Männer mit 10,5 % (1991: 8,5 %).

Frauen haben in den neuen Bundesländern ein höheres Arbeitslosigkeitsrisiko als Männer. Sie sind nicht nur stärker von Entlassungen betroffen, sondern sie haben vor allem deutlich schlechtere Wiederbeschäftigungschancen. Der Anteil der Frauen an den Arbeitsvermittlungen lag 1992 mit 42,9 % erheblich unter ihrem Anteil an den Arbeitslosen. Die durchschnittliche Dauer ihrer Arbeitslosigkeit (1992: 48 Wochen) ist länger als die der Männer (1992: 30 Wochen). Ein großer und voraussichtlich weiter steigender Anteil Frauen gehört mittlerweile zu den Langzeitarbeitslosen. Besonders betroffen sind alleinerziehende Mütter und jüngere Frauen sowie - trotz einer bis Ende 1992 starken Inanspruchnahme von Vorruhestands- und Altersübergangsregelungen - ältere Frauen.

Ohne den massiven Einsatz arbeitsmarktpolitischer Instrumente wäre die Arbeitslosigkeit in den neuen Bundesländern noch wesentlich höher. Insbesondere die Maßnahmen der aktiven Arbeitsmarktpolitik stellen eine wichtige Brücke zu neuen Beschäftigungsverhältnissen dar. Die Teilnahme an Arbeitsbeschaffungsmaßnahmen (ABM) oder Maßnahmen zur beruflichen Fortbildung und Umschulung (FuU) bestimmt oftmals mit über künftige Arbeitsmarktchancen. Vor diesem Hintergrund stellt sich die Frage nach der Beteiligung von Frauen an Maßnahmen der aktiven Arbeitsmarktpolitik (Ochs/Seifert 1992). Sie ist differenziert zu beantworten. Im Vergleich zu den vorherigen Jahren konnten die Frauenanteile gesteigert werden: An den Vermittlungen in ABM waren 1992 41,3 % Frauen beteiligt (1991: 35,6 %), dies entspricht aber - wie auch in den alten Bundesländern - immer noch nicht ihrem Anteil an den Arbeitslosen. Die Überrepräsentation von Männern in ABM hängt vor allem mit dem investiven Charakter der Maßnahmen zusammen: mehr als die Hälfte der ABM-Beschäftigten waren in Maßnahmen tätig, die einer Verbesserung der wirtschaftsnahen Infrastruktur, der Umweltverbesserung oder der baulichen Instandsetzung dienten, also in traditionell „männlichen" Tätigkeitsbereichen.

Bei den Maßnahmen zur beruflichen Weiterbildung hingegen waren Frauen mit 62 % der Neueintritte 1992 (1991: 57,1 %) annähernd entsprechend ihrem Anteil an den Arbeitslosen vertreten. Geschlechtsspezifische Unterschiede bestanden allerdings - ähnlich wie in Westdeutschland - zwischen den verschiedenen Maßnahmearten: Frauen nahmen häufiger als Männer an kurzzeitigen Qualifizierungskursen teil. Frauen, die eine Fortbildung begannen, besuchten 1992 mehr als doppelt so oft (19 %) wie Männer (8 %) Maßnahmen zur Verbesserung der Vermittlungsaussichten gemäß § 41a AFG. Aber nur 2 % der Frauen gegenüber 4 % der Männer nahmen an einer Aufstiegsfortbildung teil. Eine betriebliche Einarbeitung mit relativ guten Weiterbeschäftigungschancen begannen nur 7 % der Frauen, aber 22 % der Männer. Zu dieser geschlechtsspezifisch unterschiedlichen Verteilung kommt ein qualitatives Problem hinzu: Frauen mit gewerblich-technischen oder naturwissenschaftlichen Qualifikationen werden offenbar nicht selten in traditionelle Frauenberufe umgeschult, dies ist häufig mit einer Dequalifizierung verbunden.

Prozesse zur Verdrängung der ostdeutschen Frauen vom Arbeitsmarkt zeigen sich nicht allein in der überdurchschnittlichen Frauenarbeitslosigkeit. Sie spiegeln sich auch im Beschäftigungssystem wider. Die Anteile der beschäftigten Frauen sind in fast allen Wirtschaftszweigen einschließlich der traditionellen Frauenbeschäftigungsbereiche rückläufig. Selbst im Dienstleistungssektor, der auch in den neuen Bundesländern zu den wenigen Wachstumsbranchen zählt, lassen sich Anteilsverschiebungen zugunsten von Männern beobachten. Besonders stark war nach den Ergebnissen des Arbeitsmarktmonitors der Rückgang mit fast 10 Prozentpunkten zwischen November 1991 und Mai 1992 bei Banken und Versicherungen. Aber auch beispielsweise im Handel oder bei anderen Dienstleistungen sind die Anteile der beschäftigten Frauen zurückgegangen. In dieser angespannten Arbeitsmarktsituation ist also ein verstärktes Eindringen von Männern in ehemals „weibliche" Beschäftigungsbereiche zu verzeichnen (Engelbrech 1992). Überdurchschnittlich verringert haben sich darüber hinaus auch die Anteile von Frauen in qualifizierten Tätigkeitsbereichen und insbesondere in Leitungspositionen (Holst/Schupp 1993).

Für die Frauen in den neuen Bundesländern hat sich nicht nur die Arbeitsmarktsituation dramatisch verschlechtert. Durch den Abbau von Kinderbetreuungseinrichtungen haben sich auch die Rahmenbedingungen für Mütter erschwert, einer Erwerbstätigkeit nachzugehen. Zusätzlich schafft die Übertragung des bundesdeutschen Rechtssystems (z.B. Ehegattensplitting, Erziehungsurlaub) Anreize für Frauen, ihre Erwerbstätigkeit aufzugeben.

Bisher gibt es jedoch kaum Anzeichen für einen „freiwilligen" Rückzug der ostdeutschen Frauen vom Arbeitsmarkt. Arbeitslose Frauen haben sich nicht in nennenswertem Umfang in die „Stille Reserve" oder vollständig vom Arbeitsmarkt in die Nichterwerbstätigkeit zurückgezogen, sondern sie melden sich arbeitslos und bemühen sich ebenso wie Männer darum, an einer Maßnahme des Arbeitsamtes teilzunehmen. Lediglich bei älteren Frauen über 50 Jahren - aber auch bei älteren Männern - und bei jungen Frauen unter 25 Jahren ist ein deutliches Absinken der Erwerbsbeteiligung zu verzeichnen. Bei den Frauen der mittleren Altersgruppen von 25-50 Jahren ist die Erwerbsquote weiterhin hoch und nahezu identisch mit der der Männer. Befragungen dokumentieren darüber hinaus eine anhaltend hohe Erwerbsorientierung der Frauen. Für die überwiegende Mehrzahl der Frauen ist die Berufstätigkeit, auch unabhängig von einkommensbezogenen Erfordernissen, ein selbstverständlicher und wichtiger Bestandteil ihrer Lebensplanung, die Hausfrauenrolle ist für sie keine Alternative (INFAS 1991, IPOS 1992).

3. Fazit

Wie wird sich die Erwerbsbeteiligung der Frauen in Deutschland mittel- bis langfristig entwickeln? Werden sich die Erwerbsquoten der Frauen in den alten und in den neuen Bundesländern angleichen? Wenn dies der Fall sein wird: auf welchem Niveau wird eine Angleichung erfolgen?

Eindeutige Prognosen auf der Grundlage von Verlängerungen bisheriger Entwicklungstrends sind in der gegenwärtigen Umbruchsituation nicht möglich. Trotzdem lassen sich aber Anhaltspunkte für – mehr oder weniger – wahrscheinliche künftige Entwicklungen finden.

Rückblickend ist für die alten Bundesländer als langfristige Entwicklungslinie eine Zunahme der Frauenerwerbsbeteiligung zu verzeichnen. Dieser Trend hat sich auch in konjunkturellen Schwächephasen als stabil erwiesen. Die Stabilität der steigenden Erwerbsorientierung und -beteiligung von Frauen zeigt sich gerade auch in dem hohen Anteil der Frauen an den Arbeitslosen. Dies mag auf den ersten Blick als Widerspruch erscheinen, der sich aber aufklären läßt: Frauen ziehen sich heute nicht mehr umstandslos in die „Stille Reserve" oder in die Nichterwerbstätigkeit zurück, wenn sie ihre Arbeit verlieren, sondern sie melden sich arbeitslos und dokumentieren damit weiterhin ihren Anspruch auf eine Erwerbstätigkeit.[5] Aussagen über künftige Entwicklungstendenzen müssen zusätzlich aber auch die bestehende „Stille Reserve" von mehreren hunderttausend Frauen und eine noch darüber hinausgehende Anzahl latent erwerbsbereiter Frauen berücksichtigen.

In den neuen Bundesländern liegt die Frauenerwerbsquote

seit vielen Jahren höher als in den alten Bundesländern. Sie ist trotz massiver Verdrängung der Frauen vom Arbeitsmarkt und hoher Frauenarbeitslosigkeit bis heute nur geringfügig abgesunken - die hohe Frauenarbeitslosigkeit geht mit einer hohen Frauenerwerbsquote einher. Bisher spricht wenig dafür, daß sich ein erheblicher Teil der ostdeutschen Frauen „freiwillig" vom Arbeitsmarkt zurückziehen und daß somit die Frauenerwerbsquote in den neuen Bundesländern auf das westdeutsche Niveau absinken wird. Die Erwerbsorientierung der ostdeutschen Frauen ist nach wie vor hoch, die meisten von ihnen streben auch zukünftig eine Berufstätigkeit an. Angesichts der insgesamt hohen Arbeitslosigkeit wird eine starke Erwerbsbeteiligung der Frauen auf absehbare Zeit allein schon zur Sicherung der Familieneinkommen notwendig sein. Aber auch unabhängig hiervon wünscht der größte Teil der Frauen in den neuen Bundesländern eine weitere Berufstätigkeit. Allerdings ist bei einem anhaltend großen Abdrängungsdruck auch damit zu rechnen, daß eine gewisse Anzahl Frauen resignieren und sich nach dem Auslaufen ihrer Leistungsansprüche nicht mehr arbeitslos melden wird.

Nach derzeitigem Kenntnisstand ist zu erwarten, daß die Erwerbsbeteiligung der Frauen in Westdeutschland bei weiter steigendem Qualifikationsniveau ähnlich wie in anderen westlichen Industrieländern weiter zunimmt. In den neuen Bundesländern erfolgt vermutlich eine gewisse Reduzierung, die Erwerbsbeteiligung von Frauen wird aber weiterhin hoch bleiben. Langfristig wird es somit aller Voraussicht nach zu einer Angleichung zwischen einer deutlich erhöhten Frauenerwerbsquote in den alten und einer leicht reduzierten Frauenerwerbsquote in den neuen Bundesländern kommen. Modellrechnungen des IAB unterstellen - ohne Anspruch auf eine Wahrscheinlichkeitsaussage - eine Angleichung bis zum Jahre 2010, bei der der Ost-West Unterschied zu zwei Dritteln durch ein Ansteigen der westdeutschen Frauenerwerbsquote und zu einem Drittel durch ein Sinken der ostdeutschen Frauenerwerbsquote ausgeglichen wird (Blaschke u.a. 1992).

4. Handlungserfordernisse

In der gegenwärtigen Arbeitsmarktsituation wird deutlich, daß die hohe Erwerbsorientierung der Frauen keineswegs automatisch zu einer steigenden Frauenerwerbstätigkeit führt. Aktuell ist eine zunehmende Verdrängung der ostdeutschen Frauen vom Arbeitsmarkt und eine überdurchschnittliche und steigende Frauenarbeitslosigkeit zu bilanzieren. Es besteht eine erhebliche Diskrepanz zwischen den Erwerbswünschen der Frauen und ihren Realisierungsmöglichkeiten. Die derzeitige Massenarbeitslosigkeit wird sich in absehbarer Zeit kaum verringern, vorerst ist sogar mit einem weiteren Anstieg der Arbeitslosenzahlen zu rechnen.

In einem insgesamt sich verengenden Arbeitsmarkt haben Frauen aufgrund ihrer bestehenden Benachteiligung im Erwerbsleben und in der Gesellschaft nach wie vor die schlechteren Chancen. Politik, die es ernst meint mit dem Gleichberechtigungsgebot des Grundgesetzes, muß sich vorrangig auch zum Ziel setzen, die Beschäftigungsbedingungen für Frauen zu verbessern und ihrer Benachteiligung durch frauenfördernde bzw. antidiskriminierend wirkende Maßnahmen entgegenzuwirken. Hier ist nicht nur und nicht einmal in erster Linie die Arbeitsmarktpolitik gefordert. Notwendig sind Maßnahmen in ganz unterschiedlichen Politikbereichen, sie müssen einander ergänzen und ineinandergreifen. Hier sollen nur einige wichtige Handlungsfelder angesprochen werden.

Eine vordringliche Aufgabe ist die Bekämpfung der Massenarbeitslosigkeit durch eine aktive Beschäftigungspolitik. Die entscheidenden Impulse zur (Wieder-)Herstellung der Vollbeschäftigung müssen von einer beschäftigungsorientierten Wirtschafts-, Finanz- und Strukturpolitik kommen, eine wichtige flankierende Funktion hat die Arbeitsmarktpolitik. In diesem Zusammenhang ist insbesondere eine Fortführung der aktiven Arbeitsmarktpolitik auf hohem Niveau erforderlich. Die wirtschaftsnahen Förderinstrumente sind mit den Instrumenten der Arbeitsmarktpolitik zu verzahnen. Der DGB hat wiederholt hierzu Vorschläge vorgelegt.

Dies reicht jedoch nicht aus, um der Verdrängung der Frauen vom Arbeitsmarkt und ihrer Benachteiligung im Erwerbsleben entgegenzuwirken. Der DGB fordert ein umfassendes Gleichstellungsgesetz, das eine aktive Förderung von Frauen in allen Bereichen der privaten Wirtschaft und des öffentlichen Dienstes vorsieht. Die verschiedenen politischen Instrumentarien müssen zielgerichtet für eine Verbesserung der Beschäftigungsmöglichkeiten von Frauen genutzt und gegebenenfalls erweitert werden.

Ein Ansatzpunkt dafür ist, die Instrumente der Wirtschafts- und Strukturförderung mit Maßnahmen der Frauenförderung zu verbinden. Sie sind so auszugestalten, daß eine Erhöhung der Beschäftigung von Frauen auf qualifizierten Arbeitsplätzen, vor allem aber auch in „frauenuntypischen" und zukunftsorientierten Beschäftigungsbereichen erreicht wird. Beispielsweise sollten öffentliche Aufträge bevorzugt an Betriebe vergeben werden, die frauenfördernde Maßnahmen nachweisen. Die Vergabe von Subventionen ist an frauenfördernde Auflagen – z.B. die Existenz von Frauenförderplänen – zu binden.

Auch die Instrumente der Arbeitsförderung müssen stärker als bisher zur aktiven Förderung der Qualifizierung und Beschäftigung von Frauen genutzt werden. Frauen müssen entsprechend ihrem Anteil an den Arbeitslosen an den Maßnahmen der aktiven Arbeitsmarktpolitik – Qualifizierungs- und Arbeitsbeschaffungsmaßnahmen – beteiligt werden. Im AFG ist über die – mit der 10. Novelle eingefügte – Soll-Vorschrift hinaus eine verbindliche Quotierung festzulegen. Die Teilnahme von Frauen an qualitativ hochwertigen Maßnahmen, die das Berufsspektrum erweitern oder den Aufstieg von Frauen in qualifizierte bzw. leitende Positionen zum Ziel haben, ist vorrangig zu fördern.

Nicht zuletzt müssen auch die Rahmenbedingungen verbessert werden, die es Frauen und Männern ermöglichen, eine Berufstätigkeit mit familiären Aufgaben zu vereinbaren. Bei der Gestaltung der Arbeitsverhältnisse ist es erforderlich, die außerbetrieblichen Anforderungen und Belastungen stärker mit einzubeziehen. Der Arbeitszeitpolitik kommt in diesem Zusammenhang maßgebliche Bedeutung zu, wobei die Entscheidung über die Form und das Ausmaß Aufgabe der Tarifparteien bleiben muß. Der von den Gewerkschaften eingeschlagene Kurs der Arbeitszeitverkürzung und eine flexiblere Gestaltung von Arbeitszeiten, die sich an den Bedürfnissen der Beschäftigten orientiert, können wesentlich dazu beitragen, die Bedingungen für die Vereinbarkeit von Beruf und Familie zu verbessern. Dabei geht es vor allem um die Ausgestaltung von Anspruchsnormen, die eine familiengerechte Gestaltung der Dauer, Lage und Verteilung der Arbeitszeiten ermöglichen, um Möglichkeiten einer sozial gesicherten Teilzeitarbeit und um die Erweiterung von Freistellungsansprüchen. Ein weiteres wichtiges Element ist in diesem Zusammenhang der Ausbau - bzw. in den neuen Bundesländern der Erhalt - und die qualitative Verbesserung von Einrichtungen zur Kinderbetreuung.

Anmerkungen

1 Seit 1990 werden in der amtlichen Statistik auch geringfügig Beschäftigte als Erwerbstätige ausgewiesen, aus diesem Grunde erhöhte sich die Frauenerwerbsquote von 1989 (55,5 %) auf 1990 (58,5 %) sprunghaft; ohne die Erfassungsänderung hätte sie bei 56,2 % gelegen. - Die Erwerbsquote der Männer sank insbesondere aufgrund längerer schulischer

Ausbildungszeiten und früheren Eintritts in den Ruhestand zwischen 1970 und 1991 von 88,2 auf 82,2 %.

2 Die Bruttoeinkommen vollzeitbeschäftigter Arbeiter beliefen sich 1991 durchschnittlich auf DM 3.867,–, vollzeitbeschäftigte Arbeiterinnen verdienten DM 2.738,–. Bei vollzeitbeschäftigten männlichen Angestellten betrugen die Bruttoeinkommen DM 5.335, bei weiblichen Angestellten lagen sie bei DM 3.483,– (Schäfer 1992).

3 Je nach Berechnungsmethode kommen verschiedene Untersuchungen auf eine Frauenerwerbsquote zwischen 80 und 90 % Ende der 80er Jahre.

4 Der Frauenanteil in gewerblich-technischen Berufen erreichte Anfang der 70er Jahre ein gutes Drittel, in späteren Jahren war allerdings wieder eine stärkere geschlechtsspezifische Polarisierung der Berufe zu verzeichnen (Maier 1991).

5 Insofern beschreiben die Begriffe der „Erwerbsbeteiligung" und der „Erwerbsquote", die nicht nur die erwerbstätigen Personen, sondern auch diejenigen umfassen, die arbeitslos gemeldet sind, durchaus zutreffend einen möglichen Sachverhalt: hohe Erwerbsbeteiligung kann sich in einer ungünstigen Arbeitsmarktsituation auch in hoher Arbeitslosigkeit ausdrücken.

Literatur

Amtliche Nachrichten der Bundesanstalt für Arbeit (ANBA) Jahreszahlen - verschiedene Jahrgänge.

Bäcker, G., Stolz-Willig, B., Kindererziehung, Arbeitszeiten und soziale Sicherheit, in: WSI Arbeitsmaterialien Nr. 26, Düsseldorf 1990.

Blaschke, D. u.a., Der Arbeitsmarkt in den neuen Bundesländern - Zwischenbilanz und Herausforderungen, in: MittAB 2/1992.

Brinkmann, Ch., Arbeitslosigkeit und Stille Reserve von Frauen, in: Mayer, K.U. u.a. (Hrsg.), Vom Regen in die Traufe: Frauen zwischen Beruf und Familie, Frankfurt 1991, S. 233 ff.

Bundesministerium für Bildung und Wissenschaft, Grund- und Strukturdaten 1992/93, Bonn 1992.

Buttler, F., Bellmann, L., Entwicklung der Frauenerwerbstätigkeit. Bisherige Entwicklung und ihre Bestimmungsfaktoren, in: Die Angestelltenversicherung 7-8, 1988.

DIW-Wochenbericht 16/93, Erwerbsverläufe der Deutschen in Ost und West in den Jahren 1949 bis 1989.

Engelbrech, G., Der Arbeitsmarkt für Frauen in den alten und neuen Bundesländern, in: IAB (Hrsg.), BeitrAB 167, S. 20 ff.

Engelbrech, G., Erwerbsverhalten und Berufsverlauf von Frauen, in: MittAB 2/1987.

Engelen-Kefer, U., Frauenerwerbstätigkeit und demographischer Wandel, in: BeitrAB 130, S. 88 ff.

Holst, E., Schupp, J., Perspektiven der Erwerbsbeteiligung von Frauen im vereinten Deutschland, DIW Diskussionspapier Nr. 68, Berlin 1993.

IAB Kurzbericht 4/93, Chaberny, A., Schade, H.-J., Frauen dringen nur langsam in die Berufswelt der Männer vor, Nürnberg 1993.

INFAS (Institut für angewandte Sozialwissenschaft), Frauen in den neuen Bundesländern im Prozeß der deutschen Einheit, Bad Godesberg 1991.

IPOS, (Institut für praxisorientierte Sozialforschung), Gleichberechtigung von Frauen und Männern, Bonn 1992.

Maier, F., Erwerbstätigkeit von Frauen - Geschlechtsspezifische Umbrüche im Arbeitsmarkt- und Beschäftigungssystem, in: Westphal, A. u.a. (Hrsg.), Wirtschaftspolitische Konsequenzen der deutschen Vereinigung, Frankfurt 1991, S. 297 ff.

Maier, F., Weiterbildung und Frauenerwerbstätigkeit, in: WSI-Mitteilungen 6/92, S. 373.

Maier, F., Weiterbildung und Frauenerwerbstätigkeit, in: WSI-Mitteilungen 6/92, S. 372 ff.

Notz, G., Vereinbarkeit von Familie und Beruf - eine frauenspezifische Problemstellung, in: IAB (Hrsg.), BeitrAB 167, S. 49 ff.

Ochs, Ch., „Nicht alles, was die Partei der Frau zusammenbraute, gehört gleich in den Gully der Vereinigung" - Frauen in der DDR, in: WSI-Mitteilungen 5/90, S. 289 ff.

Ochs, Ch., Seifert, H., Frauen und Arbeitsmarktpolitik, in: WSI-Mitteilungen 7/92, S. 439 ff.

Schäfer, C., Das „Teilen" will nicht gelingen - Zur Entwicklung der Einkommensverteilung 1991, in: WSI-Mitteilungen 10/92, S. 629 ff.

Winkler, G., Sozialreport 1990, Berlin 1991.

III. Eine Gesellschaft mit immer mehr Älteren

Erfahrung und Einstellungen zum Alter*

Elisabeth Noelle-Neumann, Wolfgang Rothenberger

In dem folgenden Beitrag werden Informationen aus Erhebungen des Allensbacher Instituts angeboten, die die Wirklichkeitsnähe von Ideen und Maßnahmen, mit denen auf das Problem der älter werdenden Gesellschaft geantwortet werden soll, verstärken können.

Wahrscheinlich hat sich in der Realität schon viel an Lösungen eingespielt, ohne daß es in der öffentlichen Diskussion zum Bewußtsein gekommen ist. Es kann gut sein, daß – wie Hans-Ulrich Klose in seiner Einführung zu dem Band „Altern der Gesellschaft – Antworten auf den demographischen Wandel" schreibt – die vorherrschende unternehmerische Personalpolitik extrem jugendzentriert ist.[1] Wahrscheinlich entspricht das auch den allgemeinen Annahmen und Beobachtungen. Aber zugleich sagten schon im Sommer 1989 zwei Drittel aller Chefs von Unternehmen im repräsentativ ausgewählten Allensbacher Elite-Panel des Wirtschaftsmagazins CAPITAL, sie beschäftigten bei sich Arbeiter oder Angestellte, die schon in Rente gegangen seien, aber weiter im Betrieb arbeiteten, weil ausreichend qualifizierte Leute als Nachfolger nicht zu finden sind oder bei besonderem Arbeitsdruck oder als Urlaubs- oder Krankheits-Vertretung oder einfach, weil man sie schätze und sich von ihnen nicht trennen wolle.

Noch ist diese überraschende Arbeitsarmee von grauen Panthern nicht systematisch von der Sozialforschung befragt worden. Aber man kann annehmen, daß Fallstudien und repräsentative Querschnitte interessante Aufschlüsse zu den Problemen der alternden Gesellschaft geben könnten.

Freundliches Alter

Zunächst ist festzuhalten, daß es in erstaunlichem Umfang gelungen ist, dem Alter in unserer Gesellschaft seinen Schrecken zu nehmen.

Welche Gedanken und Gefühle haben die Deutschen, wenn sie sich mit ihrem eigenen Lebensabend auseinandersetzen? Wie stark beschäftigt man sich mit dem Gedanken, daß man selbst einmal alt sein wird? Fürchten sich die meisten vor dem Leben im Alter?

Um diese Fragen zu beantworten, wurde im Frühjahr 1987 bei einem repräsentativen Bevölkerungsquerschnitt der Unter-60jährigen in der alten Bundesrepublik ermittelt, wie häufig man sich Gedanken über das eigene Alter macht. Gleich im Anschluß daran wurde die Frage gestellt: „Und haben Sie Angst davor, alt zu werden, oder eigentlich nicht?"

Die gedankliche Auseinandersetzung mit dem eigenen Lebensabend hängt erwartungsgemäß stark ab vom gegenwärtigen Lebensalter: Während bei den 16- bis 29jährigen etwa ein Drittel der Befragten sich „oft" oder „manchmal" Gedanken über die späte Lebensphase macht, sind es bei den 45- bis 59jährigen schon mehr als zwei Drittel. Wichtig ist die Feststellung, daß die intensivere gedankliche Auseinandersetzung mit dem Alter nicht mit einer stärker ausgeprägten Furcht vor dem Lebensabend einhergeht. Der Anteil derjenigen, die eine gewisse Angst vor dem Alter einräumen, ist in allen Altersgruppen mit 10 bis 18 Prozent sehr gering (Tabelle A 1).

Gleiches gilt für diejenigen, die schon das sechzigste Lebensjahr überschritten haben. Personen ab 60 Jahren wurden in nur leichter Abänderung gefragt, ob sie Angst davor haben, „älter" zu werden. Drei Viertel aller älteren Befragten antworteten dabei mit „eigentlich nicht".

Natürlich ist es nicht möglich, allein aufgrund dieser Ergebnisse eine hinreichende Diagnose der Vorstellungen über

Tabelle A 1: Gesamtdeutschland - Bevölkerung ab 16 Jahre

In Zukunft: Verteilungskämpfe und Akzeptanzprobleme zwischen den Generationen?

FRAGE: "Besteht die Gefahr, daß in Zukunft die Berufstätigen die Rentner und Pensionäre als Parasiten ansehen, die sich auf Kosten der Berufstätigen ein schönes Leben machen, oder besteht eine solche Gefahr nicht?"

	Alte Bundesrepublik		Neue Bundesländer
	Okt. 1989	Aug. 1992	Aug. 1992
Bevölkerung insgesamt	%	%	%
Besteht	22	21	18
Besteht nicht	65	62	65
Unentschieden	13	17	17
	100	100	100
n =	1096	546	555
60 Jahre und älter			
Besteht	30	20	27
Besteht nicht	59	60	51
Unentschieden	11	20	22
	100	100	100
n =	269	140	122

Quelle: Allensbacher Archiv, IfD-Umfragen 5026, 5068

das Alter zu leisten. Man könnte bei den obigen erfreulichen Resultaten durchaus unterstellen, daß sie zu einem guten Teil auf einer Abwehrhaltung, einer Tendenz der Befragten beruhen, dem Interviewer gegenüber eigene unangenehme Gefühle nicht auszusprechen.

Diese Vermutung scheint aber nicht zuzutreffen. Die Mehrheit hat offenbar deshalb keine Angst vor dem Alter, weil man das Alter als einen Lebensabschnitt begreift, der beste Chancen bietet, immer noch eine hohe Lebensqualität zu ermöglichen.

Deutlich wird dies bei einer Frage, in der zwei Meinungen in kontroverser Form einander gegenübergestellt wurden. Die eine Meinung lautete: „Wenn heute einer in Rente geht, dann ist der schönste und wichtigste Teil des Lebens vorbei, dann gehört man zum alten Eisen." Dagegen wurde die Ansicht gestellt: „Die meisten Alten sind heute noch sehr aktiv, und für manche fängt das Leben mit dem Ruhestand erst richtig an."

59 Prozent aller Befragten stimmen der zweiten, optimistischen Sichtweise zu, nur 13 Prozent vertraten in resignativer Weise die Ansicht, daß im Alter der wichtigste Teil des Lebens vorbei sei. Bemerkenswert dabei ist die Einheitlichkeit des Urteils bei allen Altersgruppen.

Angesichts dieses erfreulichen Ergebnisses verwundert es nicht, daß auf die generelle Frage „Geht es den meisten älteren Menschen in der Bundesrepublik im großen und ganzen gesehen eher gut oder eher nicht so gut?" etwas mehr als die Hälfte mit „gut" und nicht einmal ganz ein Viertel mit „nicht gut" antworten. Auch hier gibt es in der Beurteilung keinerlei Unterschiede zwischen den Generationen. Der Eindruck der Bevölkerung wird bestätigt durch die subjektive Einschätzung der 60jährigen und älteren ihrer Wirtschaftslage. 1991 sagte die westdeutsche Bevölkerung im Durchschnitt zu 53 Prozent, ihre eigene wirtschaftliche Lage sei gut oder sehr gut. Die ältere Bevölkerung fand zu 62 Prozent, ihre wirtschaftliche Lage sei gut oder sehr gut; nur 9 Prozent beschrieben sie als „nicht so besonders" oder „nicht gut".

Diese Ergebnisse überraschen besonders deshalb in positiver Weise, weil im Altersbild, wie es etwa von Pressemedien gezeichnet wird, vorwiegend Aspekte der Krankheit, Betreuungsbedürftigkeit oder Armut im Mittelpunkt stehen.

Diese Schattenseiten der späten Lebensphase treten demoskopisch bei Fragen ohne feste Vorgabe von Antwortmöglichkeiten - wenn die spontanen gedanklichen Assoziationen erfragt werden - deutlicher zu Tage als bei Testfragen, die eine Festlegung in die eine oder andere Richtung erfordern.

Anfang 1992 wurden Personen bis zum 59. Lebensjahr ohne Vorgabe von Antwortalternativen gefragt: „Wenn Sie einmal an das Alter denken, wie es sein kann, wenn man alt wird. An was denken Sie da vor allem. Welche Gedanken bewegen Sie da?" Positive und negative Gedanken halten sich dabei in etwa die Waage, wobei ein deutlicher Unterschied zwischen Frauen und Männern besteht. 47 Prozent der Männer, aber nur 38 Prozent der Frauen nennen positive Gesichtspunkte. Umgekehrt sprechen 47 Prozent der Frauen, aber nur 36 Prozent der Männer von Befürchtungen und Ängsten. Sowohl in positiver als auch negativer Richtung dominieren die Themen Gesundheit und finanzielle Absicherung.

Probleme werden aber auch sichtbar, wenn man nach der Stellung, der Bedeutung alter Menschen in unserer Gesellschaft fragt: „Wie sehen Sie das zur Zeit? Haben die alten Menschen bei uns das Gefühl, daß sie nicht mehr dazugehören, daß sie keine Bedeutung haben, oder auch keine Bedeutung haben sollen - oder würden Sie das nicht sagen?" Knapp die Hälfte der Befragten antwortet: „Würde ich nicht sagen", aber immerhin 40 Prozent empfinden die älteren Menschen als ausgegrenzt. Ältere und Jüngere unterscheiden sich auch hier in ihren Beobachtungen kaum.

Viele Befragte sind auch der Meinung, daß die älteren Mitbürger bei uns durchaus selbstbewußter auftreten könnten. Wiederum sind es in allen Altersgruppen etwa 40 Prozent, die einen verbesserungswürdigen Aspekt wahrnehmen und der Meinung sind, daß die alten Menschen bei uns nicht genug Selbstbewußtsein besitzen.

Der vorherrschende Eindruck aus allen Umfragen seit 1979, als in der Bundesrepublik zum ersten Mal ausdrücklich gefragt wurde, ob man von den älteren Menschen einen überwiegend günstigen oder ungünstigen Eindruck habe, deutet auf ein freundliches menschliches Klima gegenüber alten Menschen.

Die Ergebnisse zeigen ein sehr stabiles Bild. Es versicherten immer rund zwei Drittel, sie hätten einen günstigen Eindruck bei nur rund 10 Prozent Gegenstimmen „ungünstig“; auch die Unter-30jährigen sprechen drei Mal häufiger von einem günstigen (49 Prozent) als ungünstigem (17 Prozent) Eindruck von den älteren Menschen.

Auf die Frage: „Verstehen Sie sich mit älteren Menschen gut oder nicht so gut?“ antworteten 81 Prozent „verstehe mich gut“ bei 7 Prozent Gegenstimmen „nicht so gut“; und wieder stimmen die Unter-30jährigen mit der Generation der Ab-30jährigen weitgehend überein.

„Generationskriege“ – „Alters-Klassenkämpfe“

„Wer heute individuell sein Leben plant, tut dies gemeinhin in längeren Zeiträumen: Hypotheken, Versicherungen, das Aufziehen der Kinder – das alles erstreckt sich über Jahrzehnte. Die entsprechende Bereitschaft und Fähigkeit zur gesellschaftlichen 'Langsicht' ist demgegenüber nur unzureichend ausgebildet“, schreibt Hans-Ulrich Klose.[2]

Eine unzureichende gesellschaftliche 'Langsicht' – das könnte auch zutreffen, wenn man erst heute zu erforschen versucht, ob morgen mit „Generationskriegen" oder „Alters-Klassenkämpfen" zu rechnen ist.[3]

1989 wurde vom Allensbacher Institut mit dem Versuch zu demoskopischer 'Langsicht' zum ersten Mal in der alten Bundesrepublik gefragt: „Besteht die Gefahr, daß in Zukunft die Berufstätigen die Rentner und Pensionäre als Parasiten ansehen, die sich auf Kosten der Berufstätigen ein schönes Leben machen, oder besteht eine solche Gefahr nicht?"

Die Frage wurde drei Jahre später im August 1992 wiederholt und nun in West- und Ostdeutschland. Bisher kann sich die große Mehrheit der Bevölkerung einen solchen „Alters-Klassenkampf" nicht vorstellen.

Ebenfalls aus dem Jahr 1989 gibt es die Frage: „Glauben Sie, daß die alten Menschen in der Bundesrepublik zunehmend ein Solidaritätsgefühl untereinander entwickeln oder glauben Sie das nicht?" Immerhin erwarten 46 Prozent der Bevölkerung ab 16 Jahre und 50 Prozent der 45jährigen und älteren ein wachsendes Solidaritätsgefühl der älteren Generation.

Im Gründungsjahr von Trude Unruhs Partei DIE GRAUEN 1989 wurde auch gefragt: „Halten Sie es für notwendig, daß es eine eigene Partei gibt, die speziell die Interessen älterer Menschen vertritt, oder ist so eine Partei nicht notwendig, werden die Interessen älterer Menschen von anderen Parteien ausreichend vertreten?"

Hier war die Bevölkerung bereits 1:1 geteilt. „Ältere brauchen eine spezielle Partei, die ihre Interessen vertritt": die 60jährigen und älteren meinten das zu 50 Prozent. Die politisch und taktisch erfahrenen Spitzen von Wirtschaft, Politik und Verwaltung im CAPITAL-Elite-Panel sehen im selben Jahr die Frage einer speziellen Altenpartei sehr viel nüchterner. Weniger als 10 Prozent glaubten, eine Altenpartei werde eine effektive Interessenvertretung alter Menschen sein.

Die Elite war aber auch 1989 außerdem sehr skeptisch, daß es zu dramatischen Spannungen zwischen den Generationen kommen werde. Auf die Frage: „Rechnen Sie für die Zukunft mit gefährlichen Spannungen zwischen den Generationen mit einer wachsenden Alten-Feindlichkeit, oder rechnen Sie nicht damit?" antworteten zwar die Spitzenpolitiker zu fast 40 Prozent, aber die Wirtschaftsführer nur zu 20 Prozent, sie rechneten mit gefährlichen Spannungen. Auch eine weitere Frage mit Zukunftsflair: „In den letzten Jahrzehnten haben wir eine Periode der Jugendmacht, der Jugendkultur erlebt. Rechnen Sie damit, daß wir in Zukunft eine Periode der Altenmacht erleben?" wurde von den Politikern zu 43 Prozent, von den Männern der Wirtschaft nur zu 27 Prozent beantwortet: „Rechne mit einer Periode der Altenmacht" (Tabelle A 2).

Tabelle A 2: Alte Bundesrepublik – Führungskräfte aus Wirtschaft, Politik und Verwaltung

FRAGE: "In den letzten Jahzehnten haben wir eine Periode der Jugendmacht, der Jugendkultur erlebt, rechnen Sie damit, daß wir in Zukunft eine Periode der Altenmacht erleben?"

	Alte Bundesrepublik		
	Führungskräfte aus –		
	Wirtschaft	Politik	Verwaltung
	%	%	%
Rechne mit Periode der Altenmacht	27	43	31
Rechne nicht damit	73	55	69
Keine Angabe	-	2	-
	100	100	100
n =	165	51	65

Quelle: Allensbacher Archiv, IfD-Umfrage 2295, CAPITAL-Führungskräfte-Panel; Aug./Sept. 1989

Feierabend oder aktives Alter?

Die ältere Generation unserer Zeit erreichen viele einander widersprechende Botschaften.

Durchaus charakteristisch war das Erlebnis eines leitenden Angestellten, der nach einer fast 40jährigen verantwortungsvollen Berufstätigkeit bei seiner Pensionierung von seinem protestantischen Pfarrer hörte: „Nun nehmen Sie mal Ihr Leben ganz ruhig. Sie sind jetzt auf dem Parkplatz angekommen". Eine Feierabend-Stimmung aus anderer Zeit mit viel kürzerer Lebenserwartung als Tradition weitergegeben, soll zwei oder drei Jahrzehnte Leben ausfüllen.

Auf der anderen Seite gibt es die Ratschläge, das Alter aktiv zu gestalten, im eigenen Interesse wie auch im Interesse der Gesellschaft.

Die Botschaft vom aktiven Alter erhält durch die Überzeugungen der Bevölkerung durchaus ein gutes Fundament. „Wer rastet, der rostet", diesem Sprichwort stimmte die Bevölkerung - bei einer Umfrage 1991 - zu 88 Prozent zu und bei der Nachfrage: „Meinen Sie, dieses Sprichwort gilt auch für alte Menschen oder gilt dieser Satz nicht für alte Menschen?" wird noch einmal von 72 Prozent bekräftigt: „Gilt auch für alte Menschen".

Mit zwei weiteren Ansichten zum Thema „aktives Alter" wurde die Bevölkerung konfrontiert: „Hier sagt jemand etwas über das Alter. Wenn Sie das einmal lesen. Würden Sie sagen, der/die hat recht oder nicht recht?"

> „Auch ältere Menschen, die bereits
> aus dem Berufsleben ausgeschieden sind,
> sollten sich weiterbilden
> und immer wieder Neues dazulernen."

72 Prozent der Bevölkerung bei nur 9 Prozent Gegenstimmen fanden: „Der/die hat recht".

In einer Parallel-Umfrage lautete die zur Diskussion gestellte Ansicht:

> „Mit 60 Jahren ist die Zeit vorbei,
> in der man sich weiterbilden und Neues
> lernen sollte. Da soll man seine
> Pensionierung genießen."

26 Prozent der Unter-30jährigen, 33 Prozent der 60jährigen und älteren stimmten zu, klare Mehrheiten – 59 Prozent, 51 Prozent – widersprachen.

Die Schwierigkeit, solche Überzeugungen in Verhaltensweisen umzusetzen, sind bekannt. Ein besonderes Bedürfnis, sich anzustrengen, auch eine Neigung, so lange wie möglich im Beruf zu arbeiten, läßt sich nicht erkennen.

Die Lebenszufriedenheit der alten Menschen ist groß. Auf die Frage: „Sind Sie im allgemeinen mit Ihrem jetzigen Leben zufrieden oder wünschen Sie sich manches anders?" antworteten 1958 45 Prozent, 1973 58 Prozent und 1991 60 Prozent der westdeutschen Bevölkerung „bin zufrieden". Bei den 60jährigen und älteren wurde der Durchschnitt der Zufriedenheit 1991 noch übertroffen: 66 Prozent erklärten „bin zufrieden", 29 Prozent „wünsche mir manches anders".

Auf die 1990 zum ersten Mal gestellte Frage an Rentner, Pensionäre: „Macht Ihnen das Leben mehr Freude, seit Sie im Ruhestand sind, oder weniger Freude, oder würden Sie sagen, kein Unterschied?" antworteten in Westdeutschland 37 Prozent „mehr Freude", 14 Prozent „weniger Freude", und 47 Prozent fanden „kein Unterschied".

Hans-Ulrich Klose schreibt: „Die Gestaltung der Gerechtigkeit zwischen den Generationen kann sinnvoll nicht auf den Bereich der Sozialtransfers beschränkt werden. Über veränderte Arbeitszeitregelungen und Arbeitsbedingungen könnte perspektivisch eine breitere Verteilung des Arbeitsvolumens bewirkt werden, horizontal auf das aktuelle Arbeitskräfte-Angebot und vertikal auf die einzelnen Lebensläufe. Die Älteren könnten beim neugeschnürten biographischen Paket länger arbeiten und dies auch wollen".[4]

Bisher ist eine Bereitschaft zur Verlängerung der Lebensarbeitszeit nicht erkennbar. Der Trend läuft eher umgekehrt. 1970 wurde zum ersten Mal gefragt: „Es gibt Menschen, die möchten schon früher, als gesetzlich vorgesehen, Rentner werden. Andere wiederum tragen sich mit dem Gedanken, auch im Rentenalter noch einige Zeit weiterzuarbeiten. Wie geht es Ihnen? Würden Sie lieber früher aufhören oder zum normalen Zeitpunkt oder länger arbeiten?" Im Sommer 1993 wurde die Frage wiederholt, jetzt in West- und Ostdeutschland.

Die Mehrheit von 41 Prozent der berufstätigen Angestellten und Arbeiter, die 1970 lieber früher mit der Berufsarbeit aufhören wollten, hat sich bis 1993 auf 50 Prozent ausgebaut. Den Wunsch, länger als bis zur offiziellen Rentengrenze zu arbeiten, hegten 1970 8 Prozent und 1993 5 Prozent. In Ostdeutschland war die Zahl derjenigen, die länger arbeiten wollten, mit 6 Prozent nicht größer als im Westen. Aber früher aufzuhören, wünschten sich rund 31 Prozent, also deutlich weniger als im Westen.

Nicht Animation, sondern Tätigkeit, bei der Kräfte erhalten und entwickelt werden

Wenn man die Abneigung, länger als nötig im Beruf zu arbeiten, betrachtet, dann muß man folgendes bedenken: Eines der am besten in der Sozialforschung gesicherten Ergebnisse ist bei der Bevölkerung und damit also auch bei Menschen in mittleren Jahren, die an die Gestaltung ihres Alters denken, und bei den alten Menschen selbst nicht angekommen: Glück, dauerhaftes psychologisches Wohlbefinden erreicht man nur durch Aktivierung, wobei zu unterscheiden ist zwischen einer

Aktivierung von außen, sozusagen mit Animation, und einer Aktivierung von innen durch Anstrengung, und dadurch bewirkt das Wachstum eigener Kräfte.

Der Gedanke, daß man mit einer Fortsetzung beruflicher Tätigkeit die eigenen Kräfte erhalten kann und damit ein glücklicheres Leben erlebt, ist bisher noch ganz fremd. Es ist richtig, eine Frage nach Freizeitaktivitäten: „Können Sie mir sagen, wohin Sie häufiger gehen?" zeigt, daß die Alten heute aktiver denn je sind. Viele Unternehmungen, die gerade auch der Geselligkeit dienen, haben in beträchtlichem Umfang zugenommen: 1953 gingen nach eigenen Angaben 25 Prozent der älteren Befragten häufiger zu Einladungen bei Freunden und Bekannten; heute sind es 55 Prozent. Häufige Besuche bei Nachbarn machen heute 37 Prozent der Älteren; Anfang der fünfziger Jahre waren es lediglich 14 Prozent. Etwa im gleichen Umfang zugenommen hat der Anteil der Senioren, die öfter „Wochenendfahrten, Wanderungen, Reisen" unternehmen. Deutlich erhöht hat sich auch die Zahl derjenigen älteren Menschen, die öfter zu Vereinsveranstaltungen gehen.

Eine andere Frage: „Wenn Sie mehr Geld oder Zeit hätten – was würden Sie dann gern alles tun?" illustriert vor allem das enorm gestiegene Bedürfnis der älteren Menschen zu Reisen, welches in den neuen Bundesländern noch etwas stärker hervorsticht als in der alten Bundesrepublik. Erfreulich ist auch, daß trotz mancher anderslautenden Kommentare das Interesse für kulturelle Aktivitäten wie Theaterbesuche oder auch das Interesse am Lesen nicht nachgelassen, sondern sich sogar verbessert hat (Tabelle A 3).

Geselligkeit, Reisen – das bedeutet zweifellos Aktivierung, aber nicht unbedingt Erhalten und Wachstum eigener Kräfte – die Aktivierung wird zu sehr von außen angeregt.

Ein zutiefst besorgniserregendes gesellschaftliches Symptom ist die Zunahme der Langeweile, die seit Anfang der fünfziger Jahre vor allem die alten Menschen erfaßt hat. Auf

Tabelle A 3: Gesamtdeutschland - Bevölkerung von 60 bis 79 Jahren

Freizeitinteressen - Entwicklung seit 1953

FRAGE: "Wenn Sie mehr Geld und Zeit hätten - was würden Sie dann gern alles tun?" (Vorlage einer Liste)

60 - 79 Jahre	Alte Bundesrepublik			Neue Bundesländer
	Sommer 1953*)	Aug./Sept. 1979	Okt./Nov. 1991	Okt./Nov. 1991
	%	%	%	%
Reisen	44	62	64	71
Mit meiner Familie zusammen sein	43	35	41	51
Lesen (1979: Lesen, Bücher lesen)	25	28	32	32
Ins Theater gehen	22	-	29	25
Basteln, handarbeiten, malen, Musik machen	21	21	28	29
Fernsehen	-	21	23	32
Nachbarn, Freunde einladen	14	23	20	26
Mehr in der kirchlichen Gemeindearbeit tun	14	9	14	8
Sport treiben	3	9	13	12
An kirchlichen Veranstaltungen teilnehmen	18	13	11	10
Um politische Dinge kümmern	5	8	9	6
Beruflich fortbilden	5	4	4	3
n =	543	476	463	224

* 1953: ohne Saarland und West-Berlin

Quelle: Allensbacher Archiv, IfD-Umfragen 225, 1287, 3210

die Testfrage: „Kennen Sie das, wenn einem an Sonntagen oder Feiertagen die Zeit so lang wird?" antworteten 1953 noch 25 Prozent der Älteren zustimmend; heute hat sich der Anteil auf 41 Prozent erhöht. In Ostdeutschland ist das Symptom der Langeweile nicht weniger, sondern sogar noch etwas weiter verbreitet als in Westdeutschland. Auch in diesem Fall sind wiederum die Senioren ab dem 70. Lebensjahr in besonders negativer Weise betroffen. Die Hälfte dieser Personen gibt in Ost und West an, daß sie das Gefühl der Langeweile an Sonn- und Feiertagen kennt.

Langeweile ist Ausdruck einer falschen Lebensführung und Werteorientierung und verstärkt das Leiden am Alter. Der Umgang mit Menschen, die Langeweile empfinden, ist für andere wenig attraktiv. So verstärkt die Langeweile noch die soziale Isolation und gefährdet den Zusammenhang der alten Menschen mit ihren Familien und ihrem weiteren Bekanntenkreis. Bemerkenswert ist, daß sich anhand dieses Symptoms zeigen läßt: Merklich verschlechtert hat sich das Bild über die letzten Jahrzehnte nicht bei den älteren Männern, wohl aber bei den älteren Frauen, und das sogar in gravierender Weise. Dieses geschlechtsspezifische Muster, das bei all diesen Fragen zutage tritt, macht deutlich, daß die besondere Lebenssituation der älteren Frauen ein wichtiger Schwerpunkt künftiger Forschungen und politischen Handelns sein sollte.

Es ist eine ernstzunehmende Hypothese, daß die Zunahme der Langeweile mit der Verbreitung des Fernsehens zu tun hat. Die amerikanischen Forscher Kubey und Csikszentmihalyi[5] haben in ihrer lesenswerten Untersuchung über die Wirkung des Fernsehens herausgearbeitet, daß das Vielfernsehen oft als Ersatz für soziale Interaktion und zur Abwehr von Einsamkeitsgefühlen an Passivität gewöhnt, also gerade das Gegenteil von dem bewirkt, was psychologisches Wohlbefinden hervorruft: Aktivierung.

Die neuesten Zahlen der Allensbacher Werbeträger-Analyse, die mit knapp 20.000 Interviews in Gesamtdeutschland eine fundierte Datenbasis ermöglicht, zeigen einen erschrekkend hohen Anteil von Vielfernsehern in der älteren Generation und besonders bei den Älteren in den neuen Bundesländern. Daß Langeweile und das Ausmaß des Fernsehkonsums miteinander korrespondieren, läßt sich zahlenmäßig belegen. Sowohl in der Gesamtbevölkerung als auch in der älteren Generation steigt das Ausmaß der Langeweile mit zunehmendem Fernsehkonsum erheblich. Man muß hier sicherlich von einer Wechselwirkung ausgehen: Für denjenigen, der mit seiner Zeit nichts anzufangen weiß, stellt das Fernsehen eine relativ einfache Problemlösung dar. Umgekehrt führt aber auch das Vielsehen dazu, daß Aktivitäten, die zunächst mehr Anstrengung erfordern, verkümmern.

Es müssen - so kann man hier zusammenfassen - die Wegweiser für Menschen in mittleren Jahren und im Alter neu aufgestellt werden. Es besteht kein Interessenkonflikt zwischen der Gesellschaft, die ihre Alterung bewältigen muß und den alten Menschen, sondern ganz im Gegenteil: Die Gesellschaft braucht aktive alte Menschen sowohl in der Wirtschaft wie im politischen und kulturellen Leben und in den Bereichen gegenseitiger menschlicher Hilfeleistung, und die alten Menschen brauchen Lebenssituationen, in denen sie ihre Kräfte erhalten und auch weiter entwickeln, um ein glückliches Alter zu erleben.

Junge Alte und alte Alte

Gewiß muß man in der Aktivierungsstrategie die Unterschiede beachten zwischen den jungen Alten und den alten Alten mit ihren unvermeidlich nachlassenden Kräften.

In sozialwissenschaftlichen Untersuchungen zur Altenthematik ist es nur selten möglich, auf breiter Basis zwischen jüngeren und älteren Senioren zu unterscheiden. Im folgenden Abschnitt wird durch den Zugriff auf die umfangreiche Datenbasis der Allensbacher Werbeträger-Analyse 1992 mit insgesamt über 19.000 Befragten in Gesamtdeutschland eine feingegliederte Analyse der Lebensverhältnisse älterer Menschen nach drei Altersdekaden - 60-69 Jahre, 70-79 Jahre sowie 80 Jahre und älter - ermöglicht.

Gefragt wurde nach einer Bandbreite von insgesamt 47 Interessengebieten - von Geld- und Kapitalanlagen über Fragen der Wohnungseinrichtung und Haushaltsführung, technische Geräte der Unterhaltungselektronik bis zu medizinischen Fragen, kulturellen Interessen, Reisen, Kosmetik und Sport. Der Anteil von Personen mit breitem Interessenhorizont nimmt von der jüngsten Altersgruppe der 14-19jährigen bis zu den jungen Alten, den 60-69jährigen, von Altersdekade zu Altersdekade nur ganz langsam ab. Ab dem 70. und ab dem 80 Lebensjahr sind dann jedoch merkliche Einschnitte im Interessenspektrum zu verzeichnen (Anhang Schaubild 1).

Die weitere Aufschlüsselung nach älteren Männern und Frauen macht deutlich, daß die Zäsur ab dem achten Lebensjahrzehnt im Grunde nur die älteren Frauen, diese jedoch in besonders gravierender Weise betrifft. Während von den 60-69jährigen Frauen noch 24 Prozent ein breites Interessenspektrum aufweisen, deutlich mehr als bei den gleichaltrigen Männern, sind es in der Altersgruppe der 70-79jährigen Frauen nur noch 11 Prozent und bei den Frauen ab 80 Jahre nur 5 Prozent (Anhang Schaubild 2).

Es liegt nahe, diese Ergebnisse auf den besonders hohen Anteil von alleinstehenden Frauen über 70 Jahre zurückzuführen. Die Allensbacher Werbeträger-Analyse 1992 ermittelt eine Rate von 29 Prozent alleinstehenden Frauen zwischen 60 und 69 Jahre; bei den 70-79jährigen Frauen liegt dieser Anteil schon bei 57 Prozent, und bei Frauen ab 80 Jahre beträgt er sogar 72 Prozent. Männer im hohen Alter leben in weit geringerem Umfang in Einpersonenhaushalten, bei 70-79jährigen sind es 18 Prozent und ab 80 Jahre 28 Prozent.

Die empirische Überprüfung zeigt jedoch, daß sich die Einschränkung des Interessenhorizonts bei Frauen im höheren Alter nicht über einen so einfachen Sachverhalt wie die Haushaltssituation erklären läßt. Ältere alleinstehende Frauen haben nicht deutlich weniger Interessen als solche in Mehrpersonenhaushalten.

Im einzelnen betrachtet gibt es natürlich Interessengebiete, die von älteren Menschen häufiger genannt werden als in der Gesamtbevölkerung. Zu erkennen ist eine erhöhte Wißbegier in Gesundheitsfragen sowie eine starke Neigung zu häuslichen Interessen, erkennbar am Punkt „Gartenpflege, Gartengestaltung" sowie bei älteren Frauen auch an den Angaben „Kochen, Kochrezepte" und „Haushaltspflege". Diese häuslichen Interessen sind noch bei den 70-79jährigen verbreiteter als in der Gesamtbevölkerung, ab dem 80. Lebensjahr ist dann jedoch auch hier ein merklicher Rückgang zu verzeichnen.

Positiv zu werten ist das recht hohe Interesse der älteren Menschen am politischen Geschehen. Bemerkenswert ist dabei, daß das politische Interesse auch bei den hochbetagten Männern und Frauen kaum zurückgeht. Unter den Männern ab 80 Jahre interessiert sich immer noch eine deutliche Mehrheit von etwa 60 Prozent für Politik, unter den ältesten Frauen beträgt dieser Anteil 30 Prozent, ein Wert, der im Vergleich zu allen befragten Frauen durchaus als durchschnittlich zu bezeichnen ist.

Noch deutlicher als mit Hilfe von Fragen zur Interessenstruktur kann man bei Ermittlungen zu Aktivitäten und Freizeitbeschäftigungen die ganz unterschiedlichen Lebensverhältnisse von noch eher jungen Senioren und Höherbetagten herausarbeiten. Männer und Frauen ab dem achten Lebensjahrzehnt sind nach den vorliegenden Analysen gleichermaßen von einer Aktivitätsminderung betroffen.

So läßt sich zeigen, daß etwa unter den Männern zwischen 60 und 69 Jahre der Anteil der Autofahrer mit 71 Prozent noch fast so hoch ist wie bei allen Männern ab 18 Jahre. Bei den 70-79jährigen Männern sind es aber nur noch 43 Prozent und bei den Senioren ab 80 Jahre 31 Prozent, die selbst am Steuer sitzen. Unter den älteren Frauen sind Autofahrerinnen generell eher die Ausnahme. Hier wirkt sich der Umstand aus, daß diese Frauen in weit geringerem Maße als heute im jungen Erwachsenenalter den Führerschein erwarben.

Auf die Frage: „Haben Sie in den letzten 12 Monaten eine oder mehrere Urlaubs- oder Erholungsreisen gemacht, wo Sie länger als 5 Tage von zu Hause weg waren?" antworten in Westdeutschland mit 56 Prozent der 60-69jährigen etwa so viele Personen zustimmend wie in der Gesamtbevölkerung. Bei den 70-79jährigen fällt dieser Anteil dann aber auf 37 Prozent, und bei den Befragten ab 80 Jahre beträgt er nur noch 20 Prozent. In Ostdeutschland wurden insgesamt weniger Urlaubsreisen unternommen. Das Verhältnis zwischen „jungen Alten" und „alten Alten" entspricht aber dem in der alten Bundesrepublik.

Sehr gut läßt sich auch anhand einer Frage nach diversen Freizeitbeschäftigungen nachvollziehen, wie stark sich der Lebensradius ab dem achten Lebensjahrzehnt verengt. Besonders gravierend ist die Aktivitätsminderung bei durchaus altersgerechten sportlichen Betätigungen wie Schwimmen, Wandern, Kegeln oder Gymnastik. Weniger kraß ist dagegen der altersbedingte Rückgang bei häuslichen Aktivitäten.

Abgesehen von den Differenzen zwischen den Altersgruppen fällt aber auch auf, daß die älteren Ostdeutschen sich im Vergleich zu den Senioren im Westen in weit geringerem Umfang noch sportlich betätigen. Deutlich geringer ist auch der Anteil der älteren Ostdeutschen, die schon mal „zum

Essen ausgehen". So sind die Aktivitäten der Senioren in den neuen Bundesländern noch stärker als im Westen auf die unmittelbare private Umgebung beschränkt.

Zu erkennen ist dies ganz besonders auch am Fernsehkonsum, der einzigen erkennbaren Freizeitbeschäftigung, die auch im höchsten Alter nicht an Attraktivität verliert. Die täglich beim Fernsehen verbrachte Zeit ist vor allem bei den älteren Ostdeutschen enorm hoch: 41 Prozent der 60-69jährigen (West: 24 Prozent) und 45 Prozent der ältesten Befragten (West: 31 bzw. 32 Prozent) geben an, an einem Werktag 4 oder mehr Stunden vor dem Fernsehgerät zu verbringen.

Eine wichtige Rolle bei der aktiven Lebensbewältigung der älteren Menschen spielt das Selbstwertgefühl. Die Aufrechterhaltung von Aktivität und Kompetenz fördert das Selbstwertgefühl, und umgekehrt verhindert eine Stärkung des Selbstwertgefühls, daß sich alte Menschen im Sinne einer „self-fulfilling prophecy" immer mehr aus wichtigen Lebensbereichen zurückziehen.

Selbstwertgefühl wird etwa durch ein Instrument gemessen, das unter dem Namen „Skala der Persönlichkeitsstärke" Anfang der achtziger Jahre im Allensbacher Institut entwickelt wurde. Die Skala besteht aus zehn Selbstbeschreibungen, welche nicht an die Voraussetzung von Bildung oder Einkommen gebunden sind.

Zwar nimmt das Selbstwertgefühl ab dem 70. Lebensjahr ab, doch kann man dabei nicht von starken Einbrüchen sprechen. Manche Selbstbeschreibungen wie „Ich gebe anderen öfter Ratschläge, Empfehlungen", „Ich besitze vieles, worum mich andere beneiden" zeugen von einem speziellen, auch im Vergleich zur Gesamtbevölkerung nicht reduzierten Selbstbewußtsein der Hochbetagten.

Der Zusammenhang zwischen Selbstwertgefühl einerseits und Aktivität andererseits läßt sich nachweisen. Dieser Zusammenhang hat auch dann Bestand, wenn man die einzelnen

Altersdekaden jeweils für sich betrachtet. Der Zusammenhang ist also nicht damit zu erklären, daß mit steigendem Alter sowohl Selbstwertgefühl als auch Freizeitaktivitäten abnehmen und es damit zu einer Scheinkorrelation kommt. Selbstwertgefühl ist ebenso wie Aktivität mit psychologischem Wohlbefinden eng verbunden.

Schließlich werden noch einige Ergebnisse zur finanziellen Situation nach Altersdekaden mitgeteilt.

Feststellen läßt sich, daß die Hochbetagten hinsichtlich des Hauptverdienereinkommens spürbar schlechter gestellt sind als die jüngeren Alten. Bei deutlich mehr als der Hälfte der Westdeutschen ab 80 Jahre liegt dieses Einkommen unter 2000,– DM im Monat. Überraschenderweise ist jedoch zumindest im Westen der subjektiv geschätzte finanzielle Spielraum der Ältesten gegenüber den anderen Senioren kaum reduziert. Daneben ist auch bemerkenswert, daß dieser materielle Freiraum sich bei den Senioren in den alten Bundesländern nicht wesentlich von dem der Westdeutschen zwischen 30 und 59 Jahre unterscheidet. Anders ist es in den neuen Bundesländern: Hier sind die Älteren ab 70 Jahre auch hinsichtlich ihres finanziellen Spielraums gegenüber der überwiegend erwerbstätigen Bevölkerung erkennbar benachteiligt.

Das Konsumverhalten der älteren Menschen ist auch heute noch gänzlich verschieden von dem der jungen und mittleren Generation. Der verfügbare finanzielle Spielraum dürfte bei den Älteren nicht zuletzt deshalb im Schnitt noch relativ hoch sein, weil man auch bei der Befriedigung von Grundbedürfnissen sparsamer mit dem Geld umgeht. Der Anteil von Personen mit spontanen, extravertierten Konsumgewohnheiten ist unter älteren Menschen deutlich herabgesetzt. Feststellen läßt sich dies an Aussagen wie „Ich probiere gern etwas Neues aus“, „Ich finde, man sollte das Leben genießen und nicht so viel sparen“ oder „Wenn mir eine Sache gefällt, kaufe ich sie, auch wenn ich sie nicht unbedingt brauche“.

Bezeichnend ist, daß die Einstellung „Ich finde, man sollte auf einen Teil des Konsums verzichten und ein einfacheres Leben führen", welche man gemeinhin mehr mit postmateriellen Orientierungen unter grün-alternativen jungen Menschen in Verbindung bringt, nicht in der jungen Generation, wohl aber bei alten Menschen und insbesondere bei den Hochbetagten besonders weit verbreitet ist.

Schlußbemerkung

Der Bericht verdeutlicht, daß die Verantwortung von Politik und Wirtschaft in der gegenwärtigen Phase der Alterung der Gesellschaft für das richtige Stellen der Wegweiser groß ist. Jegliche Sicherung alter Menschen, auch wenn sie in der besten Absicht erfolgt, ist schädlich, wenn sie die Aktivierung beeinträchtigt. Es ist die Hoffnung, daß Erkenntnisse der empirischen Sozialforschung in die Überlegungen voll einbezogen werden.

Anmerkungen

* Ein vollständiger Tabellen-Band ist speziell zu diesem Aufsatz angefertigt worden. Er ist zu beziehen über das Archiv des Instituts für Demoskopie Allensbach.

1 Hans-Ulrich Klose (1993): Die Zukunft hat schon begonnen. Überlegungen zur Bewältigung des demographischen Wandels. In: Hans-Ulrich Klose (Hrsg.): Altern der Gesellschaft - Antworten auf den demographischen Wandel, Köln, Bund-Verlag, S. 14.

2 Ders., S. 25.

3 Ders., S. 11.

4 Ders., S. 12.

5 Kubey, R. und Csikszentmihalyi, M. (1990): Television and the Quality of Life. Hillsdale: Lawrence Erlbaum Associates.

Anhang

Schaubild 1: Interessenspektrum

Breites Interessenspektrum:
Besonders interessiert an 14 und mehr Interessengebieten

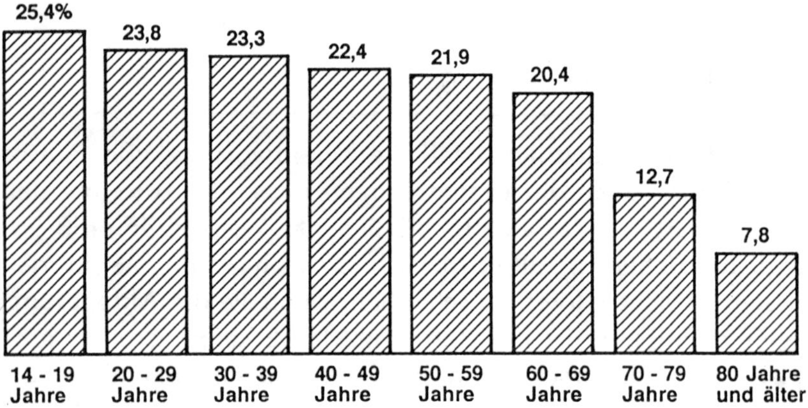

Quelle: AWA 92

Schaubild 2: Interessenspektrum bei älteren Männern und Frauen

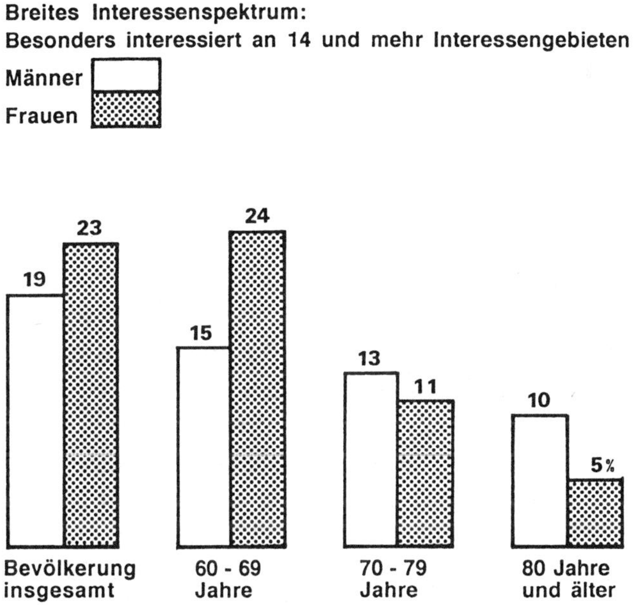

Quelle: AWA 92

Produktivität eines neuen Alters: Lebensziele, Märkte und Produkte

Malte Ristau, Petra Mackroth

1. Vom dreifachen Altern spricht der Soziologe Hans Peter Tews und meint damit, daß es immer mehr ältere Menschen gibt, die im Verhältnis zu immer weniger werdenden Jüngeren noch immer älter werden.[1] Merkmale des neuen Alters in Deutschland, aber auch in allen anderen westeuropäischen Ländern, sind ein hohes Maß an Hochaltrigkeit, eine frühe Entberuflichung, eine Feminisierung und schließlich eine Verjüngung des Alters: die Altersphase wurde ausgeweitet, durch Arbeitsmarktpolitik nach unten und durch Wohlfahrtspolitik nach oben. Die Entwicklung in den neuen Bundesländern unterscheidet sich quantitativ kaum von der in den alten. Der Anteil der Älteren steigt noch rascher, weil immer mehr jüngere unter den Ostdeutschen vermehrt im Westen Arbeit und Wohnung suchen.

Wenn wir von „den Älteren" reden, müssen wir genau hinsehen, auf Lebenslagen, Einstellungen, Lebensmuster und Lebensziele. Alter ist heute eine eigenständige lange Lebensphase mit spezifischen Risiken, Perspektiven und Gestaltungsmöglichkeiten. Wann ein Mensch „älter", wann er „alt" ist, läßt sich kaum wissenschaftlich exakt erfassen. Nach wie vor ist mit dem sog. Ruhestand nach allgemeiner Meinung der Beginn der Altersphase verbunden. Es handelt sich um einen sozialen Eintritt ins Alter, nicht um einen biologisch-physischen. Wir haben es bei den Älteren z.T. mit Frühpensionären um die 50 zu tun, bis hin zu den 100jährigen, von denen es im Jahr 2000 immerhin mehr als 10.000 in Deutschland geben wird (1992: rund 4000). Die durchschnittliche Lebenserwartung hat sich massiv erhöht. Es gab noch nie so viele Hochaltrige. Bei dieser Gruppe der sog. „alten Alten" können wir fast von einer Bevölkerungsexplosion sprechen. Immer mehr Menschen werden 80, 90 oder gar 100 Jahre alt. Noch nie stand so viel Raum für individuelle Lebensentwürfe zur Verfügung.

Ein weiterer Gewinn von Lebensjahren erscheint möglich. Wir profitieren von den Fortschritten der Medizin sowie besseren Arbeits- und Lebensbedingungen. Der Gesundheitszustand ist weitaus besser als es dem immer noch verbreiteten Altersbild entspricht. Als ein Indiz hierfür kann die Selbsteinschätzung der Alten gelten. Die Hälfte der 55-75jährigen hält den eigenen Gesundheitszustand beispielsweise für sehr gut oder für zumindestens gut. Selbst in der Gruppe der 70-75jährigen liegt dieser Anteil noch bei rund einem Drittel. Dies sind Ergebnisse, die durch die geriatrische Forschung bestätigt werden. Zwar steigt mit dem Alter die Krankheitshäufigkeit ganz allgemein. Doch selbst die über 100jährigen sind zu 30 % noch rüstig, physisch und psychisch in vergleichsweise guter Verfassung. Etwa die Hälfte dieser Gruppe plagt sich zwar mit Krankheiten herum, kann damit aber ganz gut leben. Ein Fünftel nur der immerhin im vorigen Jahrhundert Geborenen ist schwer krank, hilfs- und pflegebedürftig.

Die Älteren selbst fühlen sich überwiegend nicht alt. Bei den 60-64jährigen sind es nur 4 %, bei den 65-69jährigen lediglich 14 %, und erst im Alter von 70-75 Jahren steigt der Anteil derjenigen, die sich selbst als alt bezeichnen, auf auch nur 36 % an im Westen. Im Osten der Republik fühlen sich die Alten noch jünger. Tatsächlich setzt ein fortschreitender körperlicher Verfall heute selten vor dem 70. Lebensjahr ein. Bis dahin lassen die eigenen Kräfte, seien sie psychischer oder physischer Natur, die Älteren selten im Stich. Im fort-

Schaubild 1: Entwicklung ausgewählter Altersgruppen in Deutschland

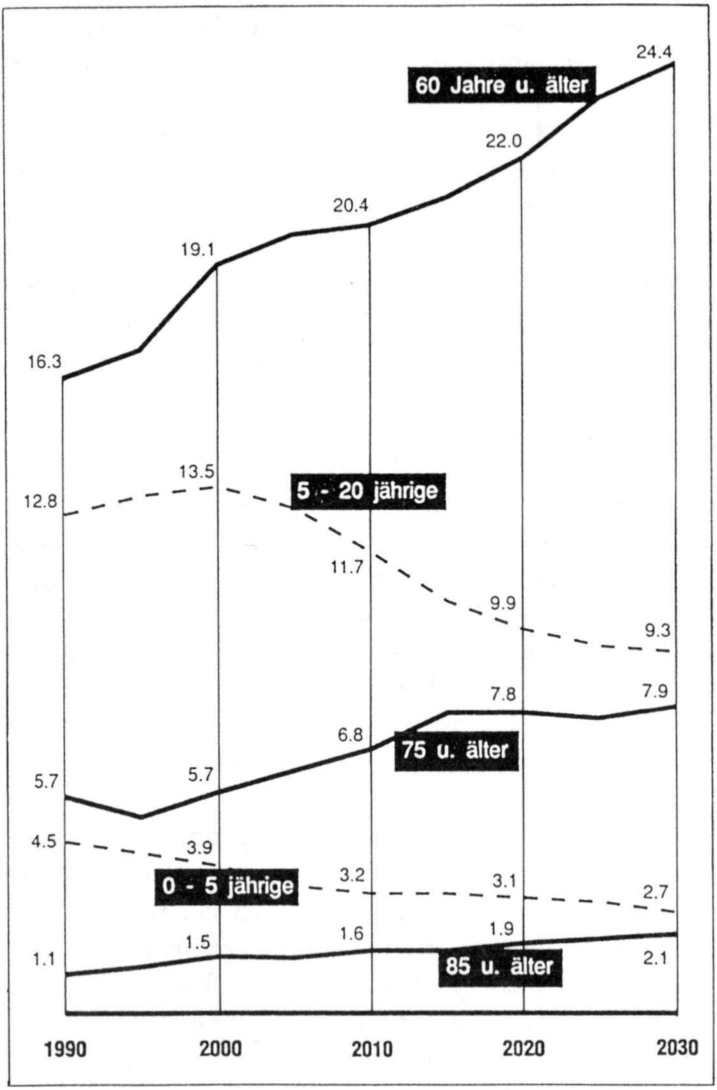

Quelle: Kuratorium Deutsche Altershilfe (1992)

schreitenden Tempo schreitet der Alterungsprozeß dann im 9. Lebensjahrzehnt voran.

Lange dominierten in Wissenschaft, Medien und Politik Interpretationen eines Defizitmodells, die sich auf das chronologische Alter bezogen und Aussagen über die Fähigkeiten älterer Menschen entwickelten. Die lange Dominanz psychologischer Alternsforschung in der Alt-Bundesrepublik hat die Gewichte zeitweise unangemessen verschoben. In einer differenzierteren Betrachtungsweise wird das chronologische Alter heute um andere wesentliche Aspekte ergänzt, z.B. um den physiologischen Zustand oder das soziale Alter. Mehr und mehr treten sozialwissenschaftliche Forschungen über Lebenslage und Lebensstil in den Vordergrund. In den Ergebnissen werden Niveauveränderungen auf drei Ebenen festgestellt. Bei den materiellen Niveaus, d.h. der materiellen Ausstattung und den Haushaltseinkommen, bei den immateriellen Niveaus, also bei Schichtenzugehörigkeit, Bildungs- und Berufsqualifikation und beim Gesundheitszustand sowie insbesondere bei den Verhaltensniveaus.

Nachdem der Strukturwandel des Alters in seinen unterschiedlichen Facetten erkannt worden ist, wird über Entberuflichung des Alters, gewachsenen gesellschaftlichen Teilhabebedarf, veränderte Konsumgewohnheiten und Konsumansprüche, Ausweitung und Interessen und neue Altenbilder diskutiert. Entwicklungen können dadurch einbezogen und Prognosen angedeutet werden, daß die Gruppe zwischen 55-60, die zur Jahrtausendwende das Kernsegment der jungen Alten ausmacht, bereits in die Betrachtung einbezogen wird.

2. Eine Fülle von Studien liefern uns umfassende Informationen über Sozialverhalten und Freizeitbedürfnisse, Einstellungen zum Alter, Werthaltungen und Lebensziele, Mobilität und Kontakte, Wohn-, Sicherheits- und Vorsorgebedürfnisse.[2] Es entsteht dabei ein lebendiges, vielfältiges Bild, wobei die

empirische Vielfalt eine solide materielle Grundlage hat. Diese Basis ist nicht nur das Ergebnis einer langen Phase von wirtschaftlicher Prosperität, sondern auch Ergebnis einer umfassenden, aus öffentlicher wie privater Initiative entstandenen Altersvorsorge.

Werthaltungen sind relativ stabil, können aber durch Veränderungen des Umfelds beeinflußt werden. Derartige Veränderungen geschehen allmählich und werden dann nach und nach von einem Großteil der Menschen aufgenommen. Die heute 60jährigen sind zusammen mit gewichtigen Wertänderungen gealtert. Die durch die Nachkriegsjahre bedingten materialistischen Werte werden sich nicht vollständig auflösen. Vielmehr ist ein Nebeneinander grundlegender Wertorientierungen zu erwarten. Die Entbehrungserfahrung der Kriegsgeneration wird sich im Zeitablauf mit den Wohlstandserfahrungen der Nachkriegsgeneration vermischen.

Menschen wollen in der länger dauernden Zeitspanne des Ruhestandes noch etwas vom Leben haben, nachholen, was ihnen bislang nicht vergönnt war. Dazu zählt z.B. einmal, endlich etwas für sich selbst zu tun. Der Wunsch nach Teilhabe am gesellschaftlichen Leben paßt dazu, wird freilich auch gespeist aus der Furcht vor Einsamkeit. Und während die einen von einem erfüllten Lebensabend mit Persönlichkeitswachstum und voller Kreativität träumen, steht für die anderen der Ausstieg aus den Zwängen des aktiven Lebens im Mittelpunkt: die Entpflichtung des Alters.

Viele ältere Menschen klagen über die Vernachlässigung ihrer Generation. Sie sehen sich als entmachtet, sprechen von eine Gettoisierung der Alten, weisen auf Diskriminierungen hin. Es gibt sie auch, die abwertenden Äußerungen über „Mummelgreise", „Grufties" oder das „alte Eisen". In der Art, wie Ältere mit solchen Herausforderungen fertig werden, unterscheiden sie sich wieder. Die Gruppe derer, die traditionelle Werte und Lebenseinstellungen in einem konservativen

Sinne zu verteidigen sucht, schrumpft. Relativ klein ist die Gruppe der Älteren, die sich in resignativer Zufriedenheit mit dem Status quo zu arrangieren sucht. Minderwertigkeitsgefühle und eine eher pessimistische Lebenseinstellung prägt eine weiter Gruppe älterer Menschen insbesondere der Arbeitermilieus. Und die Trendsetter, das sind eben die neuen stilbildenden Alten mit der demonstrativen Sympathie für den aktiven, zeitgemäßen Lebensstil.[3]

In der kommerziellen Marktforschung wird seit längerem mit Typenbildungen gearbeitet. Dabei handelt es sich um die Charakterisierung von Personengruppen innerhalb (eines Kreises) der Bevölkerung, die bestimmte analoge Eigenschaften und Einstellungen aufweisen. Diese beziehen sich auf Lebensstile und Wertorientierungen in Verbindung mit sozialstrukturellen Merkmalen. Die folgenden Typenbildungen geben - zwangsläufig etwas überzeichnet - einen Einblick in Anlehnung an Vorschläge von Sinus (1990 Westdeutschland) und Infratest (1992, Bayern).

- Typ 1 (30 %): Die pflichtbewußten, konformistischen Älteren. Sie sind eher selbstzufrieden und passen sich an das Gegebene an. Sie sind skeptisch gegenüber Neuerungen. („Das war schon immer so, und das soll auch so bleiben"). Geprägt von einem starken Sicherheitsdenken ziehen sie sich oft ins (gesellige) Private zurück.
- Typ 2 (29 %): Die sicherheitsorientierten Älteren. Aufgrund von Werteverlusten und Orientierungsproblemen liegt hier ein erhebliches soziales Protestpotential. Es überwiegen nüchtern kritische Einstellungsmuster. Aktivitäten betreiben sie mit Ernsthaftigkeit und Disziplin, mit einem gewissen Defizit an spontaner Lust. („Das war schon immer so, und das darf sich nicht ändern".)
- Typ 3 (15 %): Die resignierten, zurückgezogenen Älteren. Ihr Hauptinteresse gilt der Arbeit in Haus und Garten.

Persönlich ziehen sie eine insgesamt negative Lebensbilanz. Bei ihnen haben sich soziale und materielle Benachteiligungen gehäuft. Ihre pessimistische Lebenseinstellung gründet sich in Einsamkeit, Ohnmacht und Resignation.Sie haben ein stark ausgeprägtes Sicherheitsbedürfnis. („Das war schon immer so, und es ist nicht zu ändern.")
- Typ 4 (25 %): Die aktiven neuen Älteren. Sie sind gekennzeichnet durch aktives Freizeitverhalten, kulturelle Interessen, Leistungs- und Verantwortungsbereitschaft für neue Tätigkeitsfelder. Auf der Grundlage gut situierter Verhältnisse wollen sie ihr Leben genießen und sich selbst verwirklichen. Sie sind sozial integriert und kontaktfreudig. („Das war schon immer so, warum soll es so bleiben?")

Vergleicht man die Lebenssituation der resignierten Älteren mit der der aktiven neuen Älteren, so wird die Spannweite der Lebensstile deutlich. Gleichzeitig wird ihre Abhängigkeit von der Verfügbarkeit materieller und immaterieller Ressourcen sichtbar.

Immer mehr Pensionäre und Rentner genießen ihr Leben intensiver, sind aktiv und übernehmen Verantwortung. War man früher passiv, erwartete den Besuch der Verwandten und Bekannten, so ergreift man heute selbst die Initiative, setzt sich nicht zu Ruhe, sondern ist beschäftigt. Bis zum 70. Lebensjahr - so erste Ergebnisse der Berliner Altersstudie - bleibt das Ausmaß an gesellschaftlicher Beteiligung im Durchschnitt gleich, weil neue (eher: Hobbies) und aufgegebene (eher: Ehrenämter) Aktivitäten sich ausgleichen. Danach steigt die Anzahl der aufgegebenen Aktivitäten an. Dennoch werden bis ins sehr hohe Alter auch neue Aktivitäten angefangen.[4]

In den 80er Jahren wurde die Tendenz deutlicher, nach sinnvollen Beschäftigungen außerhalb des Hauses zu suchen, um so Kontakte zu pflegen, Anregungen zu finden und bisherige Lebensstile weiter zu praktizieren.

Auch wenn ihre Freizeitorientierung nicht so ausgeprägt ist wie die Jüngerer, sind sie doch lebens- und unternehmungslustiger, genuß- und konsumfreudiger als ihre Eltern und Großeltern im gleichen Alter waren. Aus der entbehrungsreichen Kriegs- und Nachkriegszeit sind sie in eine Wohlstandsgesellschaft hineingewachsen, die auch ihre Vorstellungen vom Alter prägte. Nicht mehr passiv auf das Lebensende warten, nicht mehr selbstgenügsam die Ersparnisse für die Kinder horten, sondern Wohlergehen und eigene aktive Lebensgestaltung sind ihre Lebensziele. Gesundheit und finanzielle Sicherheit sind ihre wichtigsten Anliegen. An erster Stelle steht das Bedürfnis, geistig und körperlich fit zu bleiben, an zweiter folgt der Wunsch nach einem gesicherten Auskommen. Eine herausragende Rolle spielen auch die zwischenmenschlichen Beziehungen. Ältere Menschen streben nicht vorrangig nach einem Zusammensein mit Gleichaltrigen, sondern suchen in erster Linie nach Fitneß und Aktivität, Kontakten und Erlebnissen.

Der Hauptwunsch bzw. die Absichten bestehen darin, alles das nachzuholen bzw. zu intensivieren, was bis dahin aus Zeitmangel zurückgestellt werden mußte. Zumeist werden vorhandene Interessen quantitativ und qualitativ ausgebaut. Manches scheitert aber auch noch an einem Mangel an Eigeninitiative und an Bequemlichkeit. Die meisten älteren Menschen unterscheiden strikt zwischen Freizeit und Nichtfreizeit. Dabei fallen in die Nichtfreizeit alltägliche Verpflichtungen wie Hausarbeit, Arztbesuche, Behördengänge u.ä., die psychologisch eine Art Berufsersatz darstellen. Freizeit hat man demgegenüber, wenn man sich wohlfühlt.[5]

Die häufigsten Freizeitbeschäftigungen der über 60jährigen sind Medienkonsum, Gespräche mit Nachbarn und Bekannten, Spazierengehen, Handwerken bzw. Heimwerken und Gartenarbeit. Seit Anfang der 70er Jahre haben die körperlichen Aktivitäten zugenommen. Vor allem sanfte Sportarten wie

Wandern, Schwimmen aber auch Gymnastik und Turnen kommen den Bedürfnissen der Senioren entgegen. Eine beliebte Freizeitbeschäftigung ist das Reisen, dies gilt vor allem für die 60-70jährigen, noch über die Hälfte reist gern und häufig ins Ausland, bei den über 80jährigen ist es immerhin ein Viertel. Wie alle Bundesbürger gehen die Älteren gerne zum Essen aus oder hören in ihrer Freizeit Schallplatten oder Musikkassetten. Aktivitäten wie Videos drehen, kreative Hobbies wie Malen oder Zeichnen, finden nicht so großen Anklang.

Rund 3 Mio. über 60jährige mit anderen Lebensverläufen, Wertvorstellungen, mit anderen materiellen Bedingungen bilden seit der Einigung 1990 eine zweite deutsche Altersgruppe.[6] Über 90 % von ihnen stehen dem Leben positiv gegenüber, 80 % freuen sich über alles was die Zukunft noch bringt, zugleich findet sich aber 1/3 der Befragten in den neuen Zeiten nicht mehr zurecht. Die Älteren in Ostdeutschland sind die traditionelleren verglichen mit den Westdeutschen. Sie halten sich für jünger aber sie sind strukturell älter als

Schaubild 2: Alter als Entpflichtung

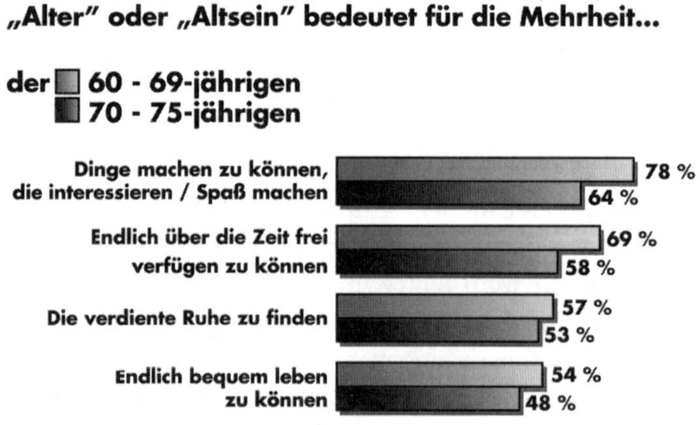

Quelle: Gesellschaft für Konsum-, Markt- und Absatzforschung, Nürnberg (1992)

Schaubild 3: Alter als Belastung: Zwei Aspekte

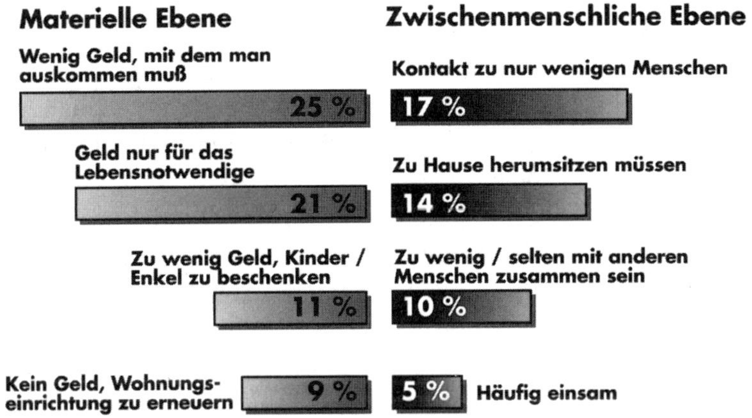

Quelle: Gesellschaft für Konsum-, Markt- und Absatzforschung, Nürnberg (1992)

diese. Es handelt sich aber auch bei ihnen nicht um eine homogene Gruppe, sondern um unterschiedliche Teilgruppen mit differenzierten sozialen Strukturen, Lebenslagen, Wertorientierungen und Zufriedenheiten.

3. Die in der Bundesrepublik aber auch in anderen westeuropäischen Ländern charakteristische veränderte Situation ist – trotz nach wie vor bestehender Armut und sozialer Ungleichheit – durch materielle Besserstellung geprägt. Die Älteren hatten ihren Anteil am Wohlstandszuwachs, zeitweise sogar überproportional. Eine 40jährige Phase fast ununterbrochenen westdeutschen Wirtschaftswachstums versetzt immer mehr Menschen in die Lage, mit privatem Vermögen ihr Einkommen aus der gesetzlichen Alterssicherung aufzustocken und dadurch ihren Lebensstandard substantiell zu verbessern: „Die traditionelle Gleichung, alt = vermögenslos und damit arm, stimmt heute nicht mehr".[7] Ältere verfügten im westlichen Bundesgebiet 1990 über ein Vermögenseinkommen von

nahezu 40 Mrd. DM. Signifikant ist der Vergleich des durchschnittlichen Vermögenseinkommens je Haushaltsmitglied. Während diese Werte in Haushalten mit Personen bis 59 Jahre 2.142,- DM betrug, konnten Haushalte mit Personen über 60 Jahre 2.729,- DM je Haushaltsmitglied für sich verbuchen. Die statistischen Angaben berücksichtigen nicht die für das Alter signifikanten Disparitäten.

Die jährlich erhobene Einkommensverbrauchsstichprobe sowie Ergebnisse der laufenden Wirtschaftsrechnungen dokumentieren Einkommen- und Verbrauchsausgaben der Haushaltstypen. Die Entwicklung der Rentnereinkommen hat mit der allgemeinen Einkommensentwicklung zumindest Schritt gehalten. Das durchschnittliche Bruttoeinkommen der westdeutschen Rentnerhaushalte stieg zwischen 1975-1990 von DM 922,- auf DM 2.166,-. Die Einkommensverbesserung überschritt geringfügig die der anderen Haushaltstypen. 3/4 der westdeutschen Senioren im Alter von 60-70 Jahren hatten laut Allensbacher Werbeträgeranalyse schon 1991 ein Haushaltseinkommen von mindestens DM 2.000,- zur Verfügung. Rund 20 % konnten sogar mit mehr als DM 4.000,- rechnen. Schlechter ist die finanzielle Situation der über 70jährigen. Die relevanten Einkommensquellen waren Übertragung, Vermögenseinkunft und Einkünfte aus selbständiger Tätigkeit. Einkommen aus unselbständiger Tätigkeit spielten keine wesentliche Rolle. Die Verbrauchsausgaben wuchsen bei den Rentnerhaushalten relativ schneller als bei den übrigen Haushalten. Auch die Ersparnisse stiegen im Gesamtzeitraum von 1970-1990 schneller als bei den anderen Haushalten.

Die durchschnittlich verbesserte materielle Ausstattung läßt sich nicht nur am Haushaltseinkommen nachweisen.[8] Die nachwachsenden Altersgenerationen kommen z.T. ebenfalls mit günstigeren Niveaus im Bezug auf Haus- und Grundstücksbesitz, Gartenbesitz, PKW- und Führerscheinbesitz, Besitz langfristiger Konsumgüter in der Altersphase. Auch wer-

Schaubild 4: Das Einkommen im Alter

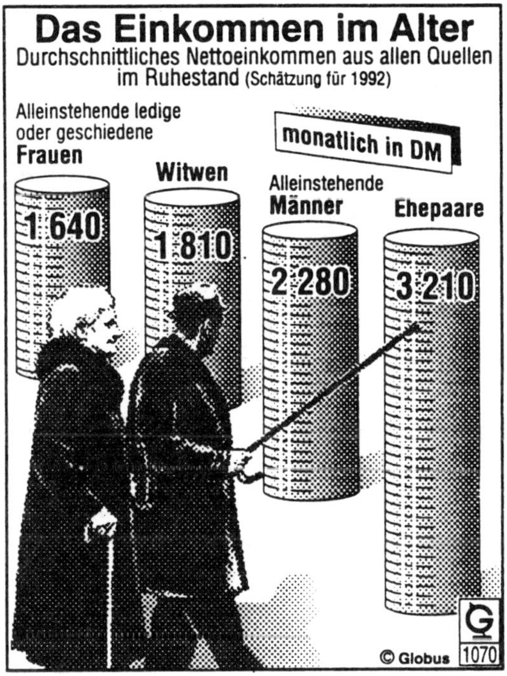

Quelle: Globus

den die kommenden Rentnergenerationen erstmals in der bundesdeutschen Nachkriegsgeschichte selbst nennenswerte Erbschaften antreten.

Es steht ein Vererbungspotential an, das es noch nie in der Geschichte gegeben hat. Wenn man das stetig wachsende Volumen fälliger Lebensversicherungen mit einbezieht, dann werden in den nächsten Jahren in der Bundesrepublik Deutschland Werte von ca. 1,7 Billionen DM vererbt. Auch für die Kreditinstitute ergibt sich hier ein zusätzlicher neuer Beratungsbedarf. Die neuen Alten zumindest im Westen sind nicht mehr die typischen braven Sparer mit dem Sparbuch mit gesetzlicher Kündigungsfrist. Mehr als 40 % des Geldvermögens der über 60jährigen ist bereits in Wertpapieren angelegt.

Die Älteren verfügen schon heute über vergleichsweise kräftige stille Reserven, die sich für den Konsum aktivieren ließen. Dies gilt um so mehr für die Alten der näheren Zukunft. Jeder zweite Haushalt in der Altersgruppe der 65-70jährigen etwa besitzt Immobilien. Bei den über 70jährigen ist es jeder dritte Haushalt. Werden Haus und Grund vererbt, dann profitiert davon in erster Linie die Rentnergeneration des Jahres 2000. Weil aber die derzeit 55-65jährigen selbst bereits zu 60 % Haus- und Grundbesitzer sind, bedeutet dies, daß die künftigen Rentner in weit größerer Zahl in den eigenen vier Wänden leben werden, als dies den heutigen Ruheständlern möglich ist. Das wiederum hat positive Auswirkungen auf die Konsumchancen der Älteren. Sie sparen entweder Mietzahlung und verfügen über Mieteinkünfte.

Das Geldvermögen der ab 65jährigen wird sich, laut Aussagen des Deutschen Sparkassen- und Giroverbandes, bis zum Jahr 2000 von 650 (1991)auf 1.600 Milliarden DM steigern.

Schaubild 5: Monatliches Nettoeinkommen der Haushalte

Einkommen in DM	West %			Ost %		
	50 - 59 Jahre	60 - 65 Jahre	65 Jahre u. älter	50 - 59 Jahre	60 - 65 Jahre	65 Jahre u. älter
bis unter 2.000	7	15	27	31	46	64
2.000 - u. 3.000	28	37	33	43	35	24
3.000 - u. 5.000	36	30	24	19	11	5
5.000 und mehr	22	12	7	1	-	-
Keine Angabe	7	6	9	6	8	7

Quelle: Gesellschaft für Konsum-, Markt- und Absatzforschung, Nürnberg (1992)

Es wird dann über 1/4 des gesamten Geldvermögens umfassen. Die Generation der Erben hat in Zukunft im Alter größere Möglichkeiten, sich etwas zu leisten, als sie als Ruheständler bislang gewohnt waren. Und das wird sich auch auf die Konsumgewohnheiten auswirken - und die Nachfrage beleben. Analysen von Daten aus den Einkommens- und Verbrauchsstichproben haben ergeben, daß die jungen Alten relativ konsumfreudig sind und zur Finanzierung ihres Verbrauchs auf Sparguthaben und Vermögen zurückgreifen. Erst ab dem 70. Lebensjahr setzt eine verstärkte Ersparnisbildung ein.

In den letzten Jahren ist der Anteil der älteren Sozialhilfeempfänger an der Wohnbevölkerung deutlich zurückgegangen, während er bei der Gesamtbevölkerung zunahm. Die finanziellen Möglichkeiten werden aber auch weiterhin höchst unterschiedlich bleiben. Generell gilt: Wer in den Jahren zuvor bereits über ein gutes Einkommen verfügte, wird auch im Alter gut leben. Arme dagegen bleiben auch im Alter arm. Dies gilt insbesondere dann, wenn längere Phasen der Arbeitslosigkeit dem Rentenalter vorausgingen. Rund 10 % der über 60jährigen leben unter oder an der Armutsgrenze, beziehen Sozialhilfe, sind auf Wohngeld angewiesen und haben wenig Chancen, sich einen unbekümmerten Lebensabend zu leisten. Um Altersarmut zu verhindern, ist die private Vermögensbildung überfordert. Dazu müssen Politik und Tarifpartner gemeinsam adäquate Lösungen entwickeln.

Die Senioren in den neuen Bundesländern stehen im Vergleich finanziell schlechter da. Sie haben in den letzten Jahrzehnten kaum Gelegenheit gehabt, Geld und Kapitalanlage zu bilden. Sie verfügen auch selten über Grundbesitz, sondern haben ihr Vermögen überwiegend in Festgeld angelegt. Der jüngste Altenreport zur sozialen Lage und Lebensweise in den neuen Bundesländern kommt allerdings zu dem Ergebnis, daß sich das materielle Lebensniveau für die Mehrheit der Rentner in den neuen Bundesländern positiv entwickelt.[9]

4. Die frei verfügbaren Ressourcen werden zunehmend – im Sinne einer verstärkten Konsumneigung – für eine aktive Lebensgestaltung ausgegeben. Auf der Datenbasis der Einkommens- und Verbrauchsstichproben ist es nicht einfach, Prognosen über das Jahr 2000 hinaus anzustellen. Von der demoskopischen Seite her stehen wir besser da, es fehlen aber noch Längsschnittzahlen, die über den Moment hinaus Trends im Alterssegment eindeutig nachweisen.

In den USA ist schon wesentlich früher als in Deutschland erkannt worden, daß die älteren Menschen eine interessante und konsumrelevante Zielgruppe darstellen, der sog. „silvermarket" wächst schneller als die Gesamtbevölkerung der USA. Während die über 50jährigen einen Anteil von 26 % an der Gesamtbevölkerung bilden, besitzen sie 50 % des verfügbaren Einkommens, 80 % der Spareinlagen und 70 % des nationalen Vermögens. Sie geben ca. 800 Milliarden Dollar für Waren und Dienstleistung jährlich aus. Diese Erkenntnisse haben zu einer Reihe neuer, auf diese Zielgruppe ausgerichteten Produkte, Dienstleistungen, Promotions und Kampagnen geführt.[10] Die Geldinstitute etwa haben dieses Potential erkannt und entwickeln Angebote, die schon bestehende Kundenbindungen festigen sollen oder neue Kunden hinzugewinnen.

Als Reaktion auf die gewachsene Kaufkraft der Älteren ist auch in Deutschland im letzten Jahrzehnt eine größere Anzahl neuer Angebote hinzugekommen. Sie beziehen sich auf die Schwerpunkte Betätigung in der nachberuflichen Phase, Geselligkeit und Hobbys, Bildung, Reisen/Fahrten, gesellschaftliche Beteiligung und Selbsthilfe. Auch die Massenmedien haben in ihrer allgemeinen Berichterstattung dieses Feld entdeckt. Sie berichten ausführlich und engagiert über Seniorenexperten, die ihr fachliches Know-how zur Verfügung stellen, sowie über Kulturprojekte und Selbsthilfegruppen. Zurückhaltend verhalten sich bislang die Printmedien bei spezifischen Angeboten. Es gibt wesentlich mehr Jugendzeitschriften und Jugendzeitungen als entsprechende Angebote für die Älteren. Der größte Teil der Seniorenmedien wird von Vereinen, Verbänden, Institutionen und Kommunen herausgegeben, dient der Mitgliederinformation oder der Öffentlichkeitsarbeit.[11]

Vergleicht man in den Ergebnissen von Repräsentativumfragungen Einzelgruppen der Älteren - z.B. die über 70jährigen mit den unter 70jährigen - so zeigen sich typische Abnahmen: Die über 70jährigen reisen im Durchschnitt weniger, verbringen mehr Zeit zu Hause, sind weniger aktive Vereinsmitglieder, besitzen selten ein Auto usw. Mit dem Generationswechsel auch in der oberen Altersrandgruppe werden sich deutliche Veränderungen in den Konsumneigungen ergeben. Nach traditioneller Argumentation geht Alter generell mit der Verminderung privaten Konsums einher, sozusagen alterstypisch, nicht allein bedingt durch Einkommensverminderungen, sondern auch durch Verringerungen von Bedürfnissen und Bedarf. Die Entdeckung der jungen oder auch neuen Alten als Zielgruppe widerspricht dieser Einschätzung. Die neue Entwicklung macht sich, wie gezeigt, fest am gestiegenen Einkommen, an neuen Lebensstilen und an Verhaltensänderungen. Für die nachwachsenden Älteren ist es z.B. selbstverständlicher geworden, zu verreisen. Durch ihre wachsende Zahl verursachen sie darüber hinaus Arbeitsmarkteffekte, intergenerative Transfers und eine Konzentration von Vermögenswerten.

Lukrative Geschäftsaussichten erfüllen vor allem Konsumbereiche, in denen die Älteren in Folge ihrer disponiblen Zeit - verbunden mit einer entsprechenden finanziellen Ausstattung - als Verbraucher besonders qualifiziert sind. Die größten Chancen liegen dabei im Freizeitpotential der älteren Generation. Dort wurden in den letzten Jahren die größten Zuwachsraten erzielt. Anders als andere Wirtschaftsbereiche hat die Touristik die ältere Generation als lukrative Gruppe schon längst entdeckt.[12]

Die BBE-Unternehmensberatung in Köln hat in ihrer aktuellen Studie „Der Seniorenmarkt" (1992) festgestellt, daß ältere Menschen lieber Einkaufen gehen als jüngere, und daß dieses Marktpotential bislang wenig ausgeschöpft ist. Einkaufsbummel und Besorgungen nehmen als soziale Unternehmungen einen sehr großen Stellenwert ein, denn Geschäfte sind für die Älteren ein Ort, um Kontakte zu suchen und zu festigen und um Abwechslung ins Alltagsleben zu bringen. Grundsätzlich ist festzustellen, daß die Mehrzahl der Güter haushaltsbezogen, nicht personenbezogen konsumiert wird. Für die Nachfrage ist dementsprechend die Anzahl und Ausstattung der Haushalte bedeutsamer als die Zahl der Konsumenten. Während in großen Haushalten beispielsweise hohe Verbrauchsmengen kostengünstiger zu beschaffen und Gebrauchsgüter gemeinschaftlich durch alle Haushaltsangehörigen nutzbar sind, entfallen solche Vorteile für die kleineren und insbesondere für Einpersonenhaushalte. Schwerpunktstudien u.a. des HWWA und des RWI haben in diesem Zusammenhang positive Effekte des Alterungsprozesses belegt: „Die haushaltsseitigen Verbrauchseffekte geben insgesamt wenig Anlaß zur Sorge um die mittelfristige Konsumentenentwicklung".[13]

Die Struktur der Verbrauchsausgaben der älteren westdeutschen Haushalte veränderte sich zwischen 1970 und 1990 stark. Der Anteil der Nahrungsmittel an den Verbrauchsausgaben sank um mehr als 1/3, eine Minderung war auch bei den Ausgaben für Bekleidung sowie für Möbel und Haushaltsgeräten feststellbar. Dafür erhöhten sich die Anteile für Wohnungsmiete, für Gesundheit und Körperpflege, für Bildung und insbesondere für Verkehr und Nachrichtenübermittlung sowie für Dienstleistungen. Diese Gewichtsverlage-

Schaubild 6: Strukturen der Verbraucherausgaben der Rentnerhaushalte

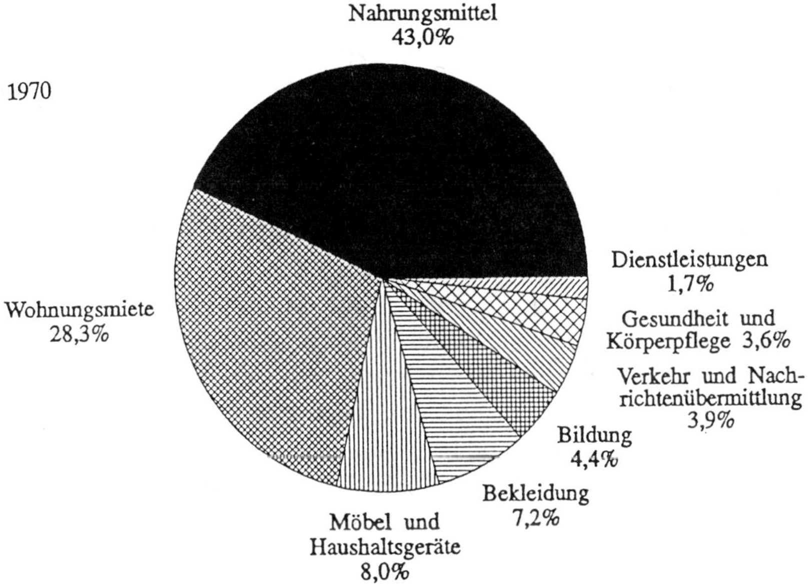

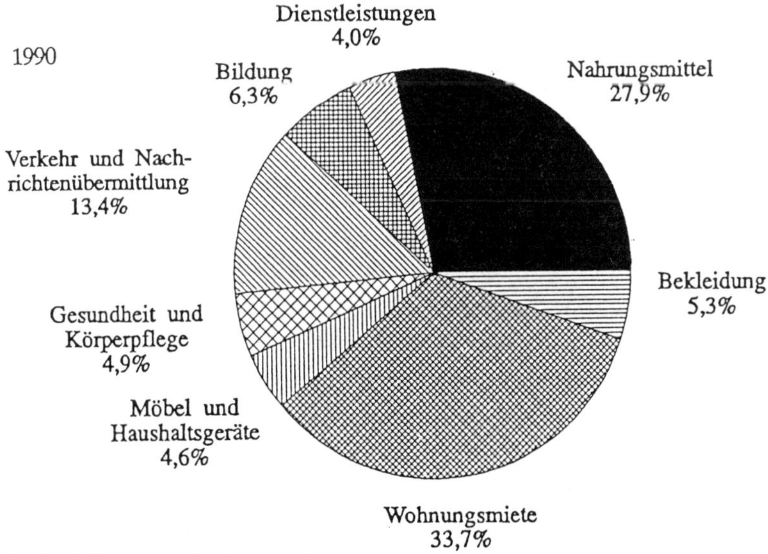

Quelle: Mikrozensus, Statistisches Bundesamt

rungen zeigen, daß elementare Bedürfnisse für Güter des Grundbedarfs weitgehend gedeckt sind. Die Älteren erhöhten seit 1970 ihre pro Kopf Ausgaben für Verkehr und Nachrichtenübermittlung um das 12fache sowie für Dienstleistungen um mehr als das 8fache, viel stärker als die anderen Haushaltstypen.

Die Ergebnisse der Einkommens- und Verbrauchsstichproben dokumentieren, daß die älteren Haushalte bei den Gebrauchsgütern mit besonderer Bedeutung für die Haushaltsführung voll versorgt sind und sich nicht von anderen Haushalten unterscheiden. Dagegen sind sie mit Gütern des gehobenen Bedarfs noch deutlich geringer ausgestattet. Größere Unterschiede bestehen auch noch bei der Versorgung mit Personenkraftwagen, die Motorisierung schritt allerdings in den letzten Jahren schnell voran. Solange sich die Älteren gesundheitlich fit fühlen, treiben sie Sport und unternehmen Reisen; die Reisefreudigkeit wird beispielsweise auch die Nachfragen nach Kameras, Videokameras und Projektoren ankurbeln.

5. Die Tertiärisierungsdefizite im klassischen Industrieland Deutschland abzubauen, das könnte eine der mit dem demographischen Wandel verbundenen Chancen sein.[14] Die Bedeutung der Älteren als Wirtschaftsfaktor umfaßt nicht nur die traditionellen Konsumgütermärkte. In die gesamtwirtschaftliche Rechnung ist auch z.B. der Anteil an den Gesundheitsleistungen mit einzubeziehen, die Gesundheitsbranche rückt mit fast 2 Mio Beschäftigten als Arbeitgeber nach vorn. Die Nachfrage nach Produkten und Dienstleistungen für die Pflege gebrechlicher alter Menschen wird sich ausweiten. Sinkende Heiratsziffern und die abnehmende Neigung, sich nach Scheidung oder Tod des Partners wieder zu verheiraten, lassen private Hilfeleistungen aus primären Beziehungsnetzen schwinden. Hier liegen volkswirtschaftliche Wachstumsbereiche und

sie bieten prinzipiell Beschäftigungschancen für die Jüngeren. Das gilt auch für den wachsenden Bedarf an Altershilfen: Zubringerdienste, Verbraucherschutz und Medien für Ältere.

Zu den Wachstumsbereichen zählen ebenso alle Formen der Weiterbildung, die eben nicht nur der geistigen Frische sondern auch der Wettbewerbsfähigkeit der Wirtschaft dienen. Die mit der Alterung der Gesellschaft einhergehende steigende Erwerbstätigkeit von Frauen setzt eine Entlastung von familiären Aufgaben voraus (Kinderbetreuung, Reinigungsdienste etc.). Der Gedanke der Prävention gewinnt allein schon aus Kostengründen für die Gesellschaft insgesamt an Bedeutung. Ernährungsberatung, altersgerechte Fitneßangebote oder medizinische Vorsorge müssen freilich schon in jüngeren Jahren einsetzen, soll die Gesundheit im Alter erhalten bleiben.

Die Anpassungsleistungen an veränderte Lebenslagen und Lebensstile beschränken sich nicht auf die Dienstleistungen. Designer, Ergonomen, Ingenieure und Gerontologen werden sich künftig noch stärker um das z.B. in den Niederlanden bereits „Gerontotechnologie" genannte Feld der altersgerechten Produktgestaltung zu kümmern haben. Innovation in der Arbeitsorganisation, die Schaffung altersinvarianter Arbeitsplätze, -strukturen und Weiterbildungsmöglichkeiten, der optimale, flexible Einsatz der jeweiligen Beschäftigten sind ein wachsendes Aufgabenfeld der innovativen Managementberatung. Die Unternehmensberatungen beginnen sich bereits darauf einzustellen ebenso wie die Kundendienste, die Anlageberater der Kreditinstitute. Senioren haben ihr eigenes Verhalten als Bankkunden, ein wichtiger Faktor ist, daß sie bedeutend mehr Zeit haben als andere.

Im Rahmen der Produktwahl bestehen signifikante Unterschiede zwischen den Gruppen der Älteren. Es fällt auf, daß gerade die sog. jungen Alten überdurchschnittlich viel Geld für Körperpflege, Kosmetik, Feinschmeckerprodukte, Stilmöbel sowie für Freizeit, Gartenpflege und Urlaubsreisen ausgeben.

Das Qualitätsbewußtsein nimmt mit steigendem Alter zu. Ältere lehnen meist speziell für sie zusammengestellte Produkte und Angebotskonzeptionen ab. Ein Beispiel hierfür ist die in Amerika wie hierzulande eingeführte Seniorenkost: Der Seniorenteller wird begrifflich ersetzt durch den Terminus: „Für den kleinen Appetit". Andererseits wird der Seniorenpaß der Bundesbahn als Berechtigungsschein gerne angenommen und auch nicht als diskriminierend empfunden.

Die Auswirkungen für den Wohnungssektor geraten zunehmend ins Blickfeld. Lange standen hier kleine technische Hilfen oder altersgerechte Umbauten im Mittelpunkt. Damit ist aber die Frage nach wohnungspolitischen Konsequenzen aus der Änderung der Altersstruktur nicht ausreichend beantwortet. Das Geschäft mit exklusiven Wohnstiften gilt inzwischen als Geheimtip für Anleger. Gut betuchte Senioren zwischen 75 und 80 Jahren sind ihre Ansprechpartner. Die meisten Älteren nehmen keinen Wohnungswechsel mehr vor. Sie leben fast alle in ihren bisherigen und eigentlich viel zu großen Gebäuden und Wohnungen weiter. Daraus resultiert als unmittelbare Folge eine deutlich höhere Nachfrage. Was für die dritte Lebensphase gebraucht wird, sind erschwingliche Wohnungen, in denen ein selbständiges Leben bis ins hohe Alter möglich ist.

Erforderlich ist daher die jederzeitige Abrufbarkeit von sozialen Diensten aller Art bis hin zur Krankenpflege und schnellen ärztlichen Versorgung. Die Senioren brauchen eine Angebotsmischung aus Selbst- und Fremdversorgung. Entsprechende Angebote fehlen allerdings noch, dabei wären viele Menschen sicher bereit, solche Angebote zu nutzen und dafür eigene Mittel zu investieren. Um den täglichen Bedarf zu decken, bietet sich für Senioren das Geschäft in Wohnlagen an. Darin liegt die Chance für kleinere Handelsbetriebe, die weniger Möglichkeiten haben, sich einem aggressiven Preiswettbewerb ins Zentrum zu stellen.

Den Aufbau einer Seniorenmarktstruktur mit cross-selling planen immer mehr amerikanische wie europäische Unternehmen. Einer der Gründe für die Konzentration auf die neue Großzielgruppe lag in der demographischen Erkenntnis, daß die ersten Gruppen der konsumfreudigen geburtenstarken Jahrgänge mittlerweile die Schwelle zum 6. Lebensjahrzehnt überschritten haben. Man bereitet sich in den Produktlinien und Werbekonzepten auf die Zeit vor, in der sie im traditionellen Sinne „älter werden". Die Vorbereitungszeit für die Umstellung der werblichen Konzeptionen geht dem Ende zu. Schon heute erweisen sich viele der 50jährigen in ihrer Lebensgestaltung als junge Alte, als beweglich, aktiv und informationsinteressiert. Die in der Werbung immer noch einflußreiche Barriere 50 plus wird irrelevant. Das bei Agenturen und Werbetreibenden immer noch vorherrschende Bild der ab 50jährigen wird korrigiert, ist aber weiterhin korrekturbedürftig. Marktanalysen - z.B. von Gruner und Jahr - sprechen von einer dreistelligen Milliardenherausforderung und fordern Agenturen und Marketingabteilungen auf, ihr Altersbild an der Realität zu messen.

In den Agenturen und insbesondere bei den Werbebetreibenden muß die Sicht, die Welt der aktiven und experimentierfreudigen Käufer bestehe aus 14-49jährigen, noch korrigiert werden. Aus Befragungen kristallisiert sich heraus, daß vor allem das Bedürfnis der Älteren nach Aktualität sowie eine generelle Aufgeschlossenheit gegenüber Neuem von den Werkeprofis überwiegend noch in Abrede gestellt wird. Dem disgruenten Fremdbild der Werber steht ein Selbstbild der Älteren gegenüber, das sehr viel stärker Selbstbewußtsein, Aufgeschlossenheit und gleichzeitig Unabhängigkeit von den Jüngeren signalisiert. Ein Grund dafür ist, daß die deutschen Werbeagenturen und Marketingabteilungen wenig Kontakt mit älteren Menschen haben. Das jugendliche Auge des Produktmanagers bei der Zielgruppendefinition wird durch das eigene Durchschnittsalter, das unter 35 liegt, getrübt.

Es kann nicht von einem homogenen Seniorenmarkt ausgegangen werden, Sozial- und Marktforscher nutzen neben der Altersvariable die Merkmale Geschlecht, Bildung und Berufstätigkeit, soziale Schicht, Lebenssituation und Lebensstil als sinnvolle Selektierungskriterien. Die daraus resultierenden Typologien der Marktforschung zeigen eine Vielzahl verschiedener Zielgruppen auf. Werbepolitisch relevant sind die aktiven Älteren, die auch über einen entsprechenden finanziellen

Schaubild 7: Selbstbild-/Fremdbildwahrnehmung

	Selbstbild	Fremdbild	
		Klientel-Befragung	
	Gesamt 50 J. +	Agenturen	Werbe-treibende
Stimme eher zu:	%	%	%
... orientieren sich nicht mehr so sehr an aktuellen Trends	49	75	76
... sind Neuem gegenüber weniger aufgeschlossen	31	61	61
... orientieren sich bei ihren Kaufentscheidungen vielfach an den Jüngeren	14	52	21

Quelle: Infratest Kommunikationsforschung (1992)

Hintergrund verfügen. Diese Älteren, die eine Leitbildfunktion ausüben und an denen sich andere Konsumenten orientieren, sind die eigentliche Zielgruppe. Diese Personen werden in der Werbung als Kommunikatoren eingesetzt, da sie die Wünsche älterer Konsumenten verkörpern.

Die wichtigsten Marktanalysen[15] lassen sich in ihren Aussagen auf folgende relevante Verbrauchergruppen konzentrieren:

1. Die „Nachkarrieristen" im Alter von 55-64 Jahren, die vorzeitig aus dem Berufsleben ausgeschieden sind und die über gute Gesundheit und viel Zeit und meist noch ein beachtliches Einkommen verfügen. Sie haben eine aktive Einstellung zum Leben und suchen neue Betätigungsfelder.
2. Die „jugendlichen 60er" zwischen 60-69 Jahren aus ehemals führenden Positionen. Sie treten dynamisch und selbstbewußt auf und haben einen konsumfreudigen Lebensstil.
3. Die „aktiven 70er", die Ruheständler aus gehobenen Berufen. Sie verfügen über ein hohes Haushaltsnettoeinkommen und zeichnen sich durch aktives Freizeitverhalten und kulturelle Interessen aus.

Der Anteil der alten Menschen in der Werbung steigt aufgrund ihrer besseren finanziellen Verhältnisse und des größerwerdenden Marktes. Dem abgebildeten älteren Menschen wird in der Werbung im Vergleich zu früher häufiges attraktives Aussehen, Modernität und Aufgeschlossenheit attestiert. Es gibt Anhaltspunkte dafür, daß das Alter sich in der Werbung verjüngt hat und die Werbung wiederum zur Verjüngung des Altersbildes beiträgt. Die Darstellung der Älteren in den Medien hat sich auch sonst geändert, im Fernsehen, in der Presse, in den Kinder- und Jugendbüchern.

In den meisten Unternehmen werden die neuen Herausforderungen an das Marketing noch unterschätzt. Dies schafft

Risiken auch für die Volkswirtschaft insgesamt. Erfreulicherweise gibt es inzwischen eine Vielzahl von Erkenntnisse über das Konsumverhalten älterer Menschen. Die meisten dieser Erkenntnisse sind allerdings bis jetzt nur unzureichend für die Aufgaben des Marketing aufbereitet worden.[16] Wer weiß schon, daß die über 60jährigen mit etwa 40 % an der Sektnachfrage beteiligt sind?

Die Meyer-Hentschel-Management-Consulting hat sich 1992 des Themas Produkt- und Ladengestaltung für den Markt der Älteren angenommen und Ergebnisse wie Empfehlungen veröffentlicht. Ein besseres Kundenleitsystem wünscht sich 1/3 der befragten Personen. Starke Minderheiten fordern Gebrauchsanweisungen mit leserlichen Schriften, Verpackungen, die sich leicht öffnen lassen, niedrigere Regale und stärkere physische Reize - Farbe, Form und Textur - beim Angebot. Aus den spezifischen altersbedingten Veränderungen ziehen die Autoren Schlußfolgerungen für eine Laden- und Produktgestaltung, die auch jüngeren Zielgruppen ein einfacheres und angenehmeres Einkaufen ermöglicht.[17]

Viele Ältere wollen nicht als „alt" angesprochen werden, weil sie sich jünger fühlen, als sie tatsächlich sind. Somit wollen sie nicht, daß ihnen bei der Gestaltung z.B. ihrer Freizeit ihr Alter ins Bewußtsein gerufen wird, durch sog. Seniorenprogramme. Als wichtigste Ursachen für die Ablehnung gelten psychische Barrieren. Erst mit zunehmendem Alter identifizieren sich immer mehr Menschen mit dem Seniorenbegriff. Im Alter von über 70 Jahren sind es dann über 80 %. Anders ist es, wenn mit seniorenspezifischen Leitbildern - Personen des öffentlichen Lebens, die von älteren Menschen bewundert oder akzeptiert werden - gearbeitet wird.

Umfragen haben ergeben, daß aktive Senioren kritische Konsumenten sind. Sie haben Erfahrung, sie sind skeptisch, qualitätsbewußt und beweglich. Mit oberflächlicher Werbung ist dieser Zielgruppe nicht beizukommen. 60 % der über 50jährigen finden, daß man nicht mit Ihnen redet; sie fühlen sich von der Werbung ausgeschlossen. 78 % fordern mehr Leute ihres Alters in der Werbung. 70 % können die Vorteile nicht erkennen, die die beworbenen Produkte speziell für sie haben. Alles in allem empfinden sich die Älteren als unsichtbare Generation. Daß die potentielle Zukunft eine Überwindung und Erweiterung als seniorentypisch angesehener Märkte bedeutet, ist international erkannt worden, so von der weltweit agierenden Agenturgruppe GRAY, die 10 Regeln für einen zielgruppenangemessenen approach aufstellte. In den Mittelpunkt ihrer Empfehlungen stellen sie die Erkenntnis vitaler, selbstbewußter Menschen, die sich jetzt die Freiheit nehmen, ihr Leben auch zu genießen. Und die für diese Lust auf Leben die richtigen Angebote suchen.[18]

6. Früher wurde das höhere Lebensalter mit Schlagworten wie Lebensüberdruß, Bitterkeit und Hilflosigkeit assoziiert. Im Gegensatz zu diesen Negativattribut-Umschreibungen werden heutzutage für die Älteren die Zuschreibungen mobil, aktiv und anspruchsvoll verwandt. Ihre Lebensqualität hat sich in den vergangenen Jahrzehnten so verbessert, daß ihre aktive Teilnahme am Geschehen in der Gesellschaft gesichert ist.

In der Wissenschaft ist umstritten, ob und wie weit die Leitbilder vom Alter gesteuert oder verändert werden können und sollen.[19] Die Leugnung oder Nichtdarstellung negativer Altersrealität ist sicher kein akzeptabler Weg. Vor den Grenzen und den Verlusten einseitig positiver Akzentuierungen warnen viele Autoren, die auf soziale Risiken des Alters hinweisen. Andere Diskussionsbeiträge rufen ins Gedächtnis, daß ausschließliche oder primäre Kompetenzdiskurse auf Kosten der Hochaltrigen verlaufen, die solcherart zur „Restgröße" werden. Auch wird das verlegen ausgeklammert, was zu verkraften aber nicht zu vermeiden ist: die Endlichkeit mit Trennungen, Krankheit und Trauer.

Neue interdisziplinäre Studien belegen aber eben auch, daß das Alter viele positive Reserven enthält, daß es Begründungen für eine wenn auch vorsichtige Aufbruchsstimmung gibt. Vertraute Denkschablonen müssen differenziert oder abgelegt werden. Noch im hohen Alter sind beträchtliche Leistungssteigerungen im geistigen Bereich möglich. Auch die Vermutung, daß die körperliche Leistungsfähigkeit mit steigendem Alter unwiederbringlich verloren geht, erweist sich als Vorurteil.

Der Ruf nach den „neuen aktiven Alten" ist ein gezielter Versuch, über Deutungsmuster neue gesellschaftliche Leitbilder und Anforderungen zu formulieren. Es geht nicht nur um eine positive Integration der wachsenden Gruppe der Älteren, sondern über den Nachweis ihrer Produktivität auch um ihre Akzeptanz in der Gesellschaft. Uns überzeugt das normative Konzept des Alterskapitals insofern, als es einen.produktiven gesellschaftsorientierten Zugang eröffnet. Diese Sichtweise will die Aktivität der Älteren in den unterschiedlichsten Bereichen gleichermaßen fördern und fordern. Die Älteren werden in dieser Sicht zu Akteuren, die Seniorenpolitik zu einem Instrument nicht mehr in erster Linie der Fürsorge, sondern der Modernisierung von Teilsystemen unserer Gesellschaft. Der Terminus „neue Alte" drückt für uns die Möglichkeiten und Chancen aus, die heute ältere Menschen haben können.

Mittelfristig zumindest besteht wenig Anlaß zur Sorge um eine demographisch bedingte Eintrübung des wirtschaftlichen Klimas, was die Marktseite angeht. Auf die „neue Lust in reifer Schale", die in Marketinganalysen angekündigt wird, darf man spätestens nach der Jahrtausendwende - also in sieben Jahren - hoffen. Wer „alt" in Zukunft als „aktiv, lebensfroh und teilzeitbeschäftigt" buchstabiert, wird mit seinen Angeboten erfolgreich sein.

Anmerkungen

1 Hans Peter Tews: Neue und alte Aspekte des Strukturwandels des Alters, S. 17, in: Gerhard Naegele/Hans Peter Tews: Lebenslagen im Strukturwandel des Alters, Opladen 1993; vgl. auch die Beiträge in dem von Paul B. Baltes und Jürgen Mittelstraß hrsg.. Sammelband: „Zukunft des Alterns und gesellschaftliche Entwicklung", Berlin 1992.

2 Eine repräsentative gesamtdeutsche Studie „Die neuen Alten" hat z.B. die Gesellschaft für Konsum-, Markt- und Absatzforschung, Nürnberg, Ende 1992 vorgelegt.

3 Entsprechende empirische Lebensstil-Untersuchungen wurden in den letzten Jahren u.a. vom Burda Verlag, von der Friedrich-Ebert-Stiftung, von der Schweizer Winterthur-Leben sowie von der Bayerischen Rundfunk-Werbung durchgeführt.

4 Die Endfassung der multidisziplinären Berliner Altersstudie soll Ende 1993 erscheinen. Die Federführung hat Professor Paul Baltes vom Max-Planck-Institut für Bildungsforschung, Berlin.

5 Horst W. Opaschowski: Freizeit im Ruhestand, in: ders.: Psychologie und Soziologie der Freizeit, Leverkusen 1988, S. 95-134.

6 Altenreport 92 - Zur sozialen Lage und Lebensweise älterer Menschen in den neuen Bundesländern - ausgewählte Ergebnisse, hrsg. im Auftrag der Volkssolidarität von Klaus-Peter Schwitzer und Gunnar Winkler, Berlin 1993.

7 Stefanie Wahl: Vermögen älterer Menschen, in: Bank für Informationen 8/88, S. 8 f.

8 Hans-Michael Heitmüller: Die neuen Alten - aus der Sicht des Finanzmarktes, in: Die neuen Alten - Schlagwort der Medien oder marketingrelevante Zielgruppe? Nürnberg 1992, S. 25-42 (hrsg. von der Gesellschaft für Konsum-, Markt- und Absatzforschung, Nürnberg).

9 Vgl. Anmerkung 6.

10 Bettina Otten/Horst Müller: Das Konsumentenverhalten von älteren Menschen, Ms. Köln 1990 (hrsg. von der Gesellschaft für wirtschafts- und sozialpsychologische Forschung, Köln).

11 Vgl. die Bestandsaufnahme im Auftrag des Kuratoriums Deutsche Altershilfe: Alte unter Druck. Blattmacher entdecken die graue Leserschaft, Köln 1992.

12 Hans Peter Tews/Gerhard Naegele: Alter und Konsum: Ältere Menschen als Verbraucher, in: Jahrbuch der Absatz- und Verbrauchsforschung, 3/90, S. 260-276.

13 Ulrike Schneider: Alternde Gesellschaft - Konsum im Alter. Perspektiven für die Entwicklung des privaten Verbrauchs, in: forum demographie und politik, Heft 2, Bonn, November 1992, S. 82-108.

14 Günter Pauli: Mit Dienstleistungen gewinnen. Erfolge auf dem Wachstumsmarkt der Zukunft, Stuttgart 1993.

15 Vgl. Otten/Müller, oben Anmerkung 10, S. 41.

16 Bernd M. Michael: Die neuen Alten – aus der Sicht des Konsums, der Werbung und des Marketing, in: Die neuen Alten, Anmerkung 8, S. 43-60; Cornelia Federsel-Lieb: Kommunikationspolitik im Seniorenmarkt, Bayreuth 1992.
17 Hanne-Meyer-Hentschel/Gundolf Meyer-Hentschel: Das goldene Marktsegment, Frankfurt 1991.
18 Vgl. die Beiträge in der Zeitschrift Absatzwirtschaft, März 1993.
19 Dazu insbesondere: Hans Peter Tews, Altersbilder, Köln 1991; auch: Margret M. Baltes u.a.: Erfolgreiches Altern, Bern 1989.

Produktives Altern

Acht Thesen zu innovativer Unternehmenskultur und Unternehmensstrategien

Gertrud Höhler

These 1: Eine Bestandsaufnahme

Das Alter, wie es bis heute trotz vieler unter uns lebender Gegenbeweise beschrieben wird, ist eine Ideologie der Jüngeren.

Diese Ideologie lebt von veralteten Erfahrungen und von dem Machtstreben derer in der Mitte des Lebens, die zurück nicht mehr können und den Abstieg fürchten. In „den Alten" wehren sie die eigene, absolut sichere Zukunft ab. So spaltet die Gesellschaft Teile von sich selbst ab; sie delegiert ihre ungelösten Probleme an „Randgruppen". Die Lösung wird erst erzwungen, wenn die „Randgruppe" auf die Mitte zurückt.

Das wichtigste Merkmal der „neuen Alten" ist, daß sie jünger sind als ihre Beobachter meinen. Das Problem des Alters ist ja nicht, daß die Alten alt sind, sondern daß die Jüngeren sie alt machen.

Das tiefste Leid vieler Älterer ist, daß sie ein Geheimnis mit sich tragen, von dem zu sprechen die Gesellschaft als unschicklich verbietet: Daß sie sich jung fühlen.

Die Isolation der Alten beruht also auf einer Spielregel, die die Jüngeren machen. Notgedrungen spielen die Alten – „die Alten", obwohl sie in vielem, vor allem in ihren Träumen und Gefühlen, den Jungen ganz nahe sind. Ein Tabu trennt die Generationen.

Erst nach der Ausstoßung fangen die „Alten" an zu nörgeln.

Die Jungen brauchen Alte, um sich jung zu fühlen. Es fehlt an gesellschaftlicher Solidarität.

These 2:

Wir brauchen neue Kriterien für den Wert eines Menschen: Das Merkmal Lebensalter muß weg von den vorderen Plätzen.

Was wir, die Aktiven in der Mitte, oft vergessen: Daß wir diese Alten sein werden. Die Etablierten auf den Machtplätzen sind die eigentliche Problemgruppe. Sie schieben die Alten von sich weg, in der irrigen Absicht, damit das eigene Alter aufschieben zu können.

Selbst Jugend und Alter sind einander näher, weil sie der Gedanke an Tod verbindet.

Der Kampf der Generationen läuft bei uns, wie so viele moderne Konflikte, unter dem Deckmantel der humanitären Zuwendung. Viele Ältere leben daher – wie viele abhängige Frauen – in „erlernter Hilflosigkeit", die nicht auf ihrer eigenen Untauglichkeit, sondern auf dem gesellschaftlich gesteuerten Entzug von Lebensfeldern beruht.

Unsere heutige Sicht auf Alte ist anders als unsere künftige, wenn wir die Alten sind. Die Definition von „Alter" muß in dieser Zeit des Wandels, der Mobilität und Flexibilisierung, der Information und Kommunikation – und der Langlebigkeit korrigiert werden. Nachdem „Jugend" als eigenständige Lebensphase etabliert ist, muß die Phase „Alter" in gleicher Weise neu definiert werden. Beide Gruppen, Junge wie Alte, greifen in das Geschehen in der Mitte nachdrücklicher ein – die Jungen früher, die Älteren länger, beide selbstbewußter.

These 3:

„Altenmacht" entsteht nur dann, wenn man zu wenig voneinander weiß – das will sagen: zu weit auseinander lebt.

Die Industriekultur hat die Generationen einander entfremdet. Feste, Spiele, Sport, Konsum und Alltagsrollen wurden streng geschieden. Diese Trennung brechen die „jungen Alten" nach unten auf. Das ist gut so. Beobachten wir die jüngsten Phänomene: 55jährige Frauen mit Mädchenschleifen im Haar. 60jährige etablierte Männer, die sich mit Selbstironie zusammenfalten und in Kleinwagen steigen. Folgerung: Die Entfremdung der Generationen muß aufgehoben werden. Koordinieren wir die Lebensvollzüge der Jungen, Etablierten und Alten!

Nicht „Behandeln", „Betreuen", „Fördern" und „Versorgen", sondern „Treffen", „Diskutieren", „Spielen", „Feiern" und „Arbeiten" müssen den Generationenumgang bestimmen.

Nicht „Problembewußtsein", wie die Experten fordern – wer will schon zu einer Problemgruppe gehören? –, sondern Entproblematisierung des Alters ist das Gebot der Stunde.

Integration durch Anforderungen lautet das neue Konzept.

These 4:

Was die Älteren für unsere Kultur beitragen, ist nicht zu verwechseln mit dem, was die mittlere Generation und die Jüngeren leisten. Die Mitwirkung der Alten bedeutet eine besondere Chance, weil sie nicht mehr von den Spannungen des Jugendalters und von der Egomanie der Erfolgsbesitzer in der Mitte dominiert werden.

Das adoleszenzversessene 20. Jahrhundert könnte sich bei den Alten den Einspruch der Weisheit sichern – ohne den jede Kultur in die Irre geht.

Solange wir die Älteren durch Jugendkulte zwingen, quasijugendlich zu agieren, zwingen wir sie zu einem Rollenspiel, in dem das Altersspezifikum, die Erfahrungsweisheit fehlt. Solcher Jugendwahn für Alte schadet übrigens auch den Jungen: Sie weichen auf ultrarechte Positionen aus, wenn die Väter als Jünglinge und die Großväter als jugendliche Helden daherkommen.

Die Älteren sichern der Gesellschaft noch etwas anderes, woran die unruhigen Jungen und die „Angekommenen" in der Mitte nicht denken können: Die Transzendenz der eigenen Lebenszeit. Sie drückt sich in einer Grundhaltung aus, die wir bei Unternehmensführern in den 60ern und darüber beobachten: Sie sichern das „Werk" über ihre Zeit hinaus; sie denken und planen voraus als seien sie unsterblich. Nur die Ignoranz der Jüngeren kann diesen Weitblick verspotten: In Wahrheit ist dieses Altershandeln, als lebte man ewig, die Zukunftsgarantie für unsere Kultur.

These 5:

Wir können es uns nicht mehr leisten, die Generationen zu trennen wie bisher:

Begründung:
- Die kürzeren „Generationen"-Abstände
- die langdauernde Vitalität
- und: die Kulturfuge, die wir überschreiten.

Wir brauchen die Kooperation der Erfahrungs- und Zukunftspotentiale in unserer Kultur. Wir brauchen die Balance zwischen systemsichernder Intelligenz und traditionsvernichtender Kreativität – also die Kooperation zwischen Jung und Alt.

In Zeiten der Krise sichert das Alter die Herkunft, die

Jugend die Zukunft. Ein chinesisches Sprichwort sage es: Herr der Vergangenheit ist, wer sich erinnern kann; Herr der Zukunft ist, wer sich wandeln kann.

Das Alter ist das Gedächtnis der Kultur. In ihm leben die Innovatoren und Pioniere von gestern.

Sie liefern
- Besonnenheit,
- Urteilskraft,
- kristalline Intelligenz.

Die Jugend ergänzt die Balance durch
- Unerfahrenheit,
- Risikobereitschaft,
- Kreativität.

These 6:

Die Zukunftsformel - für Unternehmen intern und extern wie für die Generationen - lautet: Kommunikation. Wer die Älteren als „Sperrminorität" bezeichnet, diskriminiert sie unter Verzicht auf Kommunikation.

Es trifft zu, die wachsende Gruppe der Älteren entwickelt neue Zusammengehörigkeitsgefühle. Aber zugleich steigt der Einfluß der Jugend auf die Lebenskonzepte der Erwachsenen: Konsumentscheid, Geschmacksurteil, Stil und Konvention sind mehr und mehr von Kommunikationsprozessen der Generationen durchwirkt.

Wer Alte einzäunt, sei es auch mit der Vorwand der Schonung und Pflege, treibt sie zurück in ihre Erinnerungen. Wer mit ihnen kommuniziert, nimmt sie mit in die Zukunft.

Eine „Sperrminorität" im besten Sinne können die Älteren, wenn wir mehr kommunizieren, für den Machthunger mancher Akteure aus der mittleren Generation werden. Da zeichnet sich sogar eine Sperrmajorität ab, die von Jugend und Alter gestellt wird, um die Workaholics und Machtsüchtigen der mittleren Generation zu korrigieren.

These 7:

Diese These geht aus von der Frage: Werden wir, die Alten der Zukunft, zu Unterdrückern der Jugend? Jugend ist ja Zukunft und Vergangenheit zugleich. Vergessen wir nicht: Wenn im Alter die Vergangenheitsorientierung zu-, die Zukunftsorientierung abnimmt, dann ist die Jugend die Vergangenheit der Alten. Sie hat also in ihnen eine natürliche Lobby.

Spitzen wir die Frage also zu: Hat die Zukunft keine Lobby? Das hieße ja: Stoppt Überalterung die Innovation? „Verlangsamt" sie die Kultur?

Zur Jahrtausendwende wird unsere Gesellschaft ein Fünftel, nämlich 24 Prozent Alte haben. Im Jahr 2030 bereits 37 Prozent. Aber es sind andere, „neue" Alte. Auch deshalb ist ihre Zahl ja größer.

Meine These: Die Dienstleistungskultur darf diese „neuen Alten" nicht mehr als Objekte, sondern muß sie als Subjekte des Handelns einbeziehen.

Es werden mehr alte Frauen als Männer sein: Ihre Dienstleistungskompetenz ist ohnehin höher als die der Männer.

Mehr Alte – das bedeutet nach allem Gesagten auch: Die Kultur gewinnt an Tiefe. Wir dürfen zumindest die Frage riskieren, ob sozusagen von oben, durch die Mitwirkung der Alten, die Familienkultur wieder aufgerollt werden kann.

Ich wage sogar vorzuschlagen, daß wir unser mißglücktes Verhältnis zu Kindern und Jugend und unsere Verkennung der Bedeutung von Alter als zwei Symptome eines kulturellen Defektes begreifen müssen: Das Ich-Prinzip, das uns vorgaukelt, wir wären eher gegen die anderen und auf ihre Kosten

- Junge gegen Alte, Eltern gegen Kinder - stark mit den anderen. Hier dämmert gegenwärtig ein neues Bewußtsein.

Ich fasse in These 8 zusammen:

Was wir korrigieren müssen, ist die gesonderte Betrachtung der Generationen.

Ihr Zugleich ist relevanter geworden als ihr Nacheinander.

Die Zukunftsstichworte sind:

Nicht Ablösung, sondern Kooperation
Nicht Ghettobildung, sondern Kommunikation.

Wer im Alter keine Jugendkontakte hat, wird gleichgültig gegenüber der Zukunft. Wer diese Kontakte hat, wirkt mit an der Zukunft.

Die Gesellschaft der Jüngeren muß aufhören, über Alte zu verfügen. Sie muß die Alten als Zukunftsbild jedes einzelnen von uns, als „Vorausinformation" über das eigene Leben erkennen. Wir wissen, daß die Orientierung an Normenkodices ab- und die an Personen und Gruppen zunimmt. Ein abstrakter „Generationenvertrag", der nicht durch Menschen „verkörpert" wird, sagt niemandem etwas. Nur Menschen verpflichten. Nur Bindungen machen verantwortlich. Eine Gesellschaft, die die Generationen auseinanderdividiert, zerstört die Grundlage wechselseitiger Verantwortung: die Kommunikation.

Eine Kommunikationsstrategie für alle lebenden Generationen ist die aktuelle Aufgabe für Wirtschaft, Wissenschaft und Politik. Sie schützt alle und verpflichtet alle; sie macht für jeden die eigene Vergangenheit und Zukunft anschaulich; sie erzeugt natürliche Solidarität.

Bevölkerungsentwicklung und soziale Sicherungssysteme

Prognosen und Optionen

Bert Rürup

Der wohl wichtigste Knoten unseres sozialen Sicherungsnetzes, die Gesetzliche Rentenversicherung, wird – wie alle anderen „Knoten" im übrigen auch – nach dem Umlageverfahren finanziert; d.h. die laufenden Rentenleistungen einer jeden Periode werden aus dem Beitragsaufkommen (und dem Bundeszuschuß) dieser Periode finanziert.

Beim Umlageverfahren werden – sieht man von geringen Schwankungs- bzw. Liquiditätsreserven ab – keine Überschüsse, keine Kapitalstöcke angesammelt, aus deren Erträgnissen bzw. durch deren Abschmelzung Leistungen finanziert werden (könnten).

Dies bedeutet, daß die in den beitragspflichtigen Zeiten eines Arbeitnehmers geleisteten Beiträge nie zur Sicherung seiner persönlichen Rente dienen, sondern immer und nur der Finanzierung der Alterssicherung der jeweils lebenden Rentner.

Fundament dieses Finanzierungsverfahrens ist der sogenannte Generationenvertrag, ein fiktives, drei Generationen umfassendes Agreement, demzufolge die jeweiligen beitragspflichtigen Arbeitnehmer über ihre Beiträge die Sozialrenten finanzieren, und aus ihrem Einkommen die Kinder alimentieren.

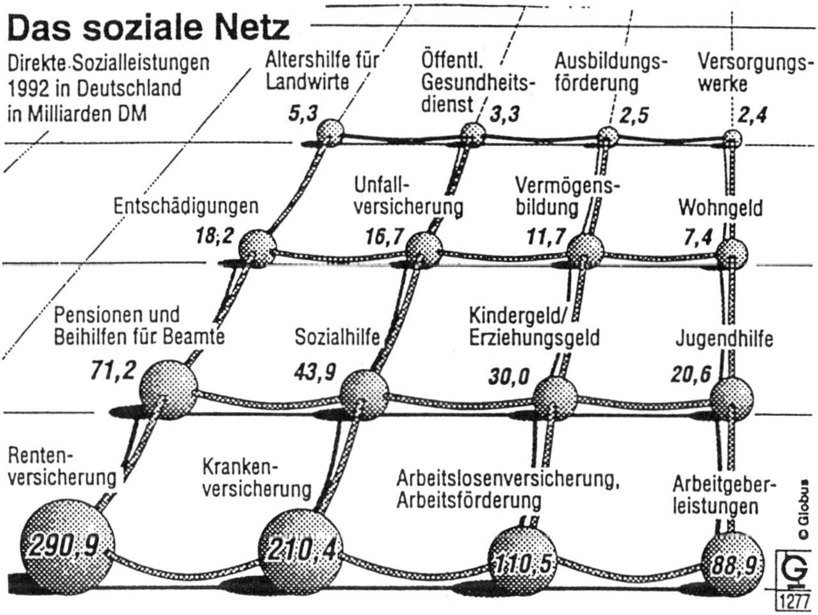

Kinder und Rentner haben (in funktionaler) Sicht eins gemeinsam: sie sind unproduktive Konsumenten, die immer aus der jeweiligen Wertschöpfung alimentiert werden müssen. Aus den Beitragszahlungen der „Aktiven" erwachsen diesen Rentenanwartschaft, deren Erfüllung - quasi als Gegenleistung für die Aufzucht und Erziehung - der jeweiligen Kindergeneration obliegen soll.

Es ist evident, daß die jeweiligen Renten immer nur so dynamisch und so sicher sein können, so dynamisch und so sicher der beitragspflichtige Einkommensstrom - sprich die Arbeitsentgelte - der jeweiligen Erwerbsbevölkerung sind.

Daraus folgt, daß neben demographisch bedingten Veränderungen der generativen Besetzungszahlen auch und gerade wirtschaftliche Abschwächungen und Arbeitslosigkeit Sicherheit, Niveau und Dynamik der jeweiligen Altersrenten gefährden.

Bildlich ließe sich diese für die GRV konstitutive Umlageverfahren wie folgt darstellen:

Zum Generationenvertrag gehört auch das Aufziehen von Kindern

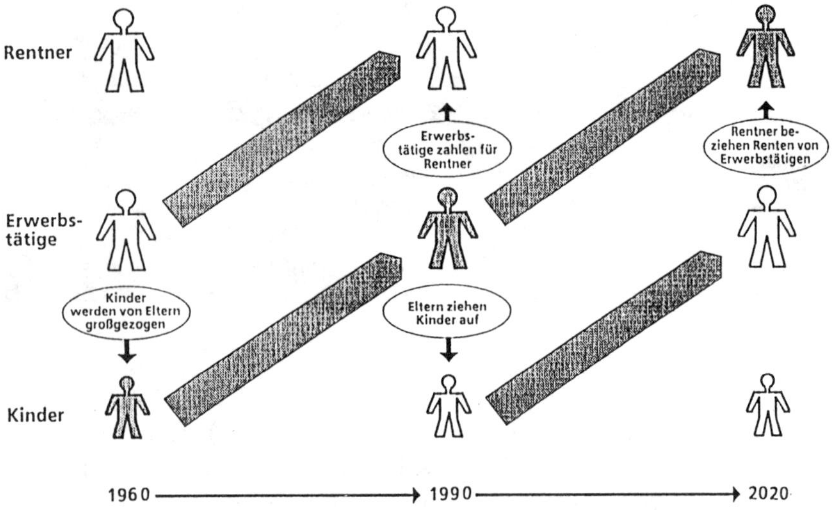

Dem Umlageverfahren entsprechend muß die GRV stets der folgenden Bilanzgleichung genügen:

$$E = A$$

$$B \times b \times \overline{L} + S = R \times \overline{R}$$

$$B \times b \times \overline{L} = R \times \overline{R} - S$$

$$b = \frac{\overline{R}}{L} \times \frac{R}{B} - \frac{S}{B \times \overline{L}}$$

wobei seit dem 1.1.1992 $\overline{R} = (Ep \times Zf) \times Raf \times aRw$

und $Ep \times Zf = PEp$ des „statistischen Durchschnitts-rentners"

Symbole:

S = Staatszuschuß zur Finanzierung der versicherungsfremden Leistungen, wie z.B. Rehabilitation, Erziehungsjahre etc.

B = Zahl der Beitragszahler

R = Zahl der Rentenempfänger

$\overline{L}$ = durchschnittliches beitragspflichtiges Arbeitsentgelt

$\overline{R}$ = Durchschnittsrente

$\frac{\overline{R}}{\overline{L}}$ = Rentenniveau (RN)

b = Beitragssatz

E = Summe aller Einzahlungen einer Periode an die gesetzliche Rentenversicherung

A = Summe aller Auszahlungen der gesetzlichen Rentenversicherung in einer Periode

Bei einem umlageverfahrenfinanzierten Rentensystems ist der die finanzielle Stabilität garantierende Beitragssatz in erster Linie eine Funktion des Rentenniveaus und des Rentnerquotienten.

In einem modifizierten Umlageverfahren mit einem Staatszuschuß - wie dies in Deutschland der Fall ist - werden die „Hebelwirkungen" von Beitragsniveau und Rentnerquotienten auf den erforderlichen Beitragssatz durch Niveau und Dynamik des Staatszuschusses abgefedert.

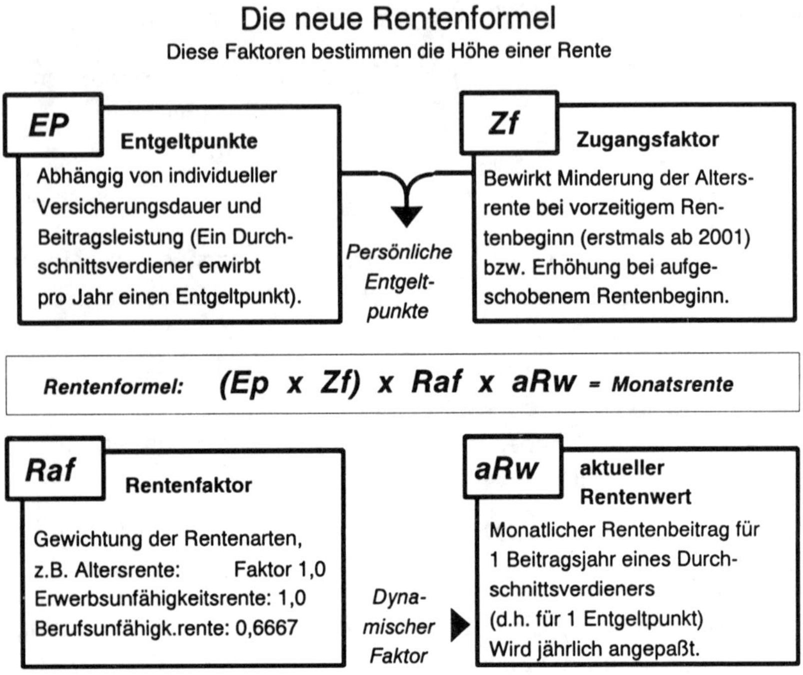

$$PEp\ (= Ep \times Zf) \times aRw \times Raf = Monatsrente$$

PEp = persönliche Entgeltpunkte
Ep = Entgeltpunkte
Zf = Zugangsfaktor
aRw = aktueller Rentenwert
Raf = Rentenartfaktor

$$aR_t = aR_{t-1} \times \frac{dBE_{t-1}}{dBE_{t-2}} \times \frac{NQ_{t-1}}{NQ_{t-2}} \times \frac{RQ_{t-2}}{RQ_{t-1}}$$

Dabei bedeuten:
aR = aktueller Rentenwert ab 1. Juli
dBE = durchschnittliches Bruttojahresarbeitsentgelt aller Versicherten

NQ = Nettoquote für Arbeitsentgelt nach der Volkswirtschaftlichen Gesamtrechnung
RQ = Rentennettoquote
t = das laufende Kalenderjahr
t–1 = das vergangene Kalenderjahr
t–2 = das vorvergangene Kalenderjahr

Der „Rentnerquotient" ist daher das „Einfallstor" für Gefährdungen, die aus der demographischen Entwicklung für die gesetzliche Rentenversicherung erwachsen.

Dieser Rentnerquotient „verschlechtert" sich bei

- einer Verlängerung der Lebenserwartung
- einer Vorverlegung des Renteneintrittsalters
- einer längerfristigen Nettoreproduktionsrate von < 1
- einer sinkenden Erwerbsneigung im Sinne einer rückläufigen Arbeitnehmerquote
- einer permanenten Massenarbeitslosigkeit.

Speist man nun in diese Bilanzgleichung Bevölkerungsprognosen ein, kann man je nach Annahme des Wanderungssaldos, der Entwicklung der Frauenerwerbstätigkeit oder des durchschnittlichen Renteneintrittsalters „Gleichgewichtsbeitragssätze" errechnen, die – in 40 Jahren – bis zum Doppelten des gegenwärtigen Beitragssatzes betragen können.

Ohne im einzelnen auf die zwischen „noch erträglich" und „katastrophal" schwankenden Rechenergebnisse an dieser Stelle eingehen zu müssen, steht fest, daß alle Status-quo-Prognosen spätestens – sofern man keine jährlichen Nettozuwanderungen in der Größenordnung von über 500.000 unterstellt – ab 2010 zu einem rasanten demographisch bedingten Beitragssatz führen und einen über die im Rentenreformgesetz von 1992 bereits verankerten Maßnahmen hinausgehenden rentenpolitischen Handlungsbedarf anzeigen.

Die Möglichkeiten diesen Handlungsbedarf zu befriedigen bestehen prinzipiell

- in einem strukturellen Umbau bzw. Wechsel unseres Sozialrentensystems und/oder
- in einem peacemeal engeneering, d.h. in Reparaturmaßnahmen innerhalb des derzeitigen Systems.

Die nicht erst in der jüngsten Zeit am vehementesten vorgeschlagenen Strukturreformen sind

(1) Spielarten einer bevölkerungsdynamischen Rente und
(2) die Umstellung des Finanzierungskonzeptes vom Umlageverfahren zum Kapitalstockverfahren.

Ad. (1)
In allen Varianten dieser Idee geht es wie G. Kirsch es formulierte darum, „die Alterssicherung des einzelnen wieder in eine für ihn nachvollziehbare und fühlbare Relation zu seinem eigenen Zeugungsverhalten zu setzen, so wie dies in der familiären Risikogemeinschaft der Fall war. Noch konkreter: die Rentenbezüge eines einzelnen sollen nicht mehr nur von seinen vergangenen Beiträgen abhängen, sondern auch von der Zahl seiner Kinder. Gleichwohl sollte es jedem freistehen, ein kinderloses Leben zu führen; nur sollte er deshalb nicht unbedingt Renten beziehen können, deren Voraussetzungen andere durch ihr Kinderkriegen geschaffen haben. Es ist unfein und ungerecht, die Kosten für die Realisierung des eigenen Lebensentwurfs anderen – und sei es nur teilweise – aufzubürden. Grundsätzlich könnte und sollte die Möglichkeit geschaffen werden, daß die Kinderlosen ihre zukünftigen Renten aufbessern können, indem sie ein Kind oder auch mehrere von fremden Eltern bis etwa zum achtzehnten Lebensjahr finanzieren" (G. Kirsch: „Keine Kinder –

aber hohe Renten", in: Frankfurter Allgemeine Zeitung, Nr. 155 vom 7. Juli 1979, S. 13).

Th. Schmidt-Kaler, G. Kirsch, Ch. Schwarz-Schilling oder auch J. Borchert bemängeln, daß das heutige System der gesetzlichen Rentenversicherung ausschließlich die Beziehungen zwischen zwei Generationen, der heute Erwerbstätigen und der heute nicht mehr Erwerbstätigen berücksichtige und die Beziehungen zwischen der nachwachsenden Generation und den anderen beiden Generationen außer acht lasse. Die Lasten der Altersversorgung würden „sozialisiert", das heißt auf alle Versicherungspflichtigen verteilt, während die Lasten der nachwachsenden Generation „privatisiert", das heißt von den einzelnen Familien individuell getragen werden müßten. Eine Variation der Beitragssätze zur Rentenversicherung nach der Kinderzahl – bzw. bei gleichen Beitragssätzen unterschiedliche nach der Kinderzahl gestaffelte Renten – soll die Möglichkeit bieten, auch die Lasten der Aufzucht der nachwachsenden Generation auf die Gesamtgesellschaft zu verteilen.

Das Konzept der „bevölkerungsdynamischen Rente" beruht mithin auf der Idee, daß Familien nach der Zahl der von ihnen aufgezogenen Kinder zu Beitragsleistungen für die Rentenversicherung herangezogen bzw. durch mit der Kinderzahl steigende Renten begünstigt werden sollen. Dadurch würden Familien entsprechend ihres „lebenden" Beitrages zur Rentenversicherung finanziell honoriert, wodurch eine Erhöhung der Geburtenhäufigkeit initiiert werden solle und könne.

So eingängig derartige Vorschläge, das „natürliche Fundament" des Generationenvertrages in das Rentensystem zu integrieren auf den ersten Blick sind, so wenig überzeugend sind sie bei einer näheren Analyse.

Die gesetzliche Rentenversicherung basiert auf einem „Versicherungsprinzip". Gegenstand dieser Versicherung ist allerdings nicht wie bei einer privaten Lebensversicherung die Summe der Beiträge, die verzinst oder unverzinst als Renten zur Auszahlung kommen, sondern der Lebensstandard, den ein Versicherter während seiner Versicherungszeit innehatte. Der „Vater der dynamischen Rente" W. Schreiber formuliert dies wie folgt:

„In der GRV ist die Einheit der Leistungs- und Gegenleistungsrechnung nicht die DM sondern das Durchschnittseinkommen im Jahr der Zahlung..., sowohl der Beitragszahlung (Leistung) wie der Rentenzahlung (Gegenleistung) ... Etwas vergröbert ausgedrückt, könnte man sagen: Die Beitragszahler zahlen 'Arbeitsstunden' ein – ... und erhalten als Rentner auch Arbeitsstunden in Rentenform zurück – in beiden Fällen Arbeitsstunden, die mit dem Marktpreis der Arbeitsstunde im Zahlungsjahr bewertet werden ... Maß des wirtschaftlichen Wertes ist für (die GRV) der jeweilige Marktwert der Arbeit, d.h. der durchschnittliche Lohnsatz der Arbeitsstunde, genauer: Die Durchschnittshöhe der Arbeitseinkommen, noch genauer: Die allgemeine Bemessungsgrundlage (bzw. der 'aktuelle Rentenwert')".

In der gesetzlichen Rentenversicherung gilt mithin nicht eine privatwirtschaftliche „Beitragsäquivalenz", sondern eine „Teilhabeäquivalenz", welche beinhaltet, daß ein Rentner hinsichtlich seiner individuellen Rentenhöhe im Vergleich zu allen Rentnern rangmäßig die gleiche „Einkommensposition" einnehmen soll, die er in der Einkommenspyramide der beitragspflichtigen Erwerbstätigen eingenommen hat.

Die deutschen Sozialrenten haben somit eine Lohnersatzfunktion in doppelter Hinsicht zu erfüllen, nämlich einmal hinsichtlich einer dem Durchschnittslohn vergleichbaren Standardrente (→ Rentenniveau), als auch hinsichtlich der Garantie einer gleichen relativen Einkommensposition.

Auf dieser „doppelten Lohnersatzfunktion" basiert das nach wie vor hohe Vertrauen in die gesetzliche Rentenversicherung.

Die Umsetzung der o.a. Vorschläge, sowohl in der Variante

der kinderzahlabhängigen Beitragssätze als auch der nach der Kinderzahl gestaffelten Renten, würde eine krasse Verletzung dieses konstitutiven Prinzips und eine Aufgabe des Äquivalenzprinzips in jedweder Form bedeuten. Denn eine dergestalt bevölkerungspolitisch instrumentalisierte GRV würde unterschiedliche Leistungen für gleiche Beiträge bzw. gleiche Leistungen für unterschiedliche Beiträge bedingen und eine Transformation des Systems der Beitragsfinanzierung in eine mehr oder weniger nach dem Leistungsfähigkeitsprinzip ausgerichtete Steuerfinanzierung bedeuten.

Neben diesen grundsätzlichen Bedenken ergeben sich für die Praxis wahrscheinlich wichtigere vorschlagsimmanente Inkonsistenzen bzw. Probleme, die durch die folgenden Fragen, wie sie insbesondere von van Almsick und Niemeyer thematisiert wurden, skizziert werden können:

- Sollte dem Grundsatz der paritätischen Finanzierung der Arbeitgeberbeitrag auch nach Maßgabe der Kinderzahl des Arbeitnehmers variieren? Für diesen Fall würden sich daraus Kostenvorteile für den Arbeitgeber aus der Beschäftigung von kinderreichen Erwerbstätigen an der Stelle kinderloser Arbeitnehmer ergeben. Entgegen dem marktwirtschaftlichen Prinzip einer leistungsorientierten Entlohnung wären dann Arbeitskräfte mit Kindern für den Arbeitgeber „billiger" während Jugendliche und Kinderlose benachteiligt wären.
- Soll bei doppelverdienenden Eltern beide Elternteile oder nur ein Elternteil begünstigt werden oder soll eine Begünstigung ggf. auf beide Elternteile aufgeteilt werden?
- Ist eine begünstigende Differenzierung auch dann zu gewähren, wenn das Kind vor dem Eintritt in das Erwerbsleben stirbt und der „generative Beitrag" nicht wirkmächtig wird? Wie werden Pflege- und Adoptivkinder berücksichtigt?

Sollte in diesen Fällen den leiblichen Eltern die Beitragssatzermäßigung verweigert werden, obwohl sie, nicht aber die Adoptiveltern den „generativen Beitrag“ erbracht haben?

- Wie werden Ausländer behandelt? Hinsichtlich deren Kinder steht nämlich keineswegs fest, ob diese in Deutschland erwerbstätig werden und damit die finanzielle Basis der Rentenversicherung stärken.
- Wie werden Eltern behandelt, bei denen sich herausstellt, daß ihre Kinder später nicht der Solidargemeinschaft beitreten, sondern auswandern, selbständig werden oder Beamte werden? Soll das Versicherungsverhältnis rückabgewickelt werden, oder soll die Berufswahl des Kindes beeinflußt werden?
- Gravierende Probleme ergeben sich auch bei einer Beitragsstaffelung für die Gestaltung der freiwilligen Versicherung im Rahmen der GRV. Eine Übertragung der Beitragssatzstaffelung auch auf freiwillige Versicherte brächte es nämlich mit sich, daß Kinderlose kaum noch als Freiwillige in die GRV eintreten und Beiträge entrichten würden, da deren „Rentabilität“ verloren ginge. Im Gegenzug würden Kinderreiche als freiwillig Versicherte versuchen, in die jetzige Rentenversicherung zu gelangen, um sich dort „billig“ Rentenanwartschaften zu verschaffen. Mit Sicherheit würde das Vertrauen der Versicherten in ihre Alterssicherung gestört und die Kalkulierbarkeit für den Gesetzgeber hinsichtlich der Kostenwirksamkeit aller Regelungen ginge verloren. Insgesamt würde im Zuge der laufenden Veränderungen der Zahl, der über den Beitragszahl zu berücksichtigenden Kinder ein zusätzliches Element der finanziellen Unsicherheit in die GRV hereingetragen werden.

Zusammenfassend wird man daher festhalten können, daß durch eine „bevölkerungsdynamische Rentenversicherung“

tragende und bewährte Grundsätze des bestehenden Rentenversicherungssystems aufgegeben würden.

Eine Steigerung der Geburtenzahl - so man dieses Ziel verfolgt - ist nicht als eine Aufgabe der Rentenversicherung angesehen. Maßnahmen im Rahmen des Familienlastenausgleichs oder auch einer gezielten Bevölkerungspolitik sind eine Aufgabe der Allgemeinheit, nicht jedoch einer bestimmten Gruppe: konkret der Angehörigen der GRV. Denn auch die nichtversicherungspflichtigen Selbständigen, die befreiten Angestellten und Beamte kämen bei uns genauso in den Genuß der „positiven externen Effekte" von steigenden Kinderzahlen wie auch die gesamte Bevölkerung eines armen Entwicklungslandes mit einem hohen Geburtenüberschuß von einem Geburtenrückgang „profitieren" würde.

Zwar werden die Kindererziehungsleistungen bereits seit 1986 in der Rentenversicherung rentensteigernd und rentenbegründend angerechnet, allerdings trägt hierfür der Bund - über den leider zu geringen Bundeszuschuß - nicht aber die Solidargemeinschaft der Rentenversicherten über ihre Beiträge die diesbezüglichen Kosten.

Auch zeigt die Vergangenheit, daß eine Veränderung der Geburtenrate keinesfalls allein oder in erster Linie materiellen Überlegungen unterliegt, sondern u.a. auch den geänderten Freizeiterwartungen, Emanzipations- und Selbstverwirklichungsbedürfnissen etc. Zudem würde die Entlastung über den Rentenversicherungsbeitrag in keinem Fall ausreichen, die durch Kinder verursachten direkten Kosten zu decken geschweige denn, das möglicherweise wegen der Kindererziehung entfallende Einkommen eines Ehegatten einschließlich der damit verbundenen reduzierten Rente zu kompensieren.

Hinzu kommt, daß diese Vorschläge - trotz aller Hinweise auf den Generationenvertrag - übersehen, daß für die Stabilität dieses Vertrages und damit für das ökonomische Fundament weniger die jeweiligen generativen Besetzungszahlen als vielmehr die jeweilige wirtschaftliche Leistungsfähigkeit einer Gesellschaft, sprich die jeweilige Wertschöpfung verantwortlich ist:

„Es gibt keine andere Quelle und hat nie eine andere Quelle gegeben, es gibt keine Ansammlung von Fonds, keine Übertragung von Einkommensstellen von Periode zu Periode, kein 'Sparen' im privatwirtschaftlichen Sinne". (= Mackenrothscher Satz)

Diese 1952 von G. Mackenroth formulierte Erkenntnis impliziert, daß ein System der gesetzlichen Rentenversicherung faktisch immer und nur nach einem Umlageverfahren finanziert wird bzw. werden muß, das heißt dergestalt, daß die laufenden Renten über das Beitrags- (und Steuer-)System aus der laufenden Wertschöpfung der jeweiligen Erwerbsbevölkerung alimentiert werden müssen.

Die o.a. zitierte Aussage erscheint in ihrer Eindeutigkeit falsch, da im Prinzip doch jeder Einzelne während seines Erwerbslebens sparen und so Einkommensteile bzw. deren Verwendung zeitlich verschieben kann, um später von den Erträgnissen (Zinsen, Dividenden, usw.) oder vom „Abschmelzen" dieses (seines) Kapitalstocks leben zu können. Aber Zinsen, Dividenden usw. sind nichts anderes als Teile des Volkseinkommens, welche in der Periode, in der sie den Empfängern (= Sparern) zufließen, von ökonomisch Aktiven erwirtschaftet werden (müssen). Eine Bank oder eine Versicherung kann nur Zinsen zahlen, wenn sich jemand findet, der die eingezahlten Spargelder als Kredit aufnimmt, mit ihnen wirtschaftet, das heißt Leistungen erstellt, Einkommen erzielt und daraus Sollzinsen an die Bank oder Versicherung zahlt. Wenn ein einzelner einen Kredit aufnimmt, bedeutet dies für ihn eine Vergrößerung seiner ökonomischen Bewegungsfreiheit bzw. wenn ein einzelner (ertragbringendes) Vermögen während seines Erwerbslebens bildet, kann er hoffen und davon ausgehen, daß er Einkommensteile aus der Phase seiner Erwerbstätigkeit in seine Altersphase verschoben hat. Dies ist aber zwischen Generationen bzw. für eine gesamte Volkswirtschaft - wenn man die Alternative der Auslandsverschuldung ausklammert - nicht möglich. Denn wie sich nur jemand verschulden kann, wenn er einen Gläubiger findet, kann nur der Geld anlegen, der einen Schuldner findet. Für eine Gesamtwirtschaft bedeutet dies - da jedem Schuldner ein Gläubiger gegenüberstehen muß -, daß sich innerhalb einer Volkswirtschaft Schulden und Guthaben und damit im Prinzip Sollzinsen und Habenzinsen saldieren. Wenn dem so ist, dann ist eine gesamtgesellschaftliche zeitliche Einkommensverschiebung nicht möglich, sondern nur eine aus dem laufenden Sozialprodukt gespeiste Einkommensübertragung zwischen gleichzeitigen Gruppen.

Daraus folgt: Für die Sicherheit unseres Renten- bzw. Sozialsystems sind in der Tat weniger die Besetzungszahlen der Generationen, als vielmehr die Ergiebigkeit des jeweiligen wirtschaftlichen Wertschöpfungsprozesses verantwortlich. Und erst wenn ein funktionaler Zusammenhang zwischen Bevölkerungsentwicklung und wirtschaftlicher Entwicklung (z.B. schrumpfende Bevölkerung bedingt parallelen Rückgang des Sozialprodukts) nachgewiesen werden könnte, waren die o.a. Vorschläge analytisch „wasserdicht" begründet. Denn es wäre wenig sinnvoll, wenn es zwar gelänge, einen Bevölkerungszuwachs zu initiieren, das Sozialprodukt aber nicht stärker als die Bevölkerungszunahme wachsen würde bzw. präziser: ökonomisch vorteilhaft wäre eine solche Entwicklung nur dann, wenn die Rate des Wirtschaftswachstums (mindestens) um die Rate des Bevölkerungswachstums über dem ökonomischen Expansionspfade ohne die Bevölkerungszunahme läge.

Andernfalls würden zwar die intergenerativen Verteilungsrelationen günstiger, gleichwohl der individuelle Lebensstandard, das Sozialprodukt pro Kopf (zumindest relativ) sinken;

der Kuchen „Sozialprodukt" würde intergenerativ gerechter verteilt, die verteilten Stücke aber wären für jeden kleiner und die Renten kaum sicherer. Die Annahme, daß ein Bevölkerungszuwachs mit einem überproportionalen Sozialproduktzuwachs einhergehen pflegt, findet bislang in der Empirie keine valide Stütze.

Für den Zusammenhang zwischen Wirtschaftswachstum und schrumpfender Bevölkerung herrscht dagegen eine, trotz der recht schmalen empirischen Basis unter Ökonomen die Ansicht, „daß der Bevölkerungsrückgang weder von der Nachfrage noch von den Produktionsmöglichkeiten her (möglicherweise oder nicht B.R.) zwangsläufig das Wirtschaftswachstum nachteilig beeinflußt". (G. Buttler)

Eine erfolgreiche Wachstumspolitik wäre daher der weit bessere Rentenstabilisator als eine erfolgreiche Bevölkerungspolitik.

Ad. (2)
Da wie eingangs dargestellt bei konstantem Rentenniveau der Beitragssatz eine abhängige Variable vom Beitragszahler-Rentner-Quotienten ist, wird vorgeschlagen die GRV durch einen Wechsel vom Umlageverfahren zum Kapitalstock- bzw. Kapitaldeckungsverfahren „demographiesicher" zu machen. Die Argumentation ist die folgende:

Bei einem Kapitaldeckungsverfahren dienen die jeweiligen Beiträge nicht zur Finanzierung der laufenden Renten, sondern zur Akkumulation eines rentierlichen Vermögensbestandes, aus dessen Ertragnissen dann die Renten alimentiert werden, und da die Ertragnisse aus diesen angesparten Rentenbeiträgen bevölkerungsunabhängig seien, sei auch eine so finanzierte GRV immer gegenüber Veränderungen des Bevölkerungsaufbaues.

Als weiterer positiver Effekt sei eine Steigerung der gesamtwirtschaftlichen Ersparnisse und damit bessere Finanzierungsmöglichkeiten und (private) Investitionen gegeben mit der wahrscheinlichen Folge einer höheren gesamtwirtschaftlichen Wachstumsrate.

Das Kapitaldeckungsverfahren will mit dieser Argumentation den o.a. Mackenrothschen Satz prinzipiell nicht außer Kraft setzen, sondern auf dessen simplen keynesianischen Saldenmechanik und damit partielle Irrelevanz hinweisen. Denn es wird angenommen, daß ein volkswirtschaftliches „Sparen" bzw. ein Transfer heutiger Einkommensteile in die Zukunft sehr wohl möglich sei dadurch, daß in dem Maße in dem „heute" (zusätzlich) gespart werde auch „heute" im gleichen Maße die volkswirtschaftliche Realkapitalbildung erhöht und damit der Wachstumspfad nach oben verschoben werde. Und diese vermehrte Produktion von Investitionsgütern in der Aufbauphase des Kapitalstockes erlaubte es, dann „daß ('morgen') Ressourcen vom Investitionsgüterbereich verlagert werden" (so B. Külp).

Bei einer näheren Analyse der Funktionsweise dieses – über das Junktim zwischen vermehrten Ersparnissen und vermehrten Investitionen gegenüber demographischen Verwerfungen (vermeintlich) „immunen" – Finanzierungssystems zeigt es sich aber, daß auch das Kapitaldeckungsverfahren „anfällig" gegen gesamtwirtschaftliche und demographische Verwerfungen ist.

Das Finanzierungssystem der Sozialrenten ist eine wichtige, aber eben nur eine Komponente des volkswirtschaftlichen Spar- bzw. Investitionsprozesses. Dies wurde jüngst von B. Külp in vorbildlicher Klarheit herausgearbeitet:

„Auch bei einem reinen Kapitaldeckungsverfahren kann unter gewissen Bedingungen die gesamtwirtschaftliche Nettoersparnis, die vom Rentenversicherungssystem ausgeht, null sein.

Dies ist genau dann der Fall, wenn der Zustand der Volkswirtschaft stationär ist, wenn also im Zeitablauf die

Bevölkerung, das Pro-Kopf-Einkommen sowie die gesamtwirtschaftliche Sparquote konstant bleiben. In diesem Fall halten sich die Beitragszugänge, die innerhalb eines Kapitaldeckungsverfahrens eine partielle Erhöhung des Versicherungsvermögens bewirken und die Rentenauszahlungen, die einen partiellen Abbau des Versicherungsvermögens auslösen, gerade die Waage.

Ob und wieviel aufgrund eines Kapitaldeckungsverfahrens per saldo volkswirtschaftlich gespart wird oder ob sogar per saldo eine Kapitalauflösung ausgelöst wird, hängt in erster Linie von den einzelnen Wachstumsfaktoren ab, also davon, in welchem Maße die Bevölkerung wächst oder schrumpft, wie stark weiterhin das Pro-Kopf-Einkommen jährlich ansteigt oder fällt und schließlich, ob die gesamtwirtschaftliche Sparquote einen kontinuierlichen Anstieg oder etwa einen Abstieg verzeichnet...

De facto müssen wir davon ausgehen, daß immer dann, wenn bei einem Übergang vom Kapitaldeckungsverfahren zum Umlageverfahren weniger Ersparnisse zum Zwecke der Altersvorsorge aufgebracht werden müssen, zumindest ein Teil dieser Einsparungen für andere Sparzwecke eingesetzt wird.

Eine solche Verlagerung ist vor allem auch deshalb zu erwarten, weil sich in der Realität die verschiedenen Sparzwecke überlagern, ein und dieselbe Sparsumme kann sehr wohl für verschiedene Sparziele eingesetzt werden. Dasselbe Kapital, das ein Selbständiger z.B. in sein Unternehmen investiert, kann gleichzeitig dem Ziele dienen, dieses Vermögen den Kindern zu vererben.

De facto müssen wir davon ausgehen, daß die Art der Finanzierung des Rentenversicherungssystems nicht nur das Sparen für Altersvorsorge, sondern den gesamten Sparprozeß beeinflußt und daß Veränderungen in den für die Altersvorsorge benötigten Kapitalsummen kompensierende Ersparnisse für andere Sparziele auslösen.

Wir kommen somit zu dem Ergebnis, daß das üblicherweise hervorgehobene Merkmal der Unterscheidung zwischen Kapitaldeckung und Umlageverfahren auf einen mikroökonomischen Tatbestand abhebt, der gesamtwirtschaftlich von geringerer Bedeutung ist. Gesamtwirtschaftlich kann kein Versicherungssystem überleben, wenn die Gesamtausgaben längerfristig die Gesamteinnahmen übersteigen. In dieser Frage besteht kein Unterschied zwischen beiden Finanzierungssystemen."

Dem ist nur noch hinzuzufügen, daß im Fall der Finanzierung der Renten aus den Ertragnissen eines in der Vergangenheit aufgebauten Kapitalstocks die „Rentendynamik" eine Funktion des „internen Zinssatzes" dieses Kapitalstocks (i) ist, d.h. daß sich die Renten entsprechend dem Zinsfaktor (1 + i) entwickeln; während die Dynamik beim Umlageverfahren von der Lohnsteigerung (l) abhängt bzw. die Renten entsprechend der Entwicklung des Faktors (1 + l) steigen.

Nach dem Kapitaldeckungsverfahren finanzierte Renten wären daher dann und nur dann demographieunabhängig, wenn der interne Zinssatz des Kapitalstocks, d.h. die Rentabilität der mit den angesammelten Ersparnissen getätigten Investitionen eine von der Bevölkerungsentwicklung unabhängige Größe wäre. Daß dies nicht der Fall ist, sollte auf der Hand liegen.

Es wäre verfehlt aus diesen Ausführungen zu folgern, daß es angesichts der demographischen Herausforderungen völlig irrelevant ist nach welchem Verfahren die Sozialrenten finanziert würden. Das Kapitalstockverfahren hat insbesondere allokative Vorzüge und hätte man die Wahl, würden

- die hohe Sparfähigkeit unserer Bevölkerung
- der weltweite „Kapitalhungers"
- die besseren Möglichkeiten der Risikostreuung (z.B. über Kapitalexporte) und eher

- der mit dem Kapitalstockverfahren verbundenen höheren Allokationseffizienz für das Kapitaldeckungsverfahren sprechen trotz
- der Probleme bei einer inflationssicheren Anlage und trotz
- der Gefahr von Machtkonzentrationen.

Vor einer Wahl der Finanzierungssysteme stehen wir nun aber - je nach Standpunkt glücklicher oder bedauerlicherweise - nicht.

Würde man sich heute zu einem Übergang zum Kapitaldeckungsverfahren entscheiden oder dem Vorschlag von Biedenkopf und Miegel einer steuerfinanzierten Grundrente (etwa auf dem Sozialhilfeniveau) bei privater Vorsorge für eine darüber hinausgehende Alterssicherung folgen, müßten - aus rechtsstaatlichen Gründen - die laufenden Renten und die bislang erworbenen Rentenanwartschaften - noch etwa 40 Jahre lang - wie bisher über lohnabhängige Beiträge finanziert werden.

Gleichzeitig würde von der - aufgrund des Geburtenrückgangs seit 1972 - demnächst (etwa ab 2010) schrumpfenden Erwerbsbevölkerung die Bildung von Altersrentenkapital für die eigene Versorgung erwartet bzw. verlangt.

Diese mit einem Systemwechsel verbundene gleichzeitige Finanzierung von zwei Alterssystemen über einen längeren Zeitraum hinweg überstiege die finanzielle Leistungsfähigkeit einer Bevölkerung deren Altenquotient just in dieser Zeit der „Doppelgleisigkeit" von derzeit 35,2 % auf 72,7 % in 2030 steigt.

Dies bedeutet, daß die die Probleme in der GRV generierende Bevölkerungsentwicklung einen möglicherweise theoretisch vorteilhaften Systemwechsel zum Kapitaldeckungsverfahren verbietet.

So richtig es ist, daß aus der demographischen Entwicklung bislang nicht dagewesene Gefahren für die Sicherheit und

Leistungsfähigkeit unseres Sozialrentensystems erwachsen so richtig ist es auch, daß diesen Gefahren nur mit politischen Maßnahmen *innerhalb* dieses Systems begegnet werden kann.

Was getan werden muß ist bekannt:

1. Das wichtigste ist eine erfolgreiche beschäftigungsorientierte Wachstumspolitik; denn nur dann ist es sinnvoll und möglich
   - durch die Schaffung neuer altersgerechter Arbeitsplätze das durchschnittliche Renteneintrittsalter nach hinten zu verschieben (Die Verlängerung der durchschnittlichen beitragspflichtigen Erwerbsphase um ein Jahr würde mit einer um zwei Prozentpunkten geringeren Beitragssteigerung korrespondieren)
   - die Frauenerwerbstätigkeit insbesondere in qualifizierten Industrieberufen zu steigern (Allerdings wurde dies nur für die Jahre der Erwerbsquotenerhöhung eine nachhaltige Entlastung bedingen) und
   - durch eine gezielte Einwanderungspolitik unter besonderer Berücksichtigung des Alters (möglichst jünger als 40 Jahre) und der Qualifikation (möglichst Facharbeiter) das Beitragszahler-Rentner-Verhältnis zu verbessern.
2. Diese auf eine Erhöhung des Erwerbstätigenpotentials abzielende Politik wird allerdings noch flankiert bzw. ergänzt werden müssen durch einige (partielle) Leistungsbereinigungen (z.B. im Bereich der Ausfall- und Ersatzzeiten oder der flexiblen Altersgrenze), da man aus Akzeptanzgründen alles daran setzen sollte, daß der Beitragssatz (Arbeitgeber und Arbeitnehmerteil) nicht über 23-24 Prozent steigt, da jenseits dieser Größe rebus sic stantibus in vielen Fällen eine private Absicherung „billiger" wäre.
3. Sollte in der Zukunft die Beschäftigungsschwelle des Wirtschaftswachstums, d.h. diejenige Wachstumsrate, von der ab eine Zunahme des Bruttoinlandsproduktes mit einer

Zunahme der Beschäftigung - derzeit liegt diese Schwelle bei ca. 1,5-2 % - einhergeht steigen, oder mit anderen Worten, sollte die Beschäftigungsintensität des Wirtschaftswachstums - als Folge der Umsetzung arbeitssparenden prozeßinnovativen technischen Fortschrittes - abnehmen, könnte eine Abkoppelung - *nur* - des Arbeitgeberanteils der Beiträge zur GRV erforderlich werden, um über eine Substitution der lohnbezogenen Arbeitgeberanteile durch wertschöpfungsbezogene die erforderlichen Mittel zur Bewältigung bzw. Abfederung des durch die Bevölkerungsentwicklung vorprogrammierten intergenerativen Verteilungskonfliktes in den Jahren 2010ff. zu mobilisieren.
Die ausführliche Diskussion in der ersten Hälfte der achtziger Jahre zeitigte, daß Wertschöpfungsbeiträge, die gerne als „Maschinensteuern" oder „Maschinenbeiträge" diffamiert wurden und werden, zwar keinen „Königsweg" zur Bewältigung unserer Rentenprobleme aufzeigen, wohl aber - im Vergleich zu rein lohnbezogenen Beiträgen - über ihre

- höhere Ergiebigkeit bei sinkender Lohnquote bzw. hoher Arbeitslosigkeit
- geringerer Konjunkturempfindlichkeit
- beschäftigungs- und strukturpolitisch günstigen Entlastungswirkungen
- vertrauensschaffende und technologieakzeptanzerhöhende Effekte

durchaus eine notwendige und sinnvolle Ergänzung des o.a. Optionenbündels.

Auch die gesetzliche Krankenversicherung wird nach dem Umlageverfahren finanziert.

Für sie gilt allerdings die folgende Bilanzgleichung:

$$E_K = A_K$$

$$E_K = b_K \, x \, B \, x \, \overline{L_K} + b_K \, x \, R \, x \, \overline{R}$$

$$E_K = b_K \, x \, (B \, x \, \overline{L_K} + R \, x \, \overline{R})$$

$$A_K = B \, x \, \overline{A_B} + R \, x \, \overline{A_R}$$

$$b_K \, (B \, x \, \overline{L_K} + R \, x \, \overline{R}) = B \, x \, \overline{A_B} + R \, x \, \overline{A_R}$$

$$b_K = \frac{B \, x \, \overline{A_B} + R \, x \, \overline{A_R}}{B \, x \, \overline{L_K} + R \, x \, \overline{R}}$$

$$RN = \frac{\overline{R}}{\overline{L_K}}; \quad RQ = \frac{R}{B}; \quad A_B^R = \frac{\overline{A_R}}{\overline{A_B}}$$

$$b_K = \frac{\overline{A_B}}{\overline{L_K}} \, x \, \frac{1 + RQ \, x \, A_B^R}{1 + RQ \, x \, RN}$$

Symbole:

b_K = durchschnittlicher Krankenversicherungsbeitrag

$\overline{L_K}$ = durchschnittliches krankenversicherungspflichtiges Arbeitsentgelt

$\overline{A_B}$ = durchschnittliche jährliche Krankheitskosten je Erwerbstätigen

$\overline{A_R}$ = durchschnittliche jährliche Krankheitskosten je versicherten Rentner

A_B^R = Verhältnis der durchschnittlichen jährlichen Krankheitskosten von Rentnern und Erwerbstätigen

Im Gegensatz zur GRV schlägt sich der demographische Wandel in der GKV nicht in einer Verschiebung der Beitragszahler-Leistungsempfänger-Relation nieder, denn auch Rentner haben Krankenversicherungsbeiträge zu entrichten.

Die „Einfallstore" *demographischer Risiken,* die scharf von den anderen Ursachen der „Gesundheitskostenexplosion" zu trennen sind, in die GKV sind

- die mit steigendem Alter (überproportional) steigenden Ausgaben bzw. Krankheitskosten und
- die niedrigeren nach Maßgabe des Rentenniveaus deutlich niedrigeren Beitragszahlungen der - wachsenden Zahl der - Rentner im Vergleich zur - schrumpfenden - Zahl der versicherungspflichtigen Erwerbstätigen.

Schreibt man wie jüngst St. Dudey diese Kostenbefunde fort und kombiniert sie z.B. mit der 7. koordinierten Bevölkerungsprognose des Statistischen Bundesamtes (in der von einem Rückgang der Nettozuwanderung auf 53.000 pro Jahr ab 2011, den heutigen Erwerbsquoten, einer Steigerung der

Tabelle 1: Altersprofil der Krankheitskosten in der GKV in DM pro Versicherten und Jahr (1991)

Alter von ... bis unter ...	Männer	Frauen
Kinder	1.137,53	1.061,34
– 20	1.140,58	1.502,74
20 – 25	1.114,51	1.922,39
25 – 30	1.155,44	2.430,12
30 – 35	1.236,43	2.373,06
35 – 40	1.389,55	2.247,56
40 – 45	1.659,41	2.355,29
45 – 50	2.063,41	2.780,15
50 – 55	2.530,24	3.242,37
55 – 60	3.247,95	3.576,58
60 – 65	3.872,74	3.842,07
65 – 70	4.739,70	4.423,32
70 – 75	5.844,85	5.334,95
über 75	6.840,72	6.636,51

Quelle: S. Dudey: Kosten im Gesundheitswesen

Schaubild 1: Entwicklung des Beitragssatzes zur GKV

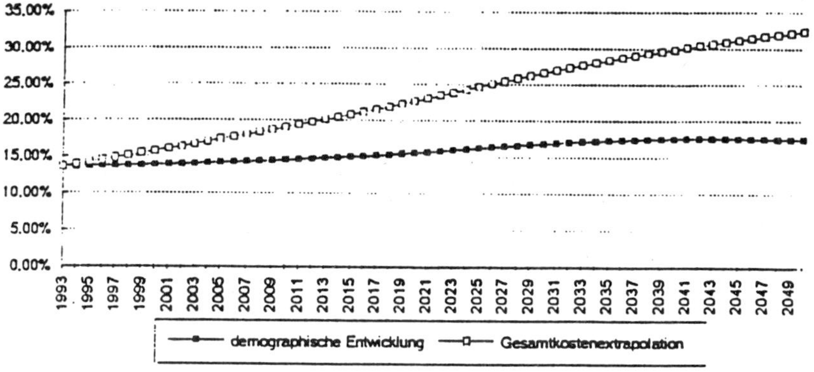

(Quelle: S. Dudey)

Lebenserwartung um 2,35 Jahren der Frauen und 2,4 Jahren der Männer bis zum Jahre 2000 (danach Konstanz) einer langfristigen Nettoreproduktionsrate von 0,68 und asymptotischen Annäherung der ostdeutschen an die westdeutschen Werte ausgegangen wird), gelangt man zu einer Entwicklung des Beitragssatzes, derzufolge die Beitragssätze bis zum Jahre 2041 aus demographischen Gründen „nur" um 4 Prozentpunkte steigen.

Definiert man dies als Referenzmodell (R), kann man Sensitivitätsanalysen des „demographischen Krankenversicherungssatzes" bei alternativen Wanderungsannahmen und/oder Nettoreproduktionsraten durchführen und gelangt zu den Szenarien (s. Schaubild 2).

Diese sehr seriösen und sehr verdienstvollen Hochrechnungen von S. Dudey zeigen eines ganz klar:

Nicht die demographische Entwicklung wird die Hauptursache für Beitragssatzsteigerungen in der GKV sein.

Desungeachtet stellt sich die Frage, ob angesichts des Auseinanderdriftens von Rentnerbeiträgen und Rentnerausgaben

Schaubild 2: Beitragssatzentwicklung in der GKV für verschiedene Nettozuwanderungsannahmen

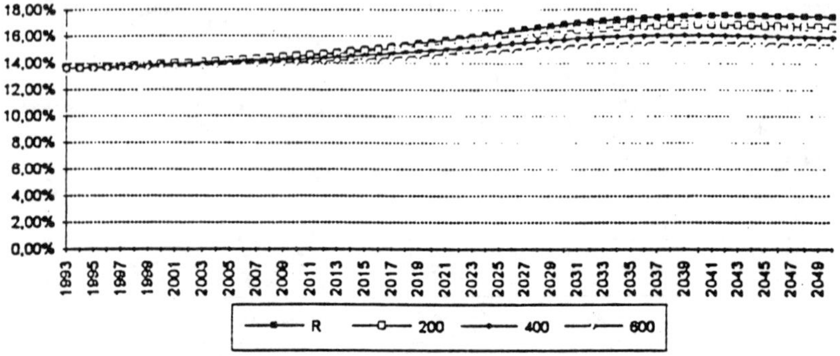

Beitragssatzentwicklung in der GKV für verschiedene Nettoreproduktionsraten

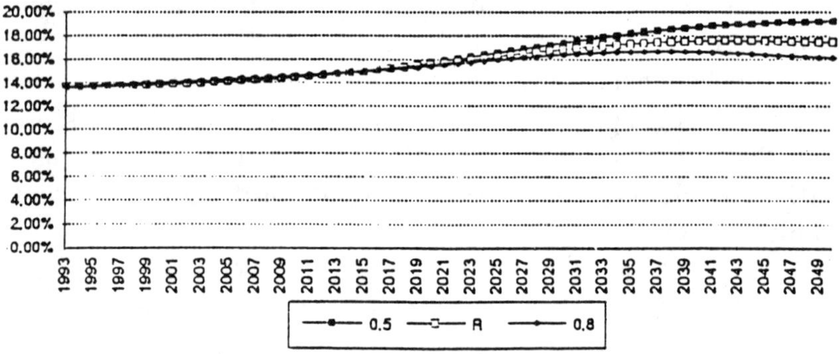

nicht doch Justierungen vorgenommen werden können und sollten und ggf. welche.

Will man nicht - wie von C.v. Ferber 1985 vorgeschlagen - die Rentnerkrankenversicherung aus der allgemeinen GKV ausgliedern oder die Ausgabenseite nicht durch „Bereinigungen", sprich altersabhängigen Kürzungen der Leistungen (à la

Großbritannien oder Schweden z.B. keine kassenfinanzierte By-pass-Operationen) entlasten, bieten sich Verbesserungen der Einnahmen aus Rentnerbeiträgen an.

Insbesondere könnte und sollte man in diesem Kontext daran denken, nicht nur die Renten sondern das gesamte Alterseinkommen eines sozialversicherten Rentners bis zur jeweiligen Versicherungspflichtgrenze der Arbeitnehmer mit Rentnerkrankenversicherungsbeiträgen zu belegen.

Durch eine derartige Verbreiterung der Beitragsbemessungsgrundlage würden die „Nurrentenbezieher" nicht zusätzlich belastet, wohl aber die Umverteilung von den Arbeitnehmern zu den wohlhabenden Rentnern, deren Zahl stark im Steigen begriffen ist, verringert und gleichzeitig eines der o.a. genannten Einfallstore demographiebedingter Risiken verkleinert.

Fazit:
Die demographische Entwicklung kann unser soziales Sicherungsnetz - insbesondere unsere Gesetzliche Rentenversicherung - vor eine Zerreißprobe stellen, und diese Zerreißprobe wird um so härter, je ungenutzter man die derzeitigen „demographischen goldenen Jahre" Deutschlands verstreichen läßt.

Unsere sozialversicherungsspezifischen Bevölkerungsprobleme sind politisch beherrschbar und zwar innerhalb der derzeitigen Systeme und an die Stelle der demographischen Horrorszenarien sollte ein konstruktiver, konsensorientierter Dialog über die in den nächsten Jahren zu ergreifenden Systemanpassungen nicht aber eine Systemüberwindung treten.

Literatur

Almsick, J. van: Die gesetzliche Rentenversicherung der Familien- bzw. Bevölkerungspolitik?, in: Die Sozialversicherung 6/1988.

Borchert, J.: Renten vor dem Absturz - Ist der Sozialstaat zu Ende? Frankfurt 1993.

Bußmann, L. u.a.: Der Wertschöpfungsbeitrag zur Finanzierung der gesetzlichen Rentenversicherung, Frankfurt 1992

Buttler, F. und Kühlewind, G. (Hrsg.): Erwerbstätigkeit im Generationenvertrag - Perspektiven bis 2030, Nürnberg 1989.

Buttler, B.: Der gefährdete Wohlstand, Frankfurt 1992.

Buttler, B.: Bevölkerungsrückgang in der Bundesrepublik Deutschland, Köln 1979.

Dudey, S.: Kosten des Gesundheitswesens, vervielfältigtes Manuskript eines Referates auf der Jahrestagung der Gesellschaft für Bevölkerungswissenschaften, Bad Homburg 1993.

Franke, H. und Buttler, F.: Arbeitswelt 2000, Frankfurt 1991.

Klauder, W.: Ohne Fleiß kein Preis, Zürich/Osnabrück 1991.

Kühlewind, G.: Im Zusammenhang zwischen Erwerbstätigkeit im Generationenvertrag - Eine langfristige Betrachtung, in: Deutsche Rentenversicherung Nr. 4/5 1991.

Külp, B.: Unterschiedliche Finanzierungssysteme der gesetzlichen Rentenversicherung und der Einfluß auf die Verteilung zwischen den Generationen, in: Hamburger Jahrbuch 1991.

Niemeyer, B. und van Almsick, J.: Staffelung des Beitragssatzes nach der Kinderzahl - mögliches Element der Strukturreform der gesetzlichen Rentenversicherung?, in: Deutsche Rentenversicherung 1-2/1988.

Miegel, M.: Sicherheit im Alter, Bonn 1981.

Ribhegge, H.: Generationenvertrag, in. Enderle, G. u.a. (Hrsg.): Lexikon der Wirtschaftsethik, Basel/Wien 1993.

Rolf, G., Spahn, P.B. und Wagner, G. (Hrsg.): Sozialvertrag und Sicherung, Frankfurt 1988.

Rosenberg, P.: Das soziale Netz vor der Zerreißprobe? Frankfurt 1990.

Rürup, B.: Die gesetzliche Rentenversicherung als bevölkerungspolitisches Instrument?, in: Deutsche Rentenversicherung 6/1979.

Rürup, B.: Wertschöpfungsbeiträge: Eine Antwort auf die langfristigen Risiken der gesetzlichen Rentenversicherung, in: Heinze, R.G., Hombach, B. und Scharpf, H. (Hrsg.): Sozialstaat 2000, Bonn 1987.

Rürup, B.: Deutschland 2000: Sozioökonomische Perspektiven und Konsequenzen, in: Rürup, B. und Steger, U. (Hrsg.): Arbeit 2000 - Soziale, ökonomische und politische Trends für Unternehmen, Frankfurt 1992.

Rürup, B.: Bevölkerungsentwicklung und Generationenvertrag - Finanzpolitische Konsequenzen und Optionen, in: Besters, H. (Hrsg.): Bevölkerungsentwicklung und Generationenvertrag, Baden-Baden 1980.

Rürup, B.: Wirtschaftliche und gesellschaftliche Perspektiven der Bundesrepublik Deutschland, München 1989.

Schmähl, B.: Über den Satz: „Aller Sozialaufwand muß immer aus dem Volkseinkommen der laufenden Periode gedeckt werden", in: Hamburger Jahrbuch 1981.

Schmähl, W.: Soziale Sicherung im Alter, in: HdWW, Bd. 6, Tübingen 1981.

Schmidt-Kaler, T.: Rentengesetzgebung als Instrument zur rationalen Steuerung und Rückkoppelung des Bevölkerungsprozesses, in: Zeitschrift für Bevölkerungswissenschaft 1978.

Schwarz-Schilling, Ch.: Die Rentenreform - Anpassungsmaßnahme und strukturelle Neuansätze sind erforderlich, in: Mittelstandsvereinigung der CDU/CSU (Hrsg.): MIT, Bonn 1987.

Humandienstleistung Pflege in der alternden Gesellschaft

Re-Regulierung statt De-Regulierung

Katharina Spieß, Gert Wagner

Die Betreuung von Pflegebedürftigen ist in Deutschland noch immer Teil der gemeinwirtschaftlich organisierten „Armenfürsorge". In den alten Bundesländern sind fast 70 % der stationär in Pflegeeinrichtungen versorgten Menschen auf Sozialhilfe angewiesen; bei den häuslichen Pflegefällen dürfte es ein Viertel sein. In den neuen Bundesländern sind alle stationär Gepflegten zu Sozialhilfeempfängern geworden.

Sozialhilfe wird natürlich nicht mehr obrigkeitsstaatlich als Almosen zugeteilt, sondern ordnungsgemäß verwaltet, jedoch werden von der „Fürsorge" alle Leistungen naturgemäß knapp bemessen. Ebenso knapp sind auch die Einkommen, die die Helfer beziehen. Es gibt keinen entwickelten Markt für den Dienstleistungsbereich der „Altenpflege". Es ist somit nicht sehr verwunderlich, daß es einen „Pflegenotstand" gibt, weil auf der einen Seite nicht genügend Angebote an Pflegediensten vorgehalten werden und auf der anderen Seite Pflegepersonal knapp ist, weil es schlecht bezahlt wird.

In diesem Aufsatz wird nach einer kurzen definitorischen Diskussion (Abschnitt 1) die in der Öffentlichkeit bislang im Vordergrund der Diskussion stehende Debatte um die optimale Finanzierungsform einer verbesserten Pflegeabsicherung zusammengefaßt, und es werden zukunftsweisende Elemente der von der Bundesregierung vorgesehenen Regulierung des Pflegeversicherungsmarktes herausgearbeitet: Das für die Pflegeversicherung vorgesehene gesetzlich geregelte Verhältnis von gesetzlichen und privaten Versicherungen sollte auch auf die allgemeinen Krankenversicherungen ausgedehnt werden (Abschnitt 2). Damit wäre *eine* wesentliche Voraussetzung für einen echten, gleichwohl bedarfsgerecht regulierten Markt für die Humandienstleistung „Krankheit und Pflege“ geschaffen.

Eine Re-Regulierung wäre für den Markt für Altenpflege *ebenso* notwendig (Abschnitt 3). Anhand des Beispieles der stationären Pflegeeinrichtungen wird diskutiert, wie aufgrund traditioneller Vorstellungen von „Gemeinnützigkeit“ noch immer das Zusammenspiel von Angebot und Nachfrage in diesem „Markt“ vom Staat geregelt wird, welche Unwirtschaftlichkeiten sich dadurch ergeben und welche Reformansätze – gerade in Hinblick auf eine optimale Verteilung finanzieller Ressourcen in einer älter werdenden Gesellschaft – möglich wären. Durch „mehr Markt“ kann die Altenpflege nicht nur besser werden, sondern auch mehr und qualitativ bessere Arbeitsplätze schaffen. Damit eröffnet sie auch ökonomische Chancen des demographischen Wandels, der bislang meist als Bedrohung diskutiert wird. Gleichwohl ist keine einfache De-Regulierung sinnvoll, sondern auch für die Altenpflege sind wie für den Versicherungsmarkt der Kranken- und Pflegeversicherungen Regulierungen notwendig.

1. Problemaufriß

Pflege ist – wie auch immer man sie definiert – personalintensiv und in jedem Falle kostspielig. Ein Pflegeheimplatz kostet heute pro Monat etwa DM 4.000,–, in der Spitze weit mehr. Auch bei Laienpflege entstehen in der Regel Opportunitätskosten durch entgangene Einkommen und Freizeit (siehe

O'Shea und Corcoran 1990). Für eine häusliche Vollpflege einer leicht pflegebedürftigen Person liegen die Kosten (wie verschiedene einzelwirtschaftliche Kostenvergleiche ergaben) in der Größenordnung einer stationären Pflege.

Weder ein junger Behinderter noch ein Sozialversicherungs-Rentner und nicht einmal ein „normaler" Pensionär können diese Beträge aus ihrem laufenden Einkommen aufbringen. Selbst DM 1.000,– und mehr pro Monat für professionelle häusliche Teil-Pflege sind für die meisten Pflegebedürftigen eine extreme Belastung. Eine Versicherung gegen die Kosten schwerer und schwerster Pflegebedürftigkeit ist deswegen aus individueller Sicht offensichtlich sinnvoll.

In der Bundesrepublik Deutschland kann man seit einigen Jahren private Versicherungen gegen das Pflegekosten-Risiko abschließen. Etwa 150.000 Verträge sollen existieren; dies entspricht allerdings nur einem kaum meßbaren Anteil an der Bevölkerung (2 Promille der alten Bundesländer), obwohl wir alle – z.B. durch einen Unfall – jederzeit zu einem Pflegefall werden können.

Mangelnde Vorsorge resultiert – zumindest zum Teil – aus einer typischen „Minderschätzung künftiger Bedürfnisse". Die Minderschätzung künftiger Bedürfnisse ist für das Pflegerisiko in besonderer Weise gegeben; viele gerontologische Untersuchungen belegen, daß sowohl ältere Menschen, die ein objektiv extrem hohes Pflegerisiko aufweisen, wie deren Angehörige die mit schwerer Pflegebedürftigkeit verbundenen Probleme nahezu komplett verdrängen und erst handeln, wenn das Risiko eingetreten ist. Es ist deswegen für viele Menschen rational, sich auf die Sozialhilfe zu verlassen.

In der Regel wird mit der „Hilfe zur Pflege" ein absehbares Risiko von der Sozialhilfe aufgefangen, die an sich nur als „letztes Netz" für die ungewissen Wechselfälle des Lebens gedacht ist. Mit den Pflegekosten finanzieren die Kommunen ein Risiko, das keinesfalls kommunalen Charakter trägt.

Da die Sozialhilfe ihre Leistungen naturgemäß knapp bemessen muß, werden Pflegedienste auf der anderen Seite aber nur bescheiden entgolten. Die Finanzierung der Pflegeabsicherung durch die „Armenfürsorge" ist zu einem großen Teil am vielbeschworenen „Pflegenotstand" mitverantwortlich.

Will man die Situation der über eineinhalb Millionen Pflegebedürftigen, zu denen vorwiegend alte, jedoch auch über 100.000 junge Menschen gehören, im vereinten Deutschland grundlegend verbessern, so müssen mehr ökonomische Ressourcen für die Pflege mobilisiert werden. Dies ist vor dem Hintergrund der Entwicklung und der Strukturen des deutschen sozialen Sicherungssystems nur mit Hilfe einer „Versicherungslösung" möglich, da höhere Ausgaben für eine bessere Pflege vom Bürger nur akzeptiert werden, wenn er für sich selbst wohldefinierte Ansprüche erwirbt.

2. Finanzierungsformen

Da sich auf freiwilliger Basis das Pflege-Dilemma nicht auflösen läßt, haben sich angesichts der steigenden Zahl älterer Pflegebedürftiger die Politiker entschlossen, eine Versicherungspflicht einzuführen.

Grundsätzlich sollte in einer sozialen Marktwirtschaft der Einzelne möglichst viel Wahlfreiheit haben, wodurch gleichzeitig aufgrund der Konkurrenz zwischen verschiedenen Anbietern von sozialen Dienstleistungen deren Qualität gesteigert werden kann. Um aus der Zwickmühle zwischen Pflichtvorsorge und Wahlfreiheit herauszukommen, hat sich im politischen Raum ein Kompromiß ergeben, der auf den zweiten Blick überzeugender ist, als ihn die Diskussion um die „Karenztage" aussehen läßt, die in sachlich nicht gebotener Weise mit dem Pflegeproblem verbunden wurde.

2.1 Probleme des Regierungsentwurfes

Der Regierungsentwurf für eine gesetzliche Absicherung des Pflegerisikos, wie er im Juni 1993 vorgelegt wurde, sieht eine umlagefinanzierte Pflegeversorgung vor. Hier soll nicht auf das Für und Wider der Umlagefinanzierung eingegangen werden (vgl. dazu z.B. Breyer 1991, Dudey 1991, Eisen 1992, Wagner 1991), sondern auf einige in der Öffentlichkeit wenig diskutierte Probleme.

Das größte Problem des Gesetzesentwurfes besteht aus unserer Sicht darin, daß er nicht von den zu erwartenden Kosten einer qualitativ verbesserten, professionellen Pflege ausgeht, sondern im stationären Bereich lediglich eine gewisse Umschichtung der Sozialhilfefinanzierung zugunsten einer „Basisversicherung" vorsieht. Von großzügigeren Pflegegeldern für die häusliche Pflege erhofft man sich einen Rückgang der teuren Heimpflege.

Oberste Maxime der Reform scheint eine Begrenzung der Kosten der Pflegeversicherung zu sein. Bereits jetzt wird der Beitragssatz im Jahre 1996 auf 1,7 Prozent der bemessungspflichtigen Lohnsumme begrenzt. Eine derartige „Deckelung" widerspricht dem Umlageprinzip im Gesundheitswesen. Normalerweise legt die Selbstverwaltung der Krankenkassen einen bedarfsgerechten Beitragssatz fest.

Die Maximalbeträge, die die gesetzliche Pflegeversicherung zahlen soll, sind bereits im Regierungsentwurf festgelegt. Insbesondere die Obergrenze für stationäre Pflege von DM 2.100,– monatlich ist problematisch. Geht man davon aus, daß ein Heimplatz DM 4.000,– und mehr kostet, dann müßte ein Pflegebedürftiger etwa DM 2.000,– im Monat selbst aufbringen,[1] um nicht sozialhilfeabhängig zu sein. Aber etwa 60 % der alleinstehenden alten Menschen in Westdeutschland sind nicht in der Lage, diese Kosten aus ihrem laufenden Einkommen zu tragen (vgl. Kortmann 1993). Auch ein Fünftel der

Pflegebedürftigen, die noch verheiratet sind, hätte kein ausreichendes Einkommen. Die Leistungen, die für die gesetzliche Pflegeversicherung vorgesehen sind, werden viele alte Menschen nach wie vor nicht davor schützen, sozialhilfeabhängig zu werden. Dies gilt ebenso für junge Pflegebedürftige.

Die Pflegeversicherung wird auf der anderen Seite als „Erbschafts-Erhaltungsversicherung“ fungieren.[2] Während gegenwärtig durch die Pflegekosten mittlere Vermögen aufgezehrt werden können (da die Sozialhilfe Rückgriff auf das Vermögen nimmt), werden diese Vermögen künftig mehr oder weniger voll vererbt werden können. Wobei dieser Effekt den üblichen Prinzipien der „Verteilungsgerechtigkeit“ widerspricht: Während die jetzige Fürsorge-Absicherung des Pflegerisikos von besserverdienenden Steuerzahlern überproportional finanziert wird, würde bei der vorgesehenen beitragsfinanzierten Versicherung die Belastung der unteren Einkommensschichten steigen, ohne daß sie dadurch eine bessere Pflegeversorgung erkaufen könnten, weil sie nach wie vor im Pflegefalle sozialhilfeabhängig würden.[3]

2.2 Zukunftsweisende Elemente des Regierungsentwurfes

Da in die gesetzliche Pflegeversicherung nur diejenigen einbezogen werden sollen, die auch gesetzlich krankenversichert sind, und Privatversicherte eine private Versicherungspolice für das Pflegerisiko erwerben sollen, wird der Regierungsentwurf als ein „Modell der sozialen Spaltung“ kritisiert. Dies ist aber eine kurzsichtige Betrachtung, wie die folgenden Überlegungen zeigen.

Das Verfahren, jeden dort gegen das Pflegerisiko abzusichern, wo er auch krankenversichert ist, ist sachlich geboten, da nur durch eine „Krankheits- und Pflegeabsicherung aus einer Hand“ Streit zwischen den Versicherungen vermieden werden kann, der auf dem Rücken der Patienten ausgetragen würde.[4]

Die Versicherungspflicht für das Pflegerisiko soll deswegen umgesetzt werden, indem alle gesetzlich Krankenversicherten in die neuzuschaffende gesetzliche Pflegeversicherung einbezogen werden und alle privat Krankenversicherten eine private Pflegepolice von einem Krankenversicherungsunternehmen erwerben müssen, die vergleichbare Leistungen bietet wie die gesetzliche Pflegeversicherung. Für private Krankenversicherungsunternehmen besteht bezüglich der Pflegeabsicherung Kontrahierungszwang. D.h., die Unternehmen dürfen niemanden ablehnen; auch bereits Pflegebedürftige müssen versichert werden. Da die einzelnen Versicherungsunternehmen dadurch unterschiedlich belastet werden, erfolgt eine gegenseitige „Rückversicherung" zur Risikoumlage, indem ein „Gemeinschaftsunternehmen" gegründet wird, das sich über Beitragsumlagen finanziert.

Dieses für die Pflegeabsicherung vernünftige Finanzierungsverfahren ist darüber hinaus für das gesamte Krankenversicherungswesen zukunftsweisend, weil Kontrahierungszwang vorgesehen ist. Dieser bedeutet, daß private Versicherungsgesellschaften sich nicht mehr die „Rosinen" unter den Versicherten herauspicken können (vgl. z.B. Schlesinger und Schulenburg 1987). Private Krankenversicherungen haben bislang diese Möglichkeit. Sie können Personen ablehnen bzw. so hohe Prämien fordern, daß die betreffenden Personen sich lieber gesetzlich versichern. Durch diesen „Ausleseprozeß" werden von den privaten Krankenversicherungen im Durchschnitt „bessere Risiken" als durch die gesetzlichen Krankenversicherungen, insbesondere die AOK, versichert. Deswegen können private Krankenversicherungen günstigere Prämien (Beiträge) verlangen als die gesetzlichen Versicherungen, obwohl die Kosten der privaten Versicherungsunternehmen für vergleichbare Risiken nicht niedriger sind.

Dieses „Rosinenpicken" ist kein sinnvoller Wettbewerbsmechanismus, da er keine Anreize für Kostensenkungen setzt. Zudem werden Menschen, die unverschuldet ein hohes Krankheitsrisiko tragen, finanziell schlechter behandelt als die Gesünderen. Dies ist verteilungspolitisch völlig unbefriedigend. Die Regulierung der vorgesehenen Pflege-Pflichtversicherung ist hingegen sowohl allokativ wie verteilungspolitisch sinnvoll.

Würde Kontrahierungszwang für alle Krankenversicherungen eingeführt und volle Wahlfreiheit für die Versicherten gewährt,[5] würden die Versicherten darüber „abstimmen", ob private oder gesetzliche Krankenkassen leistungsfähiger sind. Damit wäre von der Finanzierungsseite her die Voraussetzung für einen echten, aber gleichwohl bedarfsgerecht regulierten Markt für die Humandienstleistungen „Krankheit und Pflege" geschaffen.

3. Der Dienstleistungsfaktor „Altenpflege"

Man kann sich des Eindrucks nicht erwehren, daß für die Absicherung des Pflegeproblems nur deswegen die Diskussion der *Finanzierung* im Vordergrund stand, weil das Pflegerisiko zu den wenigen Risiken zählt, das noch nicht in einer etablierten Sozialversicherung abgesichert ist, an deren Struktur-Reform sich schon seit langem keiner mehr herantraut. Ebenso wie es auf der anderen Seite eine etablierte Angebotslandschaft für die Pflegedienstleistung gibt, deren Struktur ebenso tabuisiert wird. In Expertenkreisen ist es aber völlig unstrittig (vgl. z.B. Dieck 1992), daß Ausmaß und Struktur des Pflegeangebotes reformbedürftig sind. Es fehlen z.B. ambulante Möglichkeiten der „Nachtpflege" in Sozialstationen, und generell wird die Rehabilitation vernachlässigt (vgl. Mayer et al. 1992, S. 737 ff.). Auf hoher politischer Ebene wird dieses Problem bislang allerdings nicht diskutiert. Diese Tatsache ist um so erstaunlicher, als eine Umstrukturierung eines so stark regulierten Marktes wie der für Pflegeleistungen durchaus zu einem sparsameren Einsatz volkswirtschaftlich knapper Ressourcen führen könnte. Zudem könnte die Qualität der Altenpflege verbessert werden. Re-Regulierung könnte helfen, den „Pflegenotstand" zu beseitigen.

Ökonomische Analysen in einem mit soviel Emotionen verbundenen Bereich wie der Altenpflege sind aber eher eine Seltenheit. Gutgemeinte Schlagworte wie „Gemeinnützigkeit" ersetzen meist präzise Analysen. So ist es auch nicht erstaunlich, daß eine Untersuchung regulativer Eingriffe in diesem Markt der ersten Schwierigkeit begegnet, daß diese Eingriffe nicht transparent sind. Deshalb gilt es im folgenden, in einem ersten Schritt zunächst einmal regulative Strukturen in diesem Markt zu benennen und aus einem Blickwinkel der ökonomischen Theorie heraus kritisch zu beleuchten. In einem zweiten Schritt können dann erste Ansätze für Reformen formuliert werden. Sie eröffnen die Möglichkeit, daß der demographische Wandel nicht nur als Last, sondern auch als ökonomische Chance verstanden wird.

Die folgende Analyse greift sich beispielhaft den stationären Pflegedienstleistungsbereich und dabei vorwiegend den Altenpflegeheimbereich als Gegenstand der Diskussion heraus (vgl. Spieß 1993). Im wesentlichen können die dort gemachten Aussagen auch auf den ambulanten und teilstationären Pflegebereich übertragen werden.

3.1 Ungerechtfertigte Eingriffe?

Regulative, staatliche Eingriffe in dem Markt für stationäre Pflegeeinrichtungen lassen sich sowohl auf der Angebots- wie Nachfrageseite beobachten. Maßgeblich wird das Zusammenspiel von Angebot und Nachfrage in diesem Markt durch das Dreiecksverhältnis zwischen Heimträger, Sozialhilfeträger und Hilfeempfänger geprägt (künftig wird die gesetzliche Pflegeversicherung noch hinzukommen). So ist auch der Selbstzahlersektor durch Regelungen des Heimgesetzes indirekt von Regelungen, die primär den sozialhilfeabhängigen Bereich betreffen, tangiert. Selbst betuchte Selbstzahler können deswegen nur begrenzt zur Weiterentwicklung des allgemeinen Altenpflegemarktes beitragen, der dadurch gekennzeichnet ist, daß „freigemeinnützige" und öffentliche Träger vom Staat bevorzugt werden.

Eine massive Begünstigung freigemeinnütziger und auch öffentlicher Träger findet bei Markteintritt (und auch nach Betriebsaufnahme) statt, weil nur diesen öffentliche Fördermittel bzw. Investitionshilfen der Länder, Kreise und Gemeinden zum Bau einer neuen (oder Sanierung einer bereits bestehenden) Pflegeeinrichtung zukommen, nicht jedoch privatgewerblichen Trägern (vgl. z.B. Metzger 1989).[6]

Mit welchen Argumenten wird die traditionelle Vorrangstellung freigemeinnütziger und öffentlicher Träger im Markt für stationäre Pflegeeinrichtungen begründet? Das in diesem Zusammenhang populärste Argument lautet, daß freigemeinnützige Träger eine höhere Qualität gewährleisten als gewerbliche Träger. Das Gewinnmaximierungsziel letzterer Trägergruppe verleite sie dazu auszunutzen, daß stationäre Pflegedienstleistungen keine „Erfahrungsgüter" sind, für die ein normaler Markt eine ausreichende Qualität herstellt, weil die gehandelten Güter oft von verschiedenen Händlern gekauft und entsprechend von den Konsumenten kontrolliert werden. Die Nutzung und erst recht ein Wechsel einer Pflegeeinrichtung sind jedoch eher Seltenheit und nicht langfristig geplant (vgl. z.B. Zanders 1990). Privat-gewerbliche Träger haben deshalb, wegen ihrer expliziten, auf Gewinn ausgerichteten Zielsetzung - nach der gängigen Argumentation - einen Anreiz, zu einer minderen Qualität anzubieten. Freilich wird vergessen, daß Hilfe und Pflege - allein aufgrund der steigenden Zahl der benötigten Arbeitskräfte - zunehmend normale „Jobs" darstellen und es für das Personal gemeinnützig-öffentlicher Einrichtungen auch keine Anreize gibt, bessere Qualität zu garantieren als das Personal privater Träger. So zeigen auch anglo-amerikanische Studien,[7] daß es keinesfalls einen signifikant eindeutigen Zusammenhang zwischen der Trägerschaft eines Heimes und der Qualität einer stationären Pflegeeinrichtung gibt.

Alle Anbieter stationärer Pflegeleistungen unterliegen in Deutschland ohnehin einer Qualitätskontrolle durch die Heimaufsichtsbehörden. Neben der Überprüfung der wirtschaftlichen Leistungsfähigkeit der Heime versuchen die Heimaufsichtsbehörden zu erreichen, daß Versorgung, Betreuung und Pflege der Heimbewohner ausreichend gewährleistet ist. Diese Qualitätskontrolle stellt aber selbst ein Problem dar. So zeigt die Praxis, daß die Arbeit der Heimaufsichtsbehörden unter wenig konkreten Richtlinien leidet. Es kommt hinzu, daß letztlich der Finanzierungsspielraum der öffentlichen Hand den Pflegestandard bestimmt. Deswegen wird in Expertenkreisen von einem Nebeneinander von Heimgesetz und Sozialhilfegesetz gesprochen. Es wird den Heimaufsichtsbehörden sogar eine vollkommene Machtlosigkeit gegenüber der faktischen Bedarfssteuerung der Sozialhilfeträger zugesprochen (vgl. z.B. Klie 1987).

Grundsätzlich bedenklich ist, daß eine innerbehördliche Selbstkontrolle stattfindet, wenn die Heimaufsicht bei derselben Behörde angesiedelt ist, welche die Heime betreibt. Oder allgemeiner gedacht: Es entsteht der Verdacht, daß die öffentliche Hand sich durch ihre Funktionshäufung im Markt für stationäre Pflegeleistungen Vorteile verschafft, weil sie nicht nur den Bedarf steuert, sondern auch noch die Qualitätskontrolle durchführt.

Wie erfolgt die Bedarfssteuerung? Da es für die Mehrheit

der Anbieter unmöglich ist, auf die gegenwärtig zu etwa zwei Dritteln sozialhilfeabhängige Klientel zu verzichten, sind sie auf Kostenvereinbarungen mit dem Sozialhilfeträger angewiesen (vgl. z.B. Dahlem 1983). Häufig stellt ein potentieller Anbieter den Antrag auf Übernahme der Kosten sozialhilfeabhängiger Heimbewohner deshalb gemeinsam mit dem Antrag auf Erlaubniserteilung für ein Heim. Diese Notwendigkeit entsteht, weil der Gesetzgeber die Erlaubnis zur Aufnahme des Heimbetriebes für privat-gewerbliche Träger direkt - und indirekt auch für freigemeinnützige und öffentliche Träger - von deren wirtschaftlicher Leistungsfähigkeit abhängig macht. Letztere wiederum wird häufig an dem Nachweis eines bestimmten Auslastungsgrades festgemacht (vgl. Crößmann 1991).

Kommt die öffentliche Hand zu dem Entschluß, daß für die Einrichtung eines potentiellen Anbieters kein Bedarf besteht, so hat sie über die Kostenvereinbarungsregelung des Bundessozialhilfegesetzes grundsätzlich das Recht, diesem potentiellen Anbieter einen Eintritt in den Markt erheblich zu erschweren oder zu verwehren. Wird zusätzlich bedacht, daß die öffentliche Hand selbst auch Anbieter stationärer Pflegeeinrichtungen ist, so mag erneut der Verdacht aufkommen, daß sie ihre Bedarfsregelungskompetenz zugunsten ihrer eigenen Einrichtungen ausnutzt.

Die Begründung des Gesetzgebers für diese Angebotssteuerung liegt im Ziel, eine vor allem durch die Investitionsvorhaben privat-gewerblicher Träger hervorgerufene Tendenz zum Überangebot zu vermeiden, wodurch ein „Abschieben" von Pflegebedürftigen in Heime begünstigt würde. Eine Tendenz für ein partielles Überangebot auf dem Markt für stationäre Pflegeleistungen führt allerdings zu keinem „Heimsog", weil es im herrschenden Pflegesatzsystem möglich ist, auch nicht belegte Betten abzurechnen (vgl. z.B. Krakowski und Mayer 1988).

Ein weiterer regulativer Eingriff, von dem sowohl Anbieter wie Nachfrager stationärer Pflege betroffen sind, ist in den Preiskontrollen, d.h. dem herrschenden Pflegesatzsystem zu sehen. Offensichtlich ist, daß das am Kostenerstattungsprinzip orientierte Pflegesatzsystem für den Anbieter stationärer Pflegeleistungen eine Einengung seines unternehmerischen Spielraumes bedeutet. Abzurechnende Kosten sind i.d.R. vom Gesamtverband, dem der einzelne Heimträger angehört, und dem Sozialhilfeträger in den Pflegesatzvereinbarungen ausgehandelt. Ein derartiges Kostenerstattungssystem enthält keinen Anreiz zum wirtschaftlichen Handeln.

Forderungen, sich mehr an tatsächlichen Preisen zu orientieren, scheitern jedoch schon oft im Vorfeld. Hinzu kommt, daß für freigemeinnützige Träger keine Preiskalkulationen im üblichen Sinne möglich sind, da sie keine periodischen Gewinn- und Verlustrechnungen durchführen können. Es wird dabei zudem übersehen, daß nicht zuletzt von Seiten freigemeinnütziger Träger selbst nach Lösungen verlangt wird, die mehr unternehmerischen Handlungsspielraum zulassen (vgl. z.B. Hinschützer 1988; Staiber und Kuhn 1992).

Stufenpflegesätze und erst recht Einheitspflegesätze führen zu einer Subventionierung der pflegebedürftigeren Nachfrager durch die relativ weniger pflegebedürftigen. Mit seiner Einstufung durch Experten in eine Pflegestufe wird das vom Pflegebedürftigen zu entrichtende Entgelt festgelegt. Außerdem wird durch die Pflegesatzvereinbarungen zwischen Heimträger und Sozialhilfeträger dem sozialhilfeberechtigten Heimbewohner jegliche Kontrolle über den mit seinem Vermögen und Einkommen mitzuentrichtenden Pflegesatz entzogen. Der Pflegesatz ist zur Angelegenheit des Zusammenspiels von öffentlicher Hand und Heimträger geworden.

Welche Branchenbesonderheiten des Marktes für stationäre Pflegeeinrichtungen könnten solche Preiskontrollen rechtfertigen? Das Vorliegen asymmetrischer Informationsverhältnisse erfordere - so wird argumentiert - Kontrollen, um pflegebedürftige, meist ältere Nachfrager vor überhöhten Preisforderungen der Anbieter zu schützen. Dafür hat der Gesetzgeber im Heimgesetz jedoch durch das Mißverhältnisverbot zwischen Entgelt und Leistung bereits Vorsorge geleistet. Weitere Preisregulierungen analog dem herrschenden Pflegesatzsystem sind dagegen ökonomisch schwer begründbar.

Speziell sozialhilfeabhängige Nachfrager unterliegen zusätzlichen regulativen Eingriffen auf der Nachfrageseite. So können sie zum einen nicht frei wählen, ob sie ambulante oder stationäre Pflege beanspruchen wollen, noch können sie sich frei entscheiden, in welcher Einrichtung sie stationäre Pflegeleistungen nachfragen wollen. Es entscheiden letztlich Experten, ob eine Heimübersiedlung notwendig ist. In diesem Zusammenhang wird deshalb in der Fachliteratur nicht selten von einer fremdbestimmten Nachfrage gesprochen und der Markt für stationäre Pflegeleistungen als Expertenmarkt bezeichnet (vgl. z.B. Dieck 1991).

Der im Sozialhilfegesetz festgelegte Grundsatz „ambulant vor stationär" kommt sicher dem Wunsch eines Großteils der Pflegebedürftigen nach, so lange als möglich in ihren eigenen vier Wänden zu leben. So spricht auch der Gesetzgeber in seiner Begründung für dieses Gesetz davon, daß neben Kostenaspekten die ambulante Hilfe sachgerechter und menschlicher sei (Deutscher Bundestag 1983). Diese Annahme, die bei konservativen Politikern in allen Parteien aus idyllischen Vorstellungen über Großfamilien resultiert, darf jedoch nicht leichtfertig als Grundlage von Forderungen für ein höheres Maß an privater Subsidiarität genommen werden. Ganz abgesehen von der Tatsache, daß nicht alle Pflegebedürftigen privat gepflegt werden wollen (vgl. Alber 1989) und eine bedarfsgerechte Substitution zwischen ambulanter und stationärer Pflege möglich sein sollte, sind einer solchen Substitution in einer dynamischen Betrachtungsweise demographische und gesellschaftliche Grenzen gesetzt, da u.a. die Opportunitätskosten ehrenamtlicher Pflege steigen. Nur am Rande sei angemerkt, daß bedingt durch die Bevorzugung der ambulanten vor der stationären Pflege eine rechtzeitige Heimübersiedlung (i.S. einer rechtzeitigen Heimeingewöhnung) verhindert werden kann (vgl. Dahlem 1983).

Wurde einer Heimübersiedlung vom Sozialhilfeträger, der die Kosten einer Heimübersiedlung zumindest anteilsmäßig übernimmt, zugestimmt, so kann nur in die Pflegeheime übergesiedelt werden, mit denen der Sozialhilfeträger Pflegesatzvereinbarungen abgeschlossen hat. Wird der Pflegebedürftige erst nach einer gewissen Zeit sozialhilfebedürftig (was nicht selten wegen eines kleinen Anfangsvermögens bei Heimeintritt der Fall ist), so muß der Pflegebedürftige eventuell sogar einen Heimwechsel auf sich nehmen, wenn sein bisheriger Heimträger keine Pflegesatzvereinbarungen mit dem Sozialhilfeträger hat.

Auch die Tatsache, daß eine sparsame und sinnvolle Verwendung öffentlicher Gelder selbstverständlich gewährleistet sein sollte, rechtfertigt nicht, wie im nächsten Abschnitt deutlich wird, einen solchen Eingriff. Vielmehr ist Re-Regulierungspotential vorhanden.

3.2 Ansätze für Reformen

Ansätze für Reformen des Marktes für stationäre Pflegeleistungen müssen berücksichtigen, daß mit den Kirchen und anderen Wohlfahrtsverbänden mächtige gesellschaftliche Gruppen betroffen sind, die über ihre Bedeutung am Markt für Pflegeleistungen hinaus andere gesellschaftlich wichtige Funktionen ausüben. Die öffentliche Hand selbst hat in diesem Markt eine Funktionsfülle inne, die Zweifel daran aufkommen läßt, inwiefern sie Reformen unterstützen oder gar initiieren wird und damit ihre bisherige Machtposition selbst in Frage stellt. Erstaunlich ist deshalb nicht, daß eher von freigemeinnütziger Seite - und natürlich von Seite privat-gewerblicher Träger - als von der staatlichen Seite Reformvorschläge ausgehen.

So kommt aus dem Feld freigemeinnütziger Träger z.B. der Vorschlag, der Vergabe öffentlicher Fördermittel ein Ende zu setzen und statt dessen angemessene Abschreibungen der Investitionskosten in den Pflegesätzen zu ermöglichen (vgl. Staiber und Kuhn 1992). Würde einer Abschaffung der Objektsubventionierung, die nicht nur im Bereich der Altenpflege zu wenig befriedigenden Ergebnissen führt, dennoch nicht zugestimmt werden, so sollten zumindest alle Trägergruppen in gleichem Maße davon profitieren können (vgl. z.B. Krakowski und Mayer 1988).

Ein gleichberechtigter Wettbewerb aller Anbieter allerdings bringt beim herrschenden Pflegesatzsystem, bei dem alle Betriebskosten des normierten Angebotes auf die Pflegesätze abgewälzt werden können, die Tendenz zu einem Überangebot auf niedrigem Qualitätsniveau mit sich. Um sich also nicht mit einer „third-best"-Lösung zufrieden geben zu wollen, setzt eine Wirksamkeit der Wettbewerbskräfte im Rahmen der Branchenbesonderheiten dieses Marktes Reformen des herrschenden „Abrechnungssystems" voraus.

Vorschläge in Richtung kleinerer Reformschritte, die sich innerhalb des Pflegesatzsystems bewegen, haben jedoch für den Gesamtmarkt nur beschränkte Wirkung. Beispiele hierfür sind eine Beteiligung der Heimbewohner an der Pflegestufeneinteilung oder ihre Einflußnahme auf die Pflegesatzhöhe in dem von den Pflegesatzkommissionen vorgegebenen Rahmen (vgl. Titz 1991).

Ansatzpunkt für Reformüberlegungen, die sich jedoch nicht mit dem „Drehen an einzelnen Schrauben" zufriedengeben sollten, sondern die Verbesserungen durch Systemänderungen versprechen, müssen an der Auflösung des Dreiecksverhältnisses zwischen Sozialhilfeträger, Heimträger und Hilfeempfänger ansetzen. Eine solche Auflösung kann durch einen Übergang vom herrschenden Sachleistungsprinzip zu einem Geldtransfer vollzogen werden.

Zum einen würde ein Übergang zu Geldtransfers Pflegesatzvereinbarungen zwischen Heimträger und Sozialhilfeträger hinfällig werden lassen.[8] Marktzutrittsbeschränkungen über Kostenvereinbarungen vorwiegend zu Lasten privat-gewerblicher Heimträger wären hinfällig. Leistungsgerechtere Preise wären möglich. Es könnte zu klar abgegrenzten Leistungspaketen mit Kostenansätzen und Gebühren kommen. Nicht zuletzt hätte ein Geldtransfer auch den Vorteil, den Pflegebedürftigen und ihren Angehörigen im Rahmen ihrer verbliebenen Möglichkeiten zu erlauben, frei zu wählen, welche Hilfeart sie konsumieren wollen bzw. in welches Heim sie übersiedeln möchten.

Es würde ein Wettbewerb unter den Anbietern ermöglicht werden, der sich nicht mehr am Sozialhilfeträger als Nachfrager orientiert, sondern an dem Nachfrager, der die Leistungen des Anbieters auch tatsächlich „konsumiert“: der pflegebedürftige Mensch.

Im Grundsatz führt die vorgesehene gesetzliche Pflegeversicherung in die richtige Richtung. Statt Sachleistungen sollen Geldleistungen erbracht werden. Allerdings wird die vorgesehene Maximalleistung von DM 2.100,– im Monat faktisch nichts an der Dominanz der Sozialhilfeträger im Markt für stationäre Altenpflege ändern. Grundsätzlich ist es zwar sinnvoll, daß der Gesetzgeber versucht, kein Geld durch überzogene Transferzahlungen zu verschwenden. Die vorgesehenen Leistungen der gesetzlichen Pflegeversicherung übertreiben jedoch das Sparen und ändern dadurch fast nichts am Status quo. In den neuen Bundesländern werden fast alle stationär untergebrachte Pflegebedürftigen sozialhilfeabhängig bleiben;

in den alten Bundesländern dürfte mehr als die Hälfte der alleinstehenden Pflegebedürftigen auf Sozialhilfe angewiesen bleiben (vgl. Kortmann 1993). Die Sozialhilfeträger werden nach wie vor die Pflegestandards kontrollieren und sich dabei von den leeren Kassen der Kommunen leiten lassen. Deswegen sollte zumindest die Qualitätskontrolle für die Altenpflege umgestaltet werden.

Um eine wirksamere Qualitätskontrolle zu gewährleisten ist es notwendig, daß sie unabhängig von Anbieter- und Nachfrageseite agiert. Konkret wäre in diesem Zusammenhang z.B. an einen Vorschlag der „Grauen Panther" zu denken. Sie wollen die bestehenden Heimaufsichtsbehörden in unabhängige Kontrollkommissionen umwandeln, die sich aus Betroffenen und unabhängigen Fachleuten sowie Vertretern von Altersgruppen zusammensetzen sollen. Für Heimbewohner und deren gesetzlichen Beistand schlagen sie die Einrichtungen einer unabhängigen Beschwerdestelle vor (vgl. Deutscher Bundestag 1988).

4. Fazit

Eine Mischung aus professioneller und Laienpflege, die auch teilstationär sein kann, um bei Schwerstpflegebedürftigkeit in eine 24-Stunden-Profipflege im eigenen, geräumigen Haus überzugehen, dürfte aus Sicht der meisten Pflegebedürftigen wie der Angehörigen ideal sein. Eine derartige ideale Pflegesituation wird aber auf absehbare Zeit das Privileg Weniger bleiben. Die meisten Pflegebedürftigen werden auch in Zukunft auf relativ knapp bemessene Pflegedienstleistungen angewiesen sein. Neben der Organisations- und Finanzierungsform der Versicherung, die die Finanzmittel für eine verbesserte Pflege aufbringt, ist die Frage mindestens ebenso bedeutsam wie die Dienstleistungs„unternehmen", die die Pflegeleistung erbringen, organisiert und strukturiert sein sollen.

Die vorgesehene gesetzliche Pflegeversicherung wird nichts an der traditionellen staatlichen Regulierung der Altenpflege ändern. Frei-gemeinnützige Träger werden gegenüber privaten Altenpflegeeinrichtungen bevorzugt. Die Frage nach dem Verhältnis privater und gemeinnütziger Pflegeanbieter ist um so dringlicher, weil in den neuen Bundesländern die freien Wohlfahrtsverbände keine Basis haben und überdies die Mehrheit der Bevölkerung keiner Kirche angehört (vgl. auch Olk 1992, S. 91 ff.). Die Basis für den wichtigen Caritasverband ist mit etwa 5 Prozent Katholiken an der ostdeutschen Gesamtbevölkerung außerordentlich schmal.

In Abschnitt 3 dieses Aufsatzes wird deswegen ein Diskussionsvorschlag für eine Re-Regulierung des Altenpflegemarktes auf Basis externer Qualitätskontrollen gemacht. Über die Altenpflege hinaus ist der hier vorgelegte Re-Regulierungsvorschlag für den gesamten Markt für „Humandienstleistungen" bedeutsam.

Humandienstleistungen müssen eine gleichbleibend hohe Qualität aufweisen. In vielen Bereichen wird die Sicherung der Qualität traditionell dadurch zu erreichen versucht, indem der Staat selbst (z.B. Bildung) oder „gemeinwirtschaftliche" Träger diese Dienste anbieten (z.B. Rettungsdienste). Qualität wird aber keineswegs automatisch gesichert, wenn ein Träger keinen „Profit" machen soll. Dies gilt um so mehr, wie auch gemeinwirtschaftliche Träger aufgrund des wachsenden Dienstleistungsmarktes zunehmend auf normale Arbeitnehmer zugreifen müssen, die nicht vorwiegend von altruistischen Motiven geprägt sind.

Qualität ist letztlich nur durch unabhängige Qualitätssicherung zu gewährleisten. In diesem Bereich ist der Staat als „Regulator" mehr gefragt als bislang. Dann kann er den Markt für Humandienstleistungen auch stärker als bislang privaten Anbietern überlassen, die in Zeiten knapper staatlicher Budgets weit flexibler sein können als der Staat selbst oder am staatlichen Tropf hängende freigemeinnützige Träger. Die „demographische Alterung" bietet dann auch in diesem Bereich ökonomische Chancen (vgl. auch Wagner 1987).

Im Hinblick auf die Verbesserung des Marktes für Altenpflege wird die geplante gesetzliche Pflegeversicherung keine Fortschritte bringen, da die zu geringen Leistungen nichts an der Dominanz der Sozialhilfeträger am Markt für Altenpflege ändern wird. Allerdings bringt der Regierungsentwurf bezüglich der privaten Pflichtabsicherung des Pflegerisikos einen enormen Fortschritt.[9]

Wenn man die Effizienz des bundesdeutschen Gesundheitswesens durch innovative Lösungen verbessern will, dann sollte, ebenso wie es für die privaten Pflegepolicen vorgesehen ist, ein „Kontrahierungszwang" eingeführt werden. Dann könnten private Krankenversicherung keine „schlechten Risiken" mehr ablehnen, es könnte erstmals zu einem kostensparenden Wettbewerb zwischen Krankenversicherungen kommen und es würde ein bedarfsgerechter Markt für die Humandienstleistungen „Krankheit und Pflege" entstehen können.

Anmerkungen

1 Dieser Betrag entspricht den „Hotelkosten", die in den Gesamtkosten eines Heimplatzes enthalten sind. Man geht davon aus, daß ein Pflegebedürftiger, der keine Privatwohnung mehr unterhalten muß, diese Kosten selbst aufbringen sollte.

2 Dies gesteht letztlich auch Winters (1993) zu, der sich kritisch mit diesem Argument auseinandersetzt.

3 An dieser Stelle sei darauf hingewiesen, daß eine direkte Verknüpfung der Finanzierung der Pflegeversicherung mit einer möglichen Erhöhung der Erbschaftssteuer sachlich ebensowenig geboten ist wie die Verknüpfung mit Karenztagen. Wer es für richtig hält, die Erbschaftssteuer zu erhöhen, um der nachfolgenden Generation stärkere Anreize für eigene Anstrengungen zu geben, benötigt nicht das Hilfsargument der Pflege-

finanzierung. Die Finanzierung der Pflege wiederum von einer derartig unsicheren Basis wie dem Aufkommen aus Erbschaftssteuern abhängig zu machen, ist sachlich schwer einsehbar.

4 Wer allerdings die Pflegeversicherung als Mittel der Umverteilung benutzen will, der müßte konsequenterweise für die Abschaffung der privaten Krankenversicherungen eintreten.

5 Der in der gesetzlichen Krankenversicherung enthaltene Familienlastenausgleich könnte durch explizite Transfers oder durch ein Rückversicherungssystem der Krankenversicherungen gewährleistet bleiben.

6 Umgekehrt können die freigemeinnützigen Träger in den neuen Bundesländern keine Fördermittel in Anspruch nehmen, die großzügig für die Privatwirtschaft zur Verfügung gestellt werden.

7 Vgl. z.B. Greene und Monahan (1981); Lemke und Moos (1986), Riportella-Muller und Slesinger (1982); Levy et al. (1973). Vergleichbare deutsche Studien liegen unseres Wissens nicht vor.

8 Zusätzlich würden - als Nebeneffekt - weitere Kosten, die durch die derzeitige spezielle Heimbedürftigkeitsprüfung entstehen, entfallen.

9 Von der Diskussion um „Karenztage" bzw. einer „Kompensation der Lohnnebenkosten", die in sachlich nicht gebotener Weise mit der Pflegeabsicherung verknüpft wurde, wird hier ebenso wie von der sachfremden Diskussion über eine Erhöhung der Erbschaftssteuer zur Finanzierung der Pflegeversicherung abgesehen.

Literatur

Alber, Jens 1989: Pflegebedürftigkeit im Spiegel der öffentlichen Meinung, in: Sozialer Fortschritt, 38 (9), S. 211-216.

Breyer, Friedrich 1991: Verteilungswirkungen unterschiedlicher Formen der Pflegevorsorge, in: Finanzarchiv, 49 (1), S. 84-103.

Crößmann, Gunter 1991: Durchführung des Heimgesetzes, in: Das Altenheim, 30 (4), S. 198-202.

Dahlem, Otto 1983: Planwirtschaft oder Planung im Heimbereich?, in: Das Altenheim, 22 (10), S. 242-250.

Deutscher Bundestag 1983: Entwurf eines Gesetzes über Maßnahmen zur Entlastung der öffentlichen Haushalte und zur Stabilisierung der Finanzentwicklung in der Rentenversicherung sowie über die Verlängerung der Investitionsabgabe (Haushaltsbegleitgesetz 1984), Bundestagsdrucksache 10/355.

Deutscher Bundestag 1988: Gesetzesentwurf der Abgeordneten Frau Unruh und der Fraktion DIE GRÜNEN. Entwurf des Gesetzes zur Finanzierung einer besseren Pflege (Bundespflegegeldgesetz, Bundestagsdrucksache 11/1790.

Dieck, Margret 1991: Pflege, Behandlung und Therapie chronisch kranker alter Menschen, in: Blätter der Wohlfahrtspflege - Deutsche Zeitschrift für Sozialarbeit, 138 (7+8), S. 161-163.

Dieck, Margret 1992: Wieviel Staat braucht der Altenhilfemarkt?, in: forum demographie und politik, Heft 1, S. 71-88.

Dudey, Stefan 1991: Verteilungswirkungen einer gesetzlichen Pflegeversicherung, in: Wirtschaftsdienst, 71 (7), S. 356-359.

Eisen, Roland 1992: Alternative Sicherungsmöglichkeiten bei Pflegebedürftigkeit, in: Sozialer Fortschritt, 41 (10), S. 236-241.

Greene, Vernon und Deborah J. Monahan 1981: Structural and Operational Factors Affecting Quality of Patient Care in Nursing Homes, in: Public Policy, 29 (4), S. 399-414.

Hinschützer, Ursula 1988: Pflegesätze in stationären Einrichtungen der Altenhilfe, Band I: Ergebnisse einer Bestandsaufnahme, Deutsches Zentrum für Altersfragen e.V. Berlin.

Klie, Thomas 1987: Das Heimgesetz: Schutz der Interessen und Bedürfnisse der Bewohner vor Beeinträchtigung?, in: Brandt, Hans; Dennebaum Eva-Maria und Rückert, Willi, Stationäre Altenhilfe. Problemfelder - Rahmenbedingungen - Perspektiven, Freiburg.

Kortmann, Klaus 1993: Einkommen im Alter - Ergebnisse der Untersuchung Alterssicherung in Deutschland 1986/89, Kurzreferat vor der Enquete-Kommission „Demographischer Wandel" des Deutschen Bundestags am 16.6.1993, Bonn.

Krakowski, Michael und Otto G. Mayer 1988: Marktwirtschaft und Wettbewerb im sozialen Bereich - Ordnungspolitische Bemerkungen zur Sozial- und Altenpolitik, Hamburg.

Lemke, Sonne und H. Moos 1986: Quality of Residential Setting for Elderly Adults, in: Journal of Gerontology, Vol. 41, No. 2, S. 268-276.

Levy, Samuel; Ruchlin, Hirsch S. und Statsky, Bernhard A.; Kinloch, David R. und Oppenheim, William 1973: An Appraisal of Nursing Home Care, in: Journal of Gerontology, 28 (2), S. 222-228.

Mayer, Karl Ulrich et al. 1992: Gesellschaft, Politik und Altern, in: P. Baltes und J. Mittelstraß (Hg.), Zukunft des Alterns und gesellschaftliche Entwicklung, Berlin und New York, S. 721-757.

Metzger, Hans-Dieter 1989: Die Finanzierung stationärer Altenhilfeeinrichtungen, in: Blätter der Wohlfahrtspflege, 136 (4), S. 92-94.

O'Shea, Eamon und Rosaleen Corcoran 1990: Balance of Care Considerations for Elderly Persones, in: Applied Economics, 22 (9), S. 1167-1180.

Riportella-Muller, Roberta und Doris P. Slesinger 1982: The Relationship of Ownership and Size to Quality of Care in Wisconsin Nursing Homes, in: The Gerontologist, 22 (4), S. 429-434.

Schlesinger, Harris und J.M.G. v. d. Schulenburg 1987: Mehr Markt im Gesundheitswesen, in: Zeitschrift für die gesamte Staatswissenschaft, 144 (2), S. 396-402.

Schmähl, Winfried 1991: Zum Vergleich von Umlageverfahren und kapitalfundierten Verfahren zur Finanzierung einer Pflegeversicherung in der Bundesrepublik Deutschland, Gutachten im Auftrage des Bundesministeriums für Familie und Senioren, Bremen.

Spieß, Katharina 1993: Angebot und Nachfrage stationärer Altenpflegeeinrichtungen - Analyse eines regulierten Marktes, erscheint in der Reihe „Themen" des Kuratoriums Deutsche Altershilfe, Köln.

Staiber, Helmut und Kuhn, Ulrich 1992: Selbststeuerung anstelle von Staatslenkung - Neue Wege der Finanzierung sozialer Dienstleistungen, Stiftung Liebenau, Katholische Einrichtungen der Behinderten- und Altenhilfe, unveröffentlichtes Manuskript, Liebenau.

Titz, Klaus 1991: „Es wird gegessen, was auf den Tisch kommt", in: Nachrichtendienst des Deutschen Vereins für öffentliche und private Fürsorge, 71 (4), S. 122-126.

Wagner, Gert 1987: Drei Thesen zur ökonomischen Bedeutung von Dienstleistungen in einer demographisch alternden Gesellschaft, in: Beiträge zur Gerontologie und Altenarbeit, 71, S. 308-321.

Wagner, Gert 1991: Pflegeversicherung - Geringe Unterschiede zwischen privatwirtschaftlicher und sozialversicherungsrechtlicher Vorsorge, in: Arbeit und Sozialpolitik, 45. Jg., Heft 3-4, S. 40-49.

Winters, Stephan 1993: Blüm und Pareto - Überlegungen zur Finanzierung der Pflegeversicherung, in: Wirtschaftsdienst, 73 (6), S. 300-304.

Zanders, Eva 1990: Die Ökonomie von Altenheimen - Betriebsvergleich und Arbeitsverträge, Frankfurt, New York.

Die Autorinnen und Autoren

Professor Dr. *Herwig Birg*
Institut für Bevölkerungsforschung und Sozialpolitik, Universität Bielefeld

Dr. *Karlheinz Blessing*
Bundesgeschäftsführer der SPD 1991/93

Professor Dr. *Meinolf Dierkes*
Wissenschaftszentrum Berlin

Dr. *Ursula Engelen-Kefer*
Stellvertretende Vorsitzende des deutschen Gewerkschaftsbundes

Professor Dr. *Gertrud Höhler*
Unternehmensberaterin und Publizistin, Berlin

Hans-Ulrich Klose
Fraktionsvorsitzender der SPD im Deutschen Bundestag

Professor Dr. *Meinhard Miegel*
Direktor des Instituts für Wirtschaft und Gesellschaft, Bonn

Petra Mackroth
Kommission Demographischer Wandel, SPD-Parteivorstand, Bonn

Siegmar Mosdorf
Sprecher der Arbeitsgruppe Standort Deutschland der SPD-Fraktion, Mitglied des Deutschen Bundestages

Dr. h.c. *Tyll Necker*
Präsident des Bundesverbandes der Deutschen Industrie

Professor Dr. *Elisabeth Noelle-Neumann*
Leiterin des Instituts für Demoskopie Allensbach

Malte Ristau
Planungsstab des SPD-Parteivorstands, Bonn

Wolfgang Rothenberger
Institut für Demoskopie Allensbach

Professor Dr. *Lutz von Rosenstiel*
Institut für Psychologie, Universität München

Professor Dr. *Hedwig Rudolph*
Wissenschaftszentrum Berlin für Sozialforschung

Professor Dr. *Bert Rürup*
Institut für Finanzwissenschaft, Technische Hochschule Darmstadt

Professor Dr. *Winfried Schlaffke*
Institut der Deutschen Wirtschaft, Köln

Dr. *Franz Schoser*
Hauptgeschäftsführer des Deutschen Industrie- und Handelstages

Katharina Spieß
Wissenschaftliche Mitarbeiterin des DFG-Projektes Arbeitsangebot und soziale Sicherung an der Universität Bochum

Professor Dr. *Gerd Wagner*
Lehrstuhl für Sozialpolitik und öffentliche Wirtschaft, Universität Bochum

Aus dem Programm Sozialwissenschaften

Oskar W. Gabriel (Hrsg.)

Die EG-Staaten im Vergleich

Strukturen, Prozesse, Politikinhalte

1992. 639 S. Kart.
ISBN 3-531-12282-7

Mit der zu Beginn des Jahres 1993 vorgesehenen Einrichtung des europäischen Binnenmarktes wird sich die gesellschaftliche, wirtschaftliche und politische Verflechtung innerhalb der Europäischen Gemeinschaft intensivieren. Die Vertiefung der Zusammenarbeit zwischen EG-Staaten wird nicht nur die europäischen Institutionen verändern, sondern auch die Abläufe in den nationalen politischen Systemen beeinflussen. Für das Verständnis der politischen Vorgänge im integrierten Europa ist eine gründliche Kenntnis der nationalen politischen Systeme erforderlich. Diese Informationen vermittelt dieser Band in einer systematischen, vergleichenden Übersicht über die politischen Strukturen und Prozesse der EG-Mitgliedsstaaten und über ausgewählte Inhalte der staatlichen Politik.

Rainer Geißler

Die Sozialstruktur Deutschlands

Ein Studienbuch zur Entwicklung im geteilten und vereinten Deutschland

1992. 348 S. Kart.
ISBN 3-531-12358-0

In diesem Studienbuch werden erstmals sozialstrukturelle Entwicklungen in der alten Bundesrepublik und in der DDR vergleichend gegenübergestellt und Perspektiven des sozialen Wandels im vereinten Deutschland aufgezeigt. Auf empirischer Grundlage werden die folgenden Teilbereiche dargestellt: materielle Lebensbedingungen, Umschichtungsprozesse in wichtigen Gruppen (Eliten, Dienstleistungsschichten, Selbständige, Bauern, Arbeiterschichten, Randschichten, Ausländer), soziale Mobilität, Ungleichheiten zwischen Männern und Frauen, Bildungssystem, Familienstrukturen und Bevölkerungsentwicklung.

Gerhard Naegele/
Hans Peter Tews (Hrsg.)

Lebenslagen im Strukturwandel des Alters

Alternde Gesellschaft – Folgen für die Politik

1993. 406 S. Kart.
ISBN 3-531-12394-7

Der Strukturwandel des Alters hat Altern in Deutschland verändert: Kennzeichnend sind frühe Berufsaufgabe, Veränderungen der Familienstrukturen, die Feminisierung des Alters, noch weiter zunehmende Hochaltrigkeit. Gibt es nach der Wiedervereinigung „zwei deutsche Alter", heute und in der Zukunft? Diese und andere Entwicklungen fordern und verändern Sozialpolitik – mit welchen Konsequenzen? Der absehbar wachsende Anteil älterer Menschen in unserer Bevölkerung wird gesellschaftliche Entwicklungen insgesamt in Zukunft nachhaltiger beeinflussen als schon heute.

WESTDEUTSCHER VERLAG
OPLADEN · WIESBADEN